Être un parent technophile

AF742180

Être un parent technophile

comment favoriser des habitudes saines devant les écrans chez les enfants et les adolescents (un guide unique et pratique pour élever des enfants équilibrés numériquement)

Sofia Albrecht

Mindful Pages

Publié en 2025

ISBN: 9789371347297 (PB)
ISBN: 9789371342568 (**eBook**)

Publié par

Mindful Pages
Mentions légales d'Alpha Editions LLC
312 W. 2nd St #1834
Casper, WY 82601, États-Unis

Tous droits réservés.
Aucune partie de cette publication ne peut être reproduite, distribuée ou transmise, sous quelque forme ou par quelque moyen que ce soit – y compris par photocopie, enregistrement ou autre méthode électronique ou mécanique – sans l'autorisation écrite préalable de l'éditeur, sauf pour de brèves citations utilisées dans des comptes rendus ou autorisées par la législation applicable en matière de droits d'auteur. Ce livre a été développé à l'aide d'outils d'écriture avancés pour faciliter la rédaction et la conceptualisation. L'ensemble du contenu a été soigneusement organisé, peaufiné et révisé afin d'en garantir la qualité et la pertinence.

Contenu

Introduction

La question de savoir comment élever ses enfants à l'ère du numérique n'est plus un casse-tête abstrait que les générations futures doivent résoudre: elle est bien présente, imprégnant le quotidien des parents, des enseignants et des soignants d'aujourd'hui. Les écrans ne sont plus fixés au téléviseur du salon ; ils sont nichés dans les poches de nos enfants, attachés à leurs poignets, clignotant discrètement sur les tables de nuit. Ils les accompagnent à l'école, à table, et même au lit. La technologie n'est pas simplement présente ; elle est profondément ancrée, façonnant non seulement la façon dont les enfants apprennent, jouent et socialisent, mais aussi leur interprétation du monde et, surtout, leur compréhension d'eux-mêmes. Pour ceux qui s'efforcent d'élever des enfants non seulement compétents, mais aussi émotionnellement en phase et résilients, cela peut ressembler à naviguer sur un terrain en constante évolution, à guider un navire sur des eaux qui se redessinent sous la quille à chaque instant.

Et pourtant, au milieu de la cacophonie des conseils sur le temps passé devant les écrans, le consensus reste flou. Les débats résonnent dans les salles de classe, sur les blogs de parents et dans les repas de famille: quelle est la limite? Toutes les formes d'interaction numérique sont-elles égales? Faut-il restreindre complètement les écrans, les accueillir sans réserve ou tenter de trouver cet équilibre toujours fragile? Malheureusement, le discours public se réduit souvent à des divisions binaires brutales: la technologie est soit un sauveur, soit un fléau ; les enfants sont des natifs du numérique éclairés ou sont irrémédiablement accros ; les parents sont permissifs ou autoritaires. Une telle rigidité occulte une réalité plus complexe, que ce livre s'attache à dévoiler.

Être un parent averti en technologie: Comment favoriser de saines habitudes d'écran chez les enfants et les adolescents encourage les parents à dépasser les arguments simplistes et à engager une conversation plus riche et plus psychologiquement fondée. Il ne s'agit pas d'un manuel de règles strictes, ni d'un pamphlet alarmiste visant à culpabiliser ou à paniquer. Il s'agit plutôt d'un guide complet, ancré dans les neurosciences actuelles, la psychologie du développement, les sciences du comportement et l'expérience vécue des parents modernes. Son objectif n'est pas de proposer des solutions miracles pour « gérer » le temps passé devant les écrans, mais d'offrir aux parents les outils pour comprendre ce qui se passe réellement sous la surface: pourquoi les écrans sont si magnétiques, comment ils interagissent avec les jeunes esprits et les émotions, et comment élever des enfants réfléchis, confiants et à l'aise avec le numérique dans un monde qui ne se déconnectera pas de sitôt.

Nous commençons par déconstruire l'une des idées reçues les plus tenaces de la parentalité contemporaine: l'obsession du temps passé devant un écran comme référence absolue en matière de santé numérique. Le premier chapitre, *« Le dilemme numérique – Au-delà du débat sur le temps passé devant un écran »* , remet en question cette vision étroite et appelle à s'éloigner des mesures chronométrées et à approfondir la question de la qualité et de la substance psychologique des expériences sur écran. Il ne s'agit pas simplement du nombre d'heures passées en ligne par un enfant, mais *de la manière dont* ces heures sont structurées et, plus important encore, de ce que ces interactions numériques remplacent. Trois heures passées à développer une application ou à composer de la musique en ligne ne sont pas équivalentes à trois heures perdues dans un flot incessant de distractions alimentées par des algorithmes. Pour guider les enfants avec sagesse, nous devons comprendre la conception des environnements numériques dans lesquels ils évoluent – des environnements méticuleusement conçus pour capter l'attention et la monétiser, souvent au détriment de la clarté mentale et de l'autonomie.

Nous approfondissons donc la question. Le chapitre deux, *« Comment les écrans façonnent le cerveau en développement »* , explore le schéma neurobiologique des jeunes esprits en pleine immersion numérique. Le cerveau de l'enfant est d'une plasticité remarquable: malléable, sensible et profondément façonné par des interactions répétées. L'utilisation des technologies par les enfants peut soit améliorer les voies neuronales favorisant l'innovation, l'analyse et la résilience, soit affaiblir subtilement les muscles mentaux nécessaires à la concentration profonde, à la régulation émotionnelle et à la réflexion à long terme. En comprenant les conséquences neurologiques de la surstimulation, du multitâche chronique et des changements de contenu ultra-rapides, les parents peuvent mieux soutenir le développement non seulement de la discipline numérique, mais aussi de ce que l'on pourrait appeler le lest intérieur: une stabilité d'esprit au milieu du bruit numérique.

Mais comprendre le fonctionnement du cerveau n'est qu'un aspect de la question. Pour influencer significativement les habitudes d'utilisation des écrans, il faut également prendre en compte les mécanismes qui se cachent derrière les écrans eux-mêmes. Le chapitre trois, *« La science de la technologie persuasive – Qui a vraiment le contrôle? »* , lève le voile sur l'économie de l'attention. Nous explorons ici comment les applications, les jeux et les plateformes ne sont pas des outils anodins, mais des systèmes stratégiquement conçus pour exploiter les faiblesses cognitives. Défilement infini, lecture automatique, flux algorithmiques: ce ne sont pas des commodités, ce sont des leviers comportementaux. Et s'ils nous concernent tous, ils frappent particulièrement durement l'esprit en développement des enfants et des adolescents. Ce chapitre offre aux parents une boîte à outils essentielle pour reconnaître et résister à ces pièges de conception, non pas par des restrictions généralisées, mais en favorisant la prise de conscience et en encourageant une utilisation intentionnelle et réfléchie.

Ensuite, nous nous penchons sur ce qui renforce réellement la force: la résilience. Le chapitre quatre, « *Élever des enfants résilients au numérique* » , présente un cadre pour favoriser l'autorégulation, l'intelligence émotionnelle et la prise de décisions éclairées dans l'univers numérique. Il ne s'agit pas d'installer des pare-feu numériques ni d'imposer des couvre-feux comme un tyran de l'ère numérique. Il s'agit de coréguler avec les enfants, d'engager un dialogue ouvert et d'établir des limites réactives plutôt que rigides. Les enfants ne sont pas de simples récepteurs passifs de la technologie ; ce sont des agents. Ils doivent apprendre à faire des choix éclairés, et cela commence par des adultes qui adoptent eux-mêmes un comportement réfléchi. Après tout, la résilience ne signifie pas isoler les enfants de tout malaise. Elle signifie les aider à développer leur capacité à affronter les difficultés numériques et à s'en remettre.

Les défis de la vie numérique sont de plus en plus sociaux et psychologiques. Le chapitre cinq, *« L'impact social et émotionnel de la culture de l'écran »* , examine le monde complexe des médias sociaux et des interactions numériques. Pour les jeunes d'aujourd'hui, la validation par les pairs se mesure souvent en applaudissements numériques: mentions « J'aime », partages, réactions. Les plateformes sociales promettent la connexion, mais sèment souvent la déconnexion, l'anxiété et une image de soi déformée. Les adolescents évoluent dans un champ de mines de comparaisons, d'identités structurées et de cyberintimidation que beaucoup d'adultes ne voient pas, et encore moins ne comprennent. Ce chapitre explore comment aider les enfants à garder confiance en eux, en leur apprenant à participer aux espaces numériques sans s'y laisser submerger.

Et lorsque l'usage des technologies envahit chaque recoin de la vie – remplaçant le sommeil, l'activité physique ou la présence émotionnelle – le débat prend une tournure plus sérieuse. Le chapitre six, *« Quand la technologie devient un problème – Reconnaître la dépendance numérique »* , aborde la réalité inconfortable de la surconsommation numérique et son lien avec les comportements addictifs. S'appuyant sur la psychologie clinique et la recherche comportementale, cette section redéfinit la soi-disant « dépendance aux écrans » non pas comme un échec individuel, mais comme un déséquilibre culturel et systémique, souvent exacerbé par des habitudes adultes qui favorisent subtilement une connectivité constante. L'ouvrage propose ici des outils pour évaluer les usages problématiques, non pas dans une optique punitive, mais par une évaluation honnête et un rééquilibrage bienveillant.

Pourtant, ce serait une erreur de considérer la technologie uniquement d'un point de vue critique. Le chapitre sept, *« La technologie comme outil de croissance et de créativité »* , propose une vision plus large, où la technologie devient un support d'ingéniosité, et non d'inertie. Tous les temps d'écran ne se valent pas. Lorsque les enfants utilisent des outils numériques pour inventer, concevoir, communiquer intentionnellement, ils ne sont pas anesthésiés par les écrans ; ils se sentent responsabilisés. De la narration numérique au codage et aux projets technologiques civiques, les jeunes d'aujourd'hui peuvent utiliser les plateformes numériques pour construire, apprendre et même diriger. Les parents sont encouragés ici à ne pas se contenter de restreindre, mais à réorienter vers un engagement constructif et significatif.

Enfin, le chapitre huit, *Une approche équilibrée de la parentalité à l'ère numérique* , résume l'essence même de la philosophie de ce livre: la parentalité numérique est plus efficace lorsqu'elle est abordée comme un partenariat, et non comme une lutte de pouvoir. Les décrets autoritaires produisent rarement des résultats durables. Mais lorsque les familles se réunissent pour discuter de leurs valeurs, co-créer des limites et s'adapter aux réalités numériques changeantes, elles favorisent non seulement des habitudes responsables, mais aussi une confiance profonde et un objectif commun. Ce dernier chapitre jette également un regard vers l'avenir: l'IA, la réalité virtuelle, les interfaces cerveau-ordinateur, autant de technologies qui s'intègrent rapidement dans la vie quotidienne de nos enfants . Les préparer à cet avenir implique d'élever non seulement des utilisateurs, mais aussi des acteurs réfléchis et éthiques de l'ère numérique.

Ce qui distingue ce livre, c'est son refus de réduire la complexité à des slogans ou à des choix erronés. Être parent dans un monde numérique exige nuance, vigilance et une certaine humilité. Il nous demande non seulement de suivre le rythme des évolutions technologiques, mais aussi de remettre en question nos propres habitudes et présupposés. Que modélisons-nous? Quels messages envoyons-nous, involontairement ou non, sur l'attention, la présence, la valeur?

Au fil de ces pages, vous trouverez des recherches rigoureuses, certes, mais aussi des témoignages de vie, des études de cas, des cadres pratiques et des exercices concrets pour mettre la théorie en pratique. Il n'existe pas de formule unique, ni de clé universelle. Nous vous invitons plutôt à élaborer une approche de la parentalité numérique qui reflète vos valeurs, les besoins de votre enfant et l'évolution constante du paysage technologique.

En fin de compte, *la parentalité technophile* ne se limite pas à aider les enfants à « s'adapter » à la technologie. Il s'agit de les aider à s'épanouir – de manière réfléchie, créative et éthique – dans un monde qui, qu'on le veuille ou non, est de plus en plus numérique. Non pas comme des garants, mais comme des mentors. Non pas comme des gardiens, mais comme des compagnons de route.

Chapitre 1
Le dilemme numérique – Au-delà du débat sur le temps passé devant un écran

Il fut un temps – pas si lointain, en réalité – où les inquiétudes des parents concernant la technologie se limitaient à la télévision installée dans le coin du salon ou à l'ordinateur familial ronronnant dans un bureau séparé. Ces appareils avaient des limites, à la fois physiques et temporelles. Ils restaient immobiles, pouvaient être éteints et rivalisaient – souvent sans succès – avec le dîner, les conversations ou les jeux en plein air. Dix ou vingt ans plus tard, la situation a radicalement changé. L'enfant d'aujourd'hui se promène avec un appareil dans sa poche qui éclipse la puissance de calcul des systèmes qui ont autrefois emmené les astronautes sur la Lune. Et pourtant, curieusement, le discours public n'a pas évolué au même rythme. Les parents se demandent encore, souvent avec anxiété: *quel temps d'écran est excessif?* C'est une question légitime, mais de plus en plus, c'est aussi la mauvaise.

Ce chapitre s'ouvre sur une remise en question de ce principe même: le temps passé devant un écran peut être classé en catégories bien définies: bon ou mauvais, sûr ou dangereux. La vie, bien sûr, fonctionne rarement ainsi. Et l'engagement numérique non plus. Regarder un documentaire sur la nature, appeler un cousin sur FaceTime, se lancer dans un jeu de stratégie complexe ou parcourir un flux de contenu d'influenceurs hyper-édité: toutes ces activités peuvent impliquer des écrans, mais le terrain psychologique qu'elles traversent est radicalement différent. La véritable question n'est donc pas simplement de savoir combien *de temps* les enfants passent devant les écrans. Elle concerne l' *impact de ces écrans* sur leur capacité d'attention, leur vie émotionnelle, leurs relations sociales et leur estime de soi.

Pour comprendre cela, il faut scruter les rouages de l'esprit. Au cœur de notre réponse à l'interaction numérique se trouve le système de récompense du cerveau: un réseau dense régi par la dopamine, ce petit neurotransmetteur insaisissable lié à l'anticipation, au plaisir et à la formation d'habitudes. Les produits numériques modernes ne sont pas seulement optimisés pour la commodité ou le divertissement ; ils sont conçus, tout à fait délibérément, pour exploiter cette boucle neurologique. Chaque ping, pop-up, « j'aime » ou niveau de jeu offre une petite dose de récompense. Rien de bien spectaculaire en soi, mais, au fil du temps, ils conditionnent les enfants (et les adultes, soyons honnêtes) à se servir encore et encore.

Ce renforcement ne se contente pas d'encourager l'usage ; il redéfinit les attentes. La dopamine n'est pas tant la substance du bien-être que celle du *désir* d'en avoir plus. Et elle est particulièrement puissante lorsque les récompenses sont imprévisibles – pensez aux machines à sous, aux boîtes à butin ou aux flux incessants sur les réseaux sociaux. Plus la gratification est irrégulière, plus l'emprise comportementale est forte. Pour les enfants, dont le cortex préfrontal, les régions du cerveau liées au jugement et à la maîtrise de soi, est encore en construction, cela crée une vulnérabilité particulière. Les écrans ne se contentent pas d'occuper du temps ; ils modifient l'architecture mentale. Ils apprennent aux enfants à rechercher la stimulation, à valoriser la nouveauté et à résister à l'immobilité – des traits qui, sans surprise, ne sont pas de bon augure pour l'apprentissage, la régulation émotionnelle ou la résilience dans le monde réel.

Nous assistons à l'essor de l'économie de l'attention – un écosystème commercial tentaculaire fondé sur la captation, la rétention et la monétisation de l'attention humaine. Les géants de la technologie ne se contentent pas de concevoir des produits ; ils façonnent les comportements. Des fonctionnalités comme le défilement infini, la lecture automatique et les moteurs de recommandation personnalisés ne sont pas des commodités, mais des mécanismes de persuasion. Et si ces systèmes ne sont pas, en soi, néfastes, leur logique est rarement en phase avec le développement cognitif ou émotionnel de l'enfant. Ils recherchent le temps passé sur la plateforme, et non la profondeur de compréhension. Ils mesurent l'engagement, et non la croissance.

C'est là que les anciennes mesures du temps passé devant un écran sont insuffisantes. Compter les heures est un piètre indicateur d'impact. Un enfant qui programme un jeu pendant une heure sollicite des capacités mentales bien différentes de celles d'un enfant rivé à des clips vidéo non triés sur le volet. De plus, les écrans envahissent désormais tant de dimensions de la vie – éducation, communication, expression créative – que les limites de temps strictes passent souvent à côté de l'essentiel. Ce n'est pas le nombre d'heures qui compte, mais la *qualité* , le *contexte* et l' *intention* derrière l'interaction. Est-elle connectée? Inspirante? Épuisante? Distrayante? Ce sont des questions plus difficiles, certes, mais bien plus révélatrices.

Au lieu d'interdire complètement l'utilisation des technologies ou de recourir à la peur, nous avons besoin d'une approche plus perspicace, fondée sur la compréhension psychologique et un peu de bon sens. Cela signifie apprendre aux enfants non seulement à *utiliser* la technologie, mais aussi à en percevoir les effets: physiques, émotionnels et mentaux. Le temps passé devant un écran ne se valent pas, et toutes les expériences numériques n'ont pas le même impact. Certaines peuvent être enrichissantes, enrichissantes, voire transformatrices. D'autres, eh bien, beaucoup moins.

Et le circuit dopaminergique? Il n'est pas intrinsèquement nocif. Il fait partie de notre système d'apprentissage et d'adaptation. Mais il devient problématique lorsqu'il est exploité de manière répétitive, superficielle et compulsive. Un enfant qui saisit instinctivement un téléphone dans les moments d'ennui ou d'inconfort ne fait pas que passer le temps: il peut consolider un schéma qui s'enracine neurologiquement. Pourtant, si ce même enfant apprécie également les interactions riches hors ligne, les jeux actifs, un repos enrichissant et des relations de soutien, l'évasion numérique occasionnelle est bien moins importante. L'équilibre, comme toujours, est l'objectif crucial, bien qu'insaisissable.

Concrètement, cela signifie aider les enfants à développer une conscience métacognitive de leur utilisation des écrans. Demandez-leur (et à vous-même): *Comment vous sentez-vous après avoir utilisé cette application? Êtes-vous énergique ou épuisé? Connecté ou vide? Pourquoi avez-vous pris votre téléphone à l'instant? Par ennui, par curiosité, par habitude?* Ces conversations ne sont pas toujours faciles, et elles peuvent être accueillies par des haussements d'épaules ou un silence au début. Mais avec le temps, elles posent les bases d'habitudes numériques plus saines, ancrées dans la conscience, et non dans la simple obéissance.

Le contraste entre les natifs du numérique et les immigrants du numérique est particulièrement pertinent ici. Les enfants d'aujourd'hui baignent dès leur naissance dans un monde d'écrans tactiles et d'assistants vocaux. Ils ne font pas la distinction entre la vie en ligne et la vie hors ligne: c'est *la vie* , *tout simplement* . Parallèlement, nombre de leurs parents voient la technologie avec un regard plus sceptique, façonné par un monde qui fonctionnait autrefois sans elle. Ce fossé générationnel, bien que compréhensible, peut engendrer des frictions inutiles. Les enfants peuvent percevoir leurs espaces numériques comme sociaux et créatifs ; les parents peuvent les considérer comme isolants ou superficiels. Combler ce fossé exige de l'empathie, pas seulement de l'autorité. Cela signifie entrer dans le monde de votre enfant, non pas pour le surveiller, mais pour le comprendre.

L'expérience d'une famille illustre parfaitement ce point. Deux adolescents, tous deux passionnés de jeux vidéo, se disputaient constamment avec leurs parents au sujet du temps passé devant les écrans. Le cycle habituel – sermons, confiscations, ressentiment – se déroulait comme sur des roulettes. Mais un changement s'est produit. La famille s'est inscrite ensemble à un cours d'éducation numérique, apprenant comment les algorithmes influencent le contenu, comment fonctionne le design persuasif et comment leurs propres habitudes se façonnent. Les parents ont commencé à poser des questions plutôt qu'à lancer des ultimatums. Les adolescents, à leur tour, ont commencé à réfléchir de manière plus critique à leurs choix numériques. Ensemble, ils ont élaboré un accord familial sur les médias – non pas une liste de règles, mais un document vivant fondé sur des valeurs communes. Les conflits n'ont pas disparu, mais ils ont diminué. L'utilisation des écrans est devenue un sujet de conversation, et non de conflit.

Et c'est là, en réalité, le cœur de ce chapitre: le passage du contrôle à la collaboration. Le monde numérique ne peut pas être isolé par des minuteurs et des applications de suivi. Et nous ne devrions pas essayer. Notre rôle n'est pas de bannir les écrans, mais de développer le discernement. D'aider les enfants à devenir des utilisateurs réfléchis et conscients de la technologie – non pas des récepteurs passifs, mais des participants actifs de leur vie numérique.

Les chapitres suivants exploreront ce domaine plus en détail: comment les écrans façonnent l'architecture du cerveau en développement, comment les technologies de persuasion fonctionnent en profondeur, et comment les familles peuvent cultiver une résilience numérique durable. Mais tout commence ici, par la volonté de poser de meilleures questions. Non pas « *Combien d'heures sont trop longues?* », mais plutôt: *« Qu'arrive-t-il à mon enfant lorsqu'il est en ligne? » Est-ce que cela les rend plus forts, plus gentils, plus curieux, ou les pousse dans la direction opposée?* Ce sont des conversations qui valent la peine d'être menées. Elles sont plus compliquées, certes. Mais elles comptent.

La psychologie de l'engagement numérique: comment la technologie interagit avec le système de récompense du cerveau, façonnant l'attention, l'apprentissage et le développement émotionnel

Les enfants d'aujourd'hui grandissent dans un environnement numérique qui n'est pas seulement influent: il est immersif, adaptatif et psychologiquement à l'écoute de leurs moindres faits et gestes. Des applications éducatives aux couleurs vives aux jeux vidéo frénétiques en passant par les flux d'actualités à défilement incessant, les expériences numériques sont conçues avec précision, façonnées non seulement par les avancées technologiques, mais aussi par une compréhension approfondie de la psychologie humaine. Au cœur de cette conception se trouve le système de récompense du cerveau: un réseau complexe de structures neuronales et de signaux biochimiques qui influencent l'attention, la motivation, l'apprentissage et les émotions. Comprendre comment les technologies numériques interagissent avec ce système est essentiel pour appréhender ses effets sur le développement de l'enfant.

Au cœur de cette interaction se trouve la dopamine, un neurotransmetteur souvent (et quelque peu à tort) qualifié de

« substance chimique du plaisir ». Si la dopamine est effectivement associée aux expériences agréables, son rôle plus fondamental réside dans la motivation et le renforcement. Elle nous aide à hiérarchiser les tâches, à rechercher des récompenses et à reproduire des comportements positifs. Le système dopaminergique a évolué pour favoriser la survie, en renforçant des actions comme manger, explorer et nouer des liens sociaux. Cependant, les technologies modernes ont appris à s'approprier ce système avec une efficacité remarquable.

Imaginez la réception d'une notification. Un message apparaît sur le téléphone d'un enfant, accompagné d'un bip et d'une vibration. Ce bref instant déclenche une cascade de libération de dopamine, incitant le cerveau à prêter attention et à réagir. Avec le temps, le cerveau commence à anticiper ce stimulus. C'est cette anticipation, plutôt que le message lui-même, qui génère la réponse dopaminergique la plus forte. Il en résulte une boucle comportementale qui récompense non seulement le contenu, mais aussi l'habitude de se consulter. Plus la récompense est imprévisible, plus le comportement est renforçant. C'est le principe psychologique qui sous-tend les « programmes de récompenses variables », le même mécanisme qui alimente le jeu compulsif et qui alimente aujourd'hui une grande partie de la conception d'applications modernes.

Il suffit d'observer des plateformes populaires comme TikTok, YouTube ou Instagram pour constater ces principes à l'œuvre. Les enfants ne se contentent pas de regarder des vidéos ; ils sont guidés à travers une expérience conçue pour maximiser l'engagement. Le contenu est personnalisé par algorithme pour correspondre à leurs préférences, raccourcir les cycles d'attention et accroître l'exposition. La lecture automatique, l'actualisation par glissement et les notifications dynamiques créent un environnement de nouveauté perpétuelle. Ces plateformes ne se contentent pas de proposer du contenu: elles stimulent et entraînent les circuits de récompense du cerveau à en avoir envie.

Les effets de ce type d'interaction vont au-delà des instants de satisfaction fugaces. Ils façonnent fondamentalement la répartition de l'attention. Contrairement aux tâches ciblées qui nécessitent un effort mental soutenu, comme la lecture, la résolution de problèmes ou les conversations profondes, les plateformes numériques sont conçues pour capter l'attention par à-coups rapides et fragmentés. Chez les enfants, dont le système attentionnel est encore en développement, cet engagement fragmenté peut interférer avec la capacité du cerveau à réguler la concentration. Des recherches ont montré que le passage fréquent d'une tâche numérique à une autre, ou « multitâche multimédia », est associé à une diminution de la mémoire de travail, à une distraction accrue et à une capacité de concentration soutenue réduite. Bien que le cerveau soit remarquablement malléable, le déplacement constant de l'attention affaiblit les circuits neuronaux nécessaires à la concentration profonde, renforçant ainsi les habitudes de survol mental au détriment de l'immersion cognitive.

Il ne s'agit pas d'une simple préoccupation théorique. En classe, les enseignants constatent des difficultés croissantes à maintenir l'attention des élèves, même sur de courts intervalles. Les enfants habitués à un feedback numérique rapide ont souvent du mal à tolérer les gratifications différées ou les tâches exigeant un effort ininterrompu. Ils s'habituent à attendre des stimuli immédiats et peuvent manifester des signes d'agitation ou d'ennui dans des environnements analogiques plus lents. Cette modification de la capacité attentionnelle a des conséquences directes sur les résultats d'apprentissage, car de nombreuses formes de réussite scolaire requièrent des facultés mêmes – attention soutenue, récompense différée, flexibilité cognitive – que les environnements numériques négligent souvent.

Pourtant, la relation entre engagement numérique et apprentissage n'est pas systématiquement négative. Conçues avec soin, les plateformes numériques peuvent stimuler la curiosité, renforcer l'apprentissage par des méthodes ludiques et offrir des environnements interactifs adaptés au niveau de compétence de l'enfant. Par exemple, les applications d'apprentissage des langues qui offrent un retour immédiat et des défis structurés exploitent le système de récompense de manière constructive. Ces plateformes exploitent la dopamine non seulement pour divertir, mais aussi pour renforcer les habitudes productives de répétition et de maîtrise. La distinction essentielle réside dans le fait que l'engagement numérique soit *intentionnel* et *structuré* , ou *passif* et *indiscriminé* .

La dimension émotionnelle des interactions numériques ajoute une complexité supplémentaire. Les enfants n'utilisent pas la technologie uniquement pour se divertir ou s'instruire: ils l'utilisent pour socialiser, rechercher une validation et donner du sens à leur identité. Les plateformes de réseaux sociaux, en particulier, associent développement émotionnel et renforcement algorithmique. Lorsqu'un enfant publie une photo et reçoit des mentions « J'aime », des commentaires ou des partages, ces signaux sont traités par le cerveau comme des marqueurs d'acceptation sociale. Cela déclenche une libération de dopamine et renforce le comportement. Avec le temps, les enfants peuvent commencer à évaluer leur estime de soi grâce aux retours numériques, devenant ainsi dépendants de la validation externe. Ce phénomène, souvent appelé « boucle de validation », peut entraîner une anxiété accrue, une baisse de l'estime de soi et une perception déformée de soi.

Une étude menée par l'Université de Californie à Los Angeles, utilisant des IRM fonctionnelles, a révélé que le circuit de récompense du cerveau était significativement plus actif lorsque les adolescents regardaient des photos affichant un nombre élevé de « j'aime ». La même étude a révélé que les jeunes étaient plus susceptibles d'aimer eux-mêmes des photos si elles avaient déjà été appréciées par de nombreuses autres personnes, ce qui indique une prédisposition au conformisme social. Cette réponse neurobiologique suggère que les réseaux sociaux ne sont pas seulement une plateforme d'expression: ils exercent une influence puissante sur le développement émotionnel, la dynamique entre pairs et la construction de l'identité.

Un cas illustratif est celui d'Aanya, une adolescente de 13 ans, qui a commencé à utiliser les réseaux sociaux pendant le confinement lié à la COVID-19. Au départ, ses parents y voyaient un moyen de rester en contact avec ses amis. Cependant, au fil des mois, Aanya est devenue de plus en plus anxieuse face à sa présence en ligne: elle vérifiait systématiquement ses « J'aime », supprimait les publications inefficaces et se retirait des activités hors ligne. Son image d'elle-même a commencé à fluctuer au gré de la réception de chaque publication. Ses parents, inquiets mais incertains de la réaction à adopter, ont finalement consulté un psychologue qui les a aidés à comprendre les fondements neurologiques de ce comportement. Grâce à des limites structurées, à des conversations ouvertes sur la validation numérique et à un passage progressif aux activités hors ligne, Aanya a pu rétablir un équilibre émotionnel plus sain. Son histoire n'est pas unique, mais elle illustre l'influence profonde de l'engagement numérique sur le paysage émotionnel d'un enfant.

Les effets ne se limitent pas aux réseaux sociaux. Les jeux vidéo, notamment ceux intégrant des mécanismes de progression, des boîtes à butin et des interactions sociales en temps réel, sont de puissants moteurs de la recherche de récompense. Ces jeux proposent des objectifs clairs, un retour immédiat et des défis progressifs, autant d'éléments qui s'harmonisent parfaitement avec l'architecture du système dopaminergique. Pour de nombreux enfants, le jeu vidéo n'est pas seulement un passe-temps: il devient une source de maîtrise, d'identité et d'appartenance sociale. Bien que non nocif en soi, le jeu excessif peut perturber d'autres activités essentielles comme le sommeil, l'exercice physique, les interactions en face à face et les études. Comprendre l'attrait psychologique du jeu vidéo permet aux parents de fixer des limites non pas par peur, mais par connaissance et empathie.

Cette prise de conscience entraîne un changement fondamental dans la stratégie parentale. Au lieu de considérer les écrans comme simplement bons ou mauvais, les parents peuvent commencer à envisager l'engagement numérique sous l'angle du renforcement comportemental. L'objectif n'est pas d'éliminer l'utilisation des écrans, mais de créer des environnements où la technologie favorise le développement cognitif et émotionnel de l'enfant, plutôt que de le supplanter. Cela implique de fixer des limites à l'utilisation des écrans avant le coucher afin de préserver l'hygiène du sommeil, d'encourager une utilisation créative plutôt que consommatrice des appareils, et de favoriser les discussions sur les émotions ressenties par les enfants lors des expériences numériques , et pas seulement sur ce qu'ils font en ligne.

Une approche prometteuse consiste à cultiver la métacognition chez les enfants, c'est-à-dire leur capacité à réfléchir à leurs pensées, sentiments et comportements face à la technologie. Par exemple, après avoir utilisé une application ou joué à un jeu, on peut inciter l'enfant à se demander: « Cette activité m'a-t-elle dynamisé ou épuisé? L'ai-je utilisée pour me connecter, apprendre, me détendre, ou simplement pour éviter une situation inconfortable? » Ces pratiques réflexives renforcent la conscience de soi et aident les enfants à intérioriser les principes d'un engagement numérique sain plutôt que de se fier à des limites imposées.

Face à ces complexités, il est important de garder à l'esprit que le cerveau n'est pas un organe statique. Il se développe en fonction de son environnement. Si les technologies numériques peuvent influencer les voies neuronales et entraver l'attention, l'apprentissage et la régulation émotionnelle, elles peuvent aussi être utilisées intentionnellement pour renforcer des habitudes positives. Le résultat ne dépend pas uniquement de la technologie elle-même, mais aussi de son intégration dans l'écosystème relationnel, les habitudes et les valeurs de l'enfant.

Les parents ont donc un rôle essentiel à jouer, non pas comme policiers numériques, mais comme co-régulateurs et modèles. En faisant preuve d'une utilisation réfléchie des écrans, en privilégiant les connexions hors ligne et en discutant des *raisons* des choix numériques, les adultes peuvent favoriser une culture familiale où la technologie est un outil, et non un tyran. Cette transition exige de la patience, de la constance et une volonté d'interagir avec le monde numérique, sans le craindre. Mais les bénéfices à long terme sont considérables: des enfants capables d'utiliser la technologie sans être utilisés par elle, capables de se concentrer pleinement, d'apprendre de manière adaptative et de se sentir émotionnellement en sécurité, en ligne comme hors ligne.

La psychologie de l'engagement numérique n'est pas une histoire de méchanceté et de vertu, mais une histoire de conception, de développement et d'attention délibérée. En comprenant les systèmes de récompense qui sous-tendent les habitudes numériques, nous pouvons donner à nos enfants la conscience et la capacité d'agir nécessaires pour s'épanouir dans un monde saturé d'écrans, tout en étant riche en potentiel humain.

Le mythe du « bon » et du « mauvais » temps d'écran – Pourquoi catégoriser le temps d'écran comme purement positif ou négatif est trompeur et ce qui compte plus que les heures passées sur les appareils

Pendant des années, une grande partie du discours sur les enfants et le numérique a été dominée par une mesure apparemment simple: le temps passé devant un écran. Parents, éducateurs et décideurs politiques l'ont souvent considéré comme l'équivalent numérique de l'apport alimentaire, convaincus que moins on y passe d'heures, meilleur est le résultat. Des recommandations ont été publiées, des tableaux ont été distribués, des applications développées pour surveiller et restreindre le temps passé devant un écran. Pourtant, malgré l'adoption généralisée de limites de temps passé devant un écran, les habitudes numériques des enfants sont devenues plus complexes, et non moins complexes. Cela révèle un malentendu fondamental: l'idée que tout temps passé devant un écran est fonctionnellement équivalent, qu'il peut être évalué de la même manière que l'on compte les calories ou les heures de sommeil. En réalité, cette vision binaire du « bon » et du « mauvais » temps passé devant un écran a perdu de son utilité et risque d'occulter les véritables questions que nous devrions nous poser.

Fondamentalement, l'idée de réduire le temps d'écran comme une fin en soi méconnaît la diversité des expériences numériques. Un enfant qui crée un film d'animation, code un jeu, collabore à un projet d'art numérique ou participe à un webinaire scientifique interagit avec les écrans, mais de manière fondamentalement différente d'un enfant qui feuillette sans réfléchir des divertissements courts ou consulte compulsivement les réseaux sociaux pour se faire valider. Les deux impliquent une interaction via l'écran, mais leurs implications cognitives, émotionnelles et développementales sont très différentes. Les confondre sous la même métrique revient à passer complètement à côté de l'essentiel.

L'idée de diviser le temps passé devant un écran en « bon » et « mauvais » est non seulement réductrice, mais souvent trompeuse. Elle encourage une réponse superficielle à des problèmes plus profonds. Le temps passé sur un appareil devient la cible d'un examen minutieux, au détriment de la qualité de l'engagement, du contexte psychologique d'utilisation ou de l'environnement développemental plus large. Cela peut engendrer un faux sentiment de sécurité: les parents peuvent se sentir rassurés si leur enfant est « en dessous des limites », même si le contenu consommé est dénué de valeur éducative ou émotionnelle. À l'inverse, la culpabilité et l'inquiétude peuvent surgir lorsque les enfants dépassent les limites recommandées, même si leurs activités sont constructives, collaboratives ou créatives.

L'évolution des technologies numériques a rendu ces indicateurs encore plus obsolètes. Autrefois, le temps passé devant un écran était largement passif ; la télévision, par exemple, offrait peu d'interactivité. Le paysage numérique actuel est multiforme. Il comprend des plateformes d'apprentissage interactives, des outils de communication sociale, des logiciels créatifs, des jeux multijoueurs en temps réel et des expériences de narration immersives. Les enfants ne sont plus de simples consommateurs de contenus ; ils sont créateurs, collaborateurs et acteurs d'écosystèmes numériques alliant éducation, divertissement et socialisation. Toute tentative d'évaluation de leur engagement devant les écrans doit refléter cette complexité.

De plus en plus de recherches soutiennent cette perspective plus nuancée. Une étude de 2020 publiée dans *Nature Human Behaviour* a examiné les habitudes numériques de plus de 35 000 enfants et adolescents et n'a constaté aucune corrélation constante entre le temps passé devant un écran et le bien-être psychologique. Les chercheurs ont conclu que d'autres facteurs, comme la qualité du sommeil, l'activité physique et la dynamique familiale, avaient une influence plus forte sur la santé mentale que le seul usage des écrans. De même, l'Académie américaine de pédiatrie, autrefois réputée pour ses limites strictes de temps passé devant un écran, a actualisé sa position pour se concentrer davantage sur *la manière dont* les écrans sont utilisés plutôt que sur leur *durée* . Son plan média familial encourage les parents à prendre en compte le contenu, le contexte et le rôle des technologies numériques dans la vie familiale, détournant ainsi l'attention des quotas de temps arbitraires.

Des exemples concrets illustrent encore davantage l'inadéquation du modèle temporel. Prenons le cas de Ravi, un garçon de douze ans, calme mais curieux, passionné d'astronomie. Pendant le confinement dû à la pandémie, Ravi a passé des heures sur sa tablette, non pas à regarder des dessins animés, mais à explorer les télescopes virtuels de la NASA, à participer à des communautés d'observation des étoiles en ligne et à créer des simulations numériques d'orbites planétaires. Son temps d'écran était élevé, ce qui a suscité l'inquiétude d'un enseignant bien intentionné. Mais un examen plus approfondi a révélé un enfant totalement immergé dans un apprentissage autonome, appliquant ses connaissances de manière créative et construisant un sentiment d'identité autour d'un intérêt significatif. L'expérience de Ravi illustre ce que certains chercheurs appellent aujourd'hui *le temps d'écran utile*: un engagement numérique en phase avec le développement personnel, la curiosité et les émotions positives.

Comparez cela avec l'expérience de Meera, quatorze ans, qui utilise son téléphone principalement pour les réseaux sociaux. Bien qu'apparemment connectée, Meera termine souvent ses séances d'écran épuisée et anxieuse. Elle consulte ses notifications de manière compulsive, a du mal à se comparer aux influenceurs en ligne et a du mal à se déconnecter, même lorsqu'elle le souhaite. Son temps d'écran est techniquement « dans les limites », mais il mine régulièrement son estime de soi et sa concentration. Dans ce cas, ce n'est pas la durée d'utilisation de l'écran qui pose problème, mais la nature du contenu et sa résonance émotionnelle.

Ce contraste révèle une vérité fondamentale: la *signification* du temps passé devant un écran est déterminée par le contexte. Quelle était l'humeur de l'enfant avant et après? Utilisait-il la technologie comme un outil créatif ou comme un support émotionnel? Établissait-il des liens authentiques avec les autres ou cherchait-il à obtenir l'approbation? Absorbait-il passivement le contenu ou s'y impliquait-il activement? Ces questions sont bien plus importantes que l'heure.

Il est également important de prendre en compte le stade de développement de l'enfant. Les plus jeunes, dont l'autorégulation est limitée, peuvent être plus vulnérables à la surstimulation et avoir des difficultés à s'affranchir des écrans. Pour eux, structure et routine sont cruciales. Les adolescents, quant à eux, naviguent entre la construction de leur identité, la comparaison sociale et la volatilité émotionnelle, autant de facteurs qui peuvent être amplifiés par les environnements numériques. Leur utilisation des écrans peut être plus autonome, mais elle n'en nécessite pas moins une réflexion guidée. Une approche universelle ne tient pas compte de ces nuances et risque de négliger les manières très différentes dont les enfants vivent la vie numérique.

Alors, comment les parents et les éducateurs devraient-ils appréhender l'utilisation des écrans si les anciens modèles ne s'appliquent plus? Une approche plus constructive commence par repenser l'utilisation du numérique dans le cadre d'un mode de vie plus large. Le temps passé devant un écran doit être évalué en parallèle avec d'autres besoins développementaux clés: sommeil, alimentation, activité physique, interactions familiales, expression créative et jeu libre. Un enfant dont les habitudes numériques soutiennent ces domaines plutôt que de les remplacer est beaucoup moins susceptible de subir des conséquences négatives. La question n'est pas nécessairement celle de la comparaison entre les écrans *et* la vie réelle, mais plutôt celle de savoir si les écrans sont utilisés de manière *à soutenir* la vie réelle.

Cette perspective ouvre la voie à des conversations plus constructives entre parents et enfants. Plutôt que d'imposer des limites rigides, les familles peuvent commencer à co-créer des habitudes médiatiques fondées sur des valeurs communes et une compréhension mutuelle. Des questions comme « Qu'est-ce que tu préfères dans cette application? » ou « Comment te sens-tu après avoir été en ligne? » peuvent approfondir la conscience et inciter les enfants à réfléchir à leurs propres comportements. Ces conversations favorisent la culture numérique, l'intelligence émotionnelle et l'autorégulation, des compétences qui leur seront utiles bien au-delà de l'enfance.

Cela invite également à une posture parentale plus collaborative. Les enfants ne sont pas nés avec le numérique ; ils ont néanmoins besoin de conseils, de limites et de modèles. Les parents peuvent favoriser de saines habitudes d'utilisation des écrans en faisant eux-mêmes preuve d'une utilisation réfléchie: en résistant à l'envie de faire constamment plusieurs choses à la fois, en protégeant le temps passé en famille de l'intrusion des appareils et en montrant comment la technologie peut être utilisée pour l'apprentissage, la connexion et la création. Lorsque les enfants voient les adultes se débattre avec les mêmes questions et faire des choix intentionnels, ils sont plus susceptibles d'intérioriser ces comportements.

La tentation est grande, surtout face à la rapidité vertigineuse des changements technologiques, de revenir à un contrôle rigide ou à une condamnation sans appel. Mais la parentalité numérique la plus efficace n'est pas réactive, mais réflexive. Il s'agit moins de protéger les enfants de la technologie que de les préparer à l'utiliser à bon escient. Cela exige discernement, dialogue et volonté de voir au-delà des chiffres.

Le mythe du « bon » et du « mauvais » temps passé devant un écran est l'héritage d'une époque plus simple, où les expériences numériques étaient moins variées, moins personnalisées et moins intégrées au quotidien. Aujourd'hui, nous avons besoin d'un nouveau cadre, qui reconnaisse la diversité des activités sur écran, l'individualité de chaque enfant et l'influence profonde du contexte. Nous devons nous interroger non seulement sur *la quantité* de temps passé devant un écran, mais aussi *sur les raisons* , *les modalités* et *les effets de ce temps* .

En acceptant cette complexité, nous ne perdons pas le contrôle, nous gagnons en clarté. En dépassant les limites temporelles et en misant sur la *qualité* de l'interaction avec les écrans, nous pouvons aider les enfants à développer des relations saines, équilibrées et constructives avec la technologie. Des relations non régies par la culpabilité ou l'anxiété, mais par l'autonomie, la curiosité et une participation réfléchie à un monde numérique qui sera, pour eux, aussi réel et significatif que n'importe quel domaine hors ligne.

L'économie de l'attention et votre enfant: comment les entreprises technologiques conçoivent des applications et des jeux pour captiver les enfants, et ce que les parents doivent savoir sur la technologie persuasive

L'attention est devenue le bien le plus précieux à l'ère numérique. Elle n'est plus seulement une fonction cognitive, mais une monnaie d'échange, mesurée, achetée et vendue avec une précision clinique. Au cœur des technologies les plus performantes d'aujourd'hui se trouve une stratégie délibérée et hautement sophistiquée visant à capter et monétiser l'attention humaine. Les enfants, avec leur cerveau en développement, leur curiosité naturelle et leur capacité d'autorégulation encore en développement, sont devenus une cible privilégiée de ce que l'on appelle l' *économie de l'attention* . Pour les parents qui cherchent à comprendre pourquoi leur enfant a du mal à lâcher un appareil, résiste aux limites des écrans ou développe une dysrégulation émotionnelle après une utilisation numérique prolongée, la réponse ne réside pas dans la faiblesse ou la défiance, mais dans une guerre invisible pour l'attention de leur enfant, soigneusement orchestrée par des technologies persuasives.

Les technologies persuasives désignent les systèmes numériques conçus délibérément pour influencer le comportement des utilisateurs. Contrairement aux outils traditionnels, qui fonctionnent sous les ordres de l'utilisateur, les technologies persuasives anticipent, incitent et façonnent le comportement en temps réel, souvent à son insu. L'objectif n'est pas d'offrir une plateforme neutre, mais de prolonger l'engagement: maintenir les yeux rivés sur l'écran et les doigts appuyés le plus longtemps possible. Les plateformes de réseaux sociaux, les jeux mobiles, les applications vidéo et même les outils éducatifs intègrent désormais des fonctionnalités de conception comportementale issues de domaines tels que la psychologie cognitive, l'économie comportementale et les neurosciences.

Pour comprendre cela, il faut d'abord reconnaître l'évolution fondamentale des modèles économiques. La plupart des plateformes numériques, notamment celles qui sont gratuites, ne vendent pas de produits. Elles vendent des utilisateurs. Plus précisément, elles vendent *l'accès* à l'attention des utilisateurs aux annonceurs et aux courtiers en données tiers. Dans cette économie, plus une personne reste longtemps sur une plateforme, plus elle génère de données, plus elle est exposée à des publicités et plus la plateforme génère de revenus. Ce modèle, bien que lucratif pour les développeurs et les géants de la technologie, crée un conflit inhérent entre le bien-être des utilisateurs et la rentabilité de la plateforme. Et lorsque les utilisateurs sont des enfants, les enjeux éthiques deviennent nettement plus importants.

Une tactique essentielle de cet arsenal de conception est l'utilisation de *récompenses variables intermittentes* , un principe directement issu de la psychologie comportementale. Issu d'expériences menées sur des rats dans des boîtes de Skinner, ce concept démontre que des récompenses imprévisibles sont bien plus efficaces pour renforcer un comportement que des récompenses régulières. Ce principe a été réutilisé numériquement dans des fonctionnalités telles que les boîtes à butin dans les jeux, les « J'aime » et les commentaires sur les réseaux sociaux, et les flux de contenu générés par des algorithmes qui changent à chaque rafraîchissement. Chaque fois qu'un enfant glisse vers le bas sur un flux ou ouvre un coffre de jeu, il adopte un comportement presque identique à celui d'une machine à sous: une action récompensée sporadiquement, le gardant captivé malgré l'incertitude.

Une autre fonctionnalité de conception efficace est *le défilement infini* , qui supprime les signaux d'arrêt naturels susceptibles d'inciter les utilisateurs à faire une pause. Là où un livre ou une émission de télévision traditionnelle propose des points de terminaison naturels, des plateformes comme TikTok, Instagram et YouTube les remplacent par un flux infini de contenu adapté aux préférences de chacun. L'absence de friction dans ces interfaces, associée à des algorithmes d'apprentissage automatique qui s'adaptent aux habitudes de visionnage de l'enfant, crée un environnement optimisé non pas pour l'exploration ou l'apprentissage, mais pour une immersion totale.

Pour comprendre les implications concrètes de ces fonctionnalités, prenons le cas d'Aryan, un garçon de neuf ans qui a commencé à jouer à un jeu de stratégie mobile proposant des « bonus de connexion quotidiens », des défis à durée limitée et des compétitions classées. Au départ, le jeu semblait inoffensif: un mélange captivant d'énigmes et de combats animés. Cependant, avec le temps, Aryan a commencé à manifester une anxiété croissante à l'idée de rater une fenêtre de récompense. Il a commencé à programmer des alarmes pour être sûr de ne pas manquer les « minuteurs d'événements » et a souvent privilégié le jeu aux repas et aux rencontres. Ses parents, initialement ravis que le jeu semble intellectuellement stimulant, ont vite compris que son comportement reflétait des schémas addictifs. Ce qu'ils n'avaient pas compris, c'est que le jeu était délibérément conçu pour créer des cycles compulsifs, qui prennent le pas sur la motivation intrinsèque par des incitations numériques extrinsèques.

Un autre exemple peut être tiré du fonctionnement de l'algorithme de recommandation de YouTube. Une étude menée par la Fondation Mozilla a révélé que plus de 70 % des vidéos regardées par les utilisateurs provenaient de recommandations algorithmiques, et non de recherches intentionnelles. Pour les enfants, cela signifie qu'un simple clic sur une vidéo apparemment anodine peut conduire à une série de contenus de plus en plus extrêmes ou inappropriés, motivés non par la curiosité, mais par une IA optimisée pour augmenter le temps de visionnage. Les enfants ne naviguent pas sur Internet ; ils sont guidés par un système qui apprend de chacune de leurs interactions, réagissant non pas avec sagesse ou éthique, mais avec un calcul de profit.

Les parents expriment souvent un sentiment d'impuissance face à cette architecture invisible. Les stratégies disciplinaires traditionnelles, comme la limitation de l'utilisation des écrans ou la confiscation des appareils, peuvent atténuer les symptômes, mais ne parviennent guère à en éclairer la cause. Le problème profond ne réside pas seulement dans *ce que* font les enfants en ligne, mais *dans la manière dont* leurs environnements numériques sont construits pour contourner leurs défenses autorégulatrices. Comprendre cela donne aux parents un avantage stratégique: non pas pour mener une bataille perdue d'avance contre les écrans, mais pour aider leurs enfants à naviguer dans ces systèmes en toute connaissance de cause.

Une étape pratique consiste à aborder le design persuasif avec les enfants, en fonction de leur âge. Tout comme nous apprenons aux enfants à reconnaître les astuces publicitaires à la télévision ou le marketing de la malbouffe dans les supermarchés, nous pouvons commencer à décoder les environnements numériques avec eux. Posez-leur des questions telles que: « À votre avis, pourquoi cette application vous envoie-t-elle des notifications toutes les quelques heures? » ou « Que ressentez-vous après avoir utilisé cette application pendant un certain temps? » Ces conversations stimulent l'esprit critique et aident les enfants à se considérer non seulement comme des utilisateurs, mais aussi comme *des acteurs* de systèmes conçus pour les influencer.

Les écoles et les enseignants ont également un rôle à jouer. Les programmes d'éducation aux médias incluant des modules sur les technologies persuasives peuvent permettre aux élèves d'évaluer les plateformes non seulement en fonction du contenu, mais aussi de l'intention. Certaines initiatives éducatives avant-gardistes sensibilisent déjà les enfants à l' *attention comme une ressource limitée* , les aidant à comprendre que leur concentration est sollicitée par des forces indépendantes de leur volonté et que la reconquérir est un acte de respect de soi.

Il est tout aussi important de reconnaître que le design persuasif n'est pas toujours néfaste. Les sciences du comportement peuvent être utilisées pour favoriser des résultats positifs. Les plateformes éducatives qui récompensent les efforts constants, les applications de pleine conscience qui renforcent les habitudes saines et les outils de définition d'objectifs qui utilisent la ludification de manière éthique peuvent tous favoriser le développement de l'enfant. La principale différence réside dans *l'intention* . La plateforme est-elle conçue pour aider l'enfant à grandir, à réfléchir ou à se connecter? Ou est-elle conçue pour capter son attention et ses données à des fins commerciales?

Une comparaison instructive est le contraste entre une application d'apprentissage comme Khan Academy et un jeu mobile gratuit classique. Le premier utilise des boucles d'engagement pour encourager la maîtrise et la progression: il récompense la persévérance, offre des encouragements utiles et marque des pauses après les moments clés de l'apprentissage. Le second, quant à lui, mise le plus souvent sur l'urgence, la rareté et la distraction. Comprendre cette distinction permet aux parents de prendre des décisions plus éclairées quant aux technologies qu'ils autorisent à la maison et à la manière dont ils en parlent à leurs enfants.

Au niveau politique, la prise de conscience croissante de l'économie de l'attention a suscité des discussions internationales sur le développement éthique des technologies. Certaines juridictions étudient la possibilité de réglementer la conception addictive, notamment pour les produits destinés aux mineurs. Il est de plus en plus reconnu que les enfants méritent une protection particulière, non seulement contre les contenus inappropriés, mais aussi contre les pratiques de conception qui exploitent l'immaturité cognitive. Si la législation est encore en évolution, ce mouvement croissant témoigne d'un changement de conscience publique: on s'éloigne de la culpabilisation des individus pour « surconsommation » et on tient les systèmes responsables de leur architecture manipulatrice.

En fin de compte, le meilleur antidote à l'économie de l'attention est le contact humain. Les enfants qui se sentent vus, entendus et soutenus hors ligne sont moins vulnérables à l'appel de la validation numérique. Les familles qui privilégient les repas partagés, les activités de plein air, les activités créatives et les conversations en face à face développent les compétences mêmes que les technologies de persuasion cherchent à éroder: la conscience de soi, la patience et la régulation émotionnelle. Ces pratiques n'offrent peut-être pas de résultats immédiats, mais elles posent les bases d'une résilience numérique durable.

Pour élever des enfants dans un monde numérique sans tomber dans ses pièges, il faut d'abord identifier les forces en jeu. L'économie de l'attention n'est pas une menace abstraite: c'est un système méticuleusement conçu qui prospère grâce à la distraction et à la dépendance. Mais avec des connaissances, de l'intention et un accompagnement bienveillant, nous pouvons aider les enfants à comprendre que leur attention n'est pas une faiblesse à exploiter, mais un don à préserver. Ce faisant, nous redonnons non seulement leur concentration, mais aussi leur capacité d'action, leur créativité et leur capacité à s'engager profondément et significativement dans le monde numérique comme dans le monde réel.

Le rôle de la dopamine et des habitudes numériques – Une exploration de la science derrière les envies numériques et comment les parents peuvent aider leurs enfants à adopter des habitudes plus saines

Pour comprendre pourquoi les technologies numériques exercent une telle emprise sur l'attention et le comportement des enfants, il faut dépasser le simple divertissement et les interactions sociales. Au cœur de ce phénomène se trouve un processus neurochimique qui a évolué pour contribuer à la survie humaine, mais qui est aujourd'hui exploité – certains diraient même détourné – par l'architecture des expériences numériques modernes. Ce processus s'articule autour de la dopamine, un neurotransmetteur souvent mal compris dans le discours populaire comme la simple « substance du plaisir ». En réalité, la dopamine est bien plus nuancée. Elle régit l'anticipation, la motivation, la recherche de récompense et le renforcement – des fonctions essentielles à l'apprentissage, à la mémoire et aux comportements orientés vers un objectif. Elle est également essentielle à la formation des habitudes, y compris celles qui naissent autour de l'utilisation des technologies.

Lorsqu'un enfant consulte une vidéo, progresse dans un jeu ou reçoit une notification sur les réseaux sociaux, de la dopamine est libérée dans le circuit cérébral de la récompense. Ce circuit, qui comprend des régions telles que l'aire tegmentale ventrale, le noyau accumbens et le cortex préfrontal, s'active en réponse aux récompenses perçues. Mais contrairement à la croyance populaire, ce n'est pas la récompense elle-même qui produit la plus forte poussée de dopamine, mais son *anticipation* . Cela explique pourquoi les enfants font défiler indéfiniment un fil d'actualité ou actualisent une application sans cesse: la satisfaction n'est pas garantie, mais ils sont préparés à cette possibilité. Ce type de renforcement variable, où le moment et la valeur de la récompense sont imprévisibles, s'est avéré être le moteur le plus puissant de la formation d'habitudes, un fait qui n'a pas échappé aux développeurs d'applications et aux concepteurs de jeux.

Cette dynamique a peut-être été illustrée de manière particulièrement célèbre par les études sur le conditionnement opérant, où les animaux ont appris à appuyer sur des leviers pour obtenir des récompenses alimentaires. Lorsque les récompenses étaient données régulièrement, le comportement des animaux restait modéré. En revanche, lorsque les récompenses étaient distribuées de manière imprévisible – parfois après une seule pression, parfois après cinq – les taux de réponse explosaient. Ce modèle comportemental sous-tend désormais de nombreux systèmes numériques. Des boîtes à butin des jeux vidéo aux fonctions de lecture automatique et aux flux algorithmiques, les plateformes sont conçues non seulement pour diffuser du contenu, mais aussi pour exploiter la sensibilité du système dopaminergique à l'incertitude et à la nouveauté.

Les implications pour les enfants sont particulièrement importantes. Durant l'enfance et l'adolescence, le cortex préfrontal – la région cérébrale responsable de la prise de décision, du contrôle des impulsions et de la planification à long terme – est encore en développement. Parallèlement, le système limbique, qui comprend les structures réagissant aux récompenses, est très actif. Ce déséquilibre développemental signifie que les jeunes utilisateurs sont neurologiquement prédisposés à rechercher une gratification immédiate, même lorsqu'elle entre en conflit avec des objectifs à long terme. Lorsque les technologies numériques sont conçues pour déclencher précisément ce mécanisme, les enfants sont particulièrement vulnérables aux habitudes compulsives.

Prenons l'exemple de Kavya, treize ans, qui a commencé à utiliser une application populaire de courtes vidéos pendant les vacances scolaires. Ce qui n'était au départ qu'une distraction occasionnelle a rapidement dégénéré. Elle ouvrait l'application dès son réveil, l'utilisait pendant les pauses devoirs et passait des heures à la consulter jusque tard dans la nuit. Ses parents ont remarqué des sautes d'humeur, une baisse d'attention lors des conversations et des troubles du sommeil persistants. Lorsqu'ils ont tenté de limiter son utilisation, Kavya est devenue défensive et irritable, affirmant qu'elle se détendait simplement. Ce qu'ils n'ont pas réalisé, c'est que son comportement reflétait un cycle de renforcement des habitudes alimenté par la dopamine: chaque courte vidéo représentait une petite récompense potentielle, et l'algorithme de l'application assurait un flux continu de contenu hautement personnalisé. Même lorsque le contenu était médiocre, la nature intermittente des « visites » la motivait à revenir.

Il est important de préciser que la dopamine en elle-même n'est pas la cause principale. C'est un neurotransmetteur essentiel à un développement sain. Les enfants libèrent de la dopamine lorsqu'ils apprennent une nouvelle compétence, atteignent un objectif, jouent avec imagination ou participent à des interactions sociales enrichissantes. En réalité, la dopamine est essentielle à la motivation et à la curiosité, des qualités qu'il convient de cultiver plutôt que de réprimer. Le problème survient lorsque les systèmes numériques créent des boucles de dopamine qui contournent l'engagement significatif, renforçant ainsi un comportement sans investissement cognitif ou émotionnel plus profond.

La différence entre les habitudes numériques adaptatives et inadaptées réside souvent dans l'intention et le résultat de l'expérience. Par exemple, un enfant qui passe du temps à coder, à composer de la musique sur une plateforme numérique ou à créer un monde virtuel dans un jeu nécessitant planification et collaboration peut également solliciter le système dopaminergique, mais d'une manière qui favorise l'apprentissage, la créativité et l'effort soutenu. Ces activités font appel à une motivation intrinsèque et ont tendance à offrir moins de récompenses immédiates. À l'inverse, de nombreuses applications et jeux grand public sont structurés pour offrir des stimulations fréquentes et sans effort – des récompenses sans lien avec le développement personnel ou une satisfaction plus profonde.

Cette distinction met en lumière une idée essentielle pour les parents: gérer les habitudes numériques ne consiste pas à éliminer toute forme d'activité dopaminergique. Il s'agit de réorienter le désir naturel de stimulation et de récompense des enfants vers des expériences qui développent leurs compétences, leurs liens et leur résilience émotionnelle. Plutôt que de réglementer l'utilisation des écrans par des limites de temps rigides ou des restrictions punitives, les parents peuvent jouer un rôle plus efficace en aidant leurs enfants à développer une relation consciente avec leur environnement numérique, une relation qui intègre la prise de conscience de l'influence de ces systèmes sur leur comportement.

Une stratégie efficace consiste à introduire le concept de *conscience de la dopamine* . Même les jeunes enfants peuvent commencer à comprendre que leur cerveau réagit à des schémas et que toutes les récompenses ne sont pas aussi enrichissantes. Les parents pourraient demander: « As-tu remarqué comme il est difficile d'arrêter de regarder un jeu après un épisode? » ou « Pourquoi penses-tu que ce jeu te donne envie de continuer à jouer même quand tu es fatigué? » Ces questions réflexives stimulent la métacognition et commencent à développer la boussole interne de l'enfant pour évaluer les expériences numériques.

Le sommeil est un domaine particulièrement pertinent où les habitudes numériques liées à la dopamine peuvent faire des ravages. De nombreuses études ont montré que l'utilisation nocturne des écrans perturbe les rythmes circadiens en supprimant la production de mélatonine, en particulier lorsque l'exposition à la lumière bleue survient moins d'une heure avant le coucher. Au-delà des effets physiologiques, l'attente constante de récompenses numériques maintient le cerveau dans un état d'éveil accru, ce qui rend la détente difficile. Les enfants qui restent éveillés à jouer à des jeux ou à consulter les réseaux sociaux signalent souvent des difficultés d'endormissement, un sommeil fragmenté et une fatigue diurne, autant de facteurs qui nuisent à la régulation émotionnelle et aux résultats scolaires.

Ce cycle est souvent méconnu des parents comme des enfants, qui peuvent interpréter la torpeur matinale comme de la paresse ou de la résistance, plutôt que comme l'effet secondaire d'un cycle de dopamine mal synchronisé. Pour y remédier, il ne suffit pas de se coucher plus tôt. Il faut instaurer des routines du soir qui favorisent une neurochimie saine: tamiser les lumières, éteindre les écrans au moins une heure avant de dormir et initier des activités relaxantes comme la lecture, la conversation ou des exercices de pleine conscience. Ces pratiques améliorent non seulement le repos, mais entraînent également le cerveau à dissocier la récompense de la stimulation par écran.

Les réseaux sociaux présentent des défis uniques en matière de dopamine. Chaque « j'aime », chaque commentaire ou chaque message apporte une microdose de validation sociale. Les adolescents, dont le sentiment d'identité est encore en formation, sont particulièrement susceptibles de mesurer leur estime de soi à travers ces indicateurs. L'envie de « j'aime » ou l'anxiété de la comparaison peuvent entraîner une consultation compulsive, une anxiété liée à la performance du contenu et une baisse de l'estime de soi. Comme le confiait une jeune fille de quinze ans lors d'un atelier sur le bien-être numérique: « Il ne s'agit pas de publier quelque chose que j'aime. Il s'agit de ce qui, selon moi, attirera le plus d'attention. » Son comportement reflétait un système de récompense façonné par des indicateurs externes plutôt que par la satisfaction intérieure.

Les parents peuvent contribuer en favorisant des discussions sur l'authenticité et la valeur. Poser des questions telles que « Quel genre de publications vous procurent un sentiment de bien-être durable? » ou « Vous sentez-vous mieux ou moins bien après avoir utilisé cette application? » peut permettre aux enfants d'évaluer non seulement la fréquence à laquelle ils utilisent une plateforme, mais aussi les raisons pour lesquelles ils l'utilisent et ce qu'elle leur procure. Encourager les enfants à faire des pauses sur les réseaux sociaux et à observer leurs émotions sans la boucle de rétroaction constante peut également recentrer leur équilibre émotionnel et rééquilibrer leurs réponses dopaminergiques.

Il est important que les enfants ne restent pas passifs dans ce processus. Ils peuvent être habilités à façonner leurs propres habitudes numériques lorsqu'on leur donne les outils, le langage et le soutien nécessaires. Cela peut impliquer de co-créer des limites numériques, d'expérimenter des moments sans écran dans la journée ou d'identifier les applications qui les stimulent plutôt que de les épuiser. Lorsque les enfants participent à la conception de leur propre hygiène numérique, ils sont beaucoup plus susceptibles d'intérioriser et de maintenir ces comportements.

La leçon la plus importante à tirer est que la dopamine n'est ni bonne ni mauvaise. C'est un signal, qui peut être utilisé pour renforcer des schémas bénéfiques comme néfastes. La question n'est pas de savoir si les enfants rechercheront des récompenses, mais quels types de récompenses on leur apprend à valoriser. La technologie est là pour rester. Et elle ne devrait pas l'être. Mais elle doit être intégrée à la vie des enfants de manière à respecter leur développement neurologique, à honorer leur capacité de concentration et de créativité, et à les aider à développer des habitudes qui reflètent le meilleur d'eux-mêmes.

La science de la dopamine ne nous exonère pas de nos responsabilités: elle les clarifie. Parents, éducateurs, designers et décideurs politiques doivent collaborer pour garantir que les environnements numériques dans lesquels évoluent les enfants favorisent, plutôt que de saboter, leur développement. En comprenant comment la dopamine façonne les envies numériques et en adoptant des mesures réfléchies et bienveillantes pour réorienter ces schémas, nous donnons à nos enfants les meilleures chances de s'épanouir non seulement en tant que consommateurs de technologie, mais aussi en tant qu'acteurs conscients du façonnement de leur propre esprit.

Étude de cas: Parentalité numérique native vs. éducation numérique immigrante – Réflexions de familles réelles explorant différentes approches du temps d'écran et de l'engagement numérique

Le fossé entre les natifs du numérique et les immigrants du numérique n'est pas seulement une curiosité générationnelle: c'est une expérience vécue qui a de profondes implications pour la parentalité dans le monde moderne. Alors que les enfants et les adolescents d'aujourd'hui naviguent avec la technologie comme partie intégrante de leur quotidien, leurs parents abordent souvent le paysage numérique avec le souvenir d'une époque où les écrans étaient facultatifs, épisodiques et largement stationnaires. Cette divergence crée une tension unique: les parents sont censés guider leurs enfants dans un monde qu'ils apprennent encore à comprendre. Par conséquent, la dynamique familiale autour du temps passé devant les écrans et de l'engagement numérique est façonnée autant par des visions du monde différentes que par les technologies elles-mêmes.

Pour comprendre ce clivage, il est utile de comprendre la distinction fondamentale. Un *natif du numérique* est une personne qui a grandi avec la technologie comme partie intégrante de sa vie. Dès son plus jeune âge, il a eu accès aux écrans tactiles, au Wi-Fi, aux plateformes de streaming et aux réseaux sociaux. Sa compréhension du monde numérique est intuitive, fluide et souvent intégrée émotionnellement. À l'inverse, *les immigrants numériques* – souvent les parents et les éducateurs – ont grandi dans un monde pré-numérique et ont dû s'adapter. Leur compréhension de la technologie a tendance à être plus segmentée et analytique, souvent fondée sur la prudence ou la méconnaissance. Cette différence ne relève pas de l'intelligence ou des capacités, mais de l'orientation et du contexte.

Pour explorer l'influence de ces distinctions dans les familles, prenons le cas de Rohan et Priya, parents de deux adolescents à Mumbai. Tous deux quadragénaires, ils sont très instruits et maîtrisent parfaitement le numérique, mais leur rapport à la technologie est essentiellement fonctionnel. Ils l'utilisent pour le travail, la communication et les loisirs occasionnels. Leurs enfants, Anya (15 ans) et Kunal (13 ans), quant à eux, utilisent les outils numériques comme des prolongements de leur identité, de leur créativité et de leur appartenance sociale. Ils jonglent entre les devoirs scolaires, la création de contenu YouTube, les jeux vidéo et les groupes WhatsApp avec une fluidité infinie. Rohan et Priya, bien que n'étant pas réfractaires à la technologie, sont déconcertés par l'intensité et la fréquence de l'utilisation des écrans par leurs enfants.

Préoccupés par ce qu'ils percevaient comme un « temps d'écran excessif », les parents ont instauré des interdictions strictes d'utilisation des écrans en semaine, à des fins non scolaires. Cette approche, bien que bien intentionnée, a créé des frictions. Les enfants se sont sentis incompris, tandis que les parents se sont sentis méprisés. « C'est comme s'ils ne voyaient même pas ce que nous faisons en ligne », a expliqué Anya lors d'une séance de thérapie familiale. « Ils pensent que nous perdons notre temps, mais ils ne comprennent pas que c'est ainsi que nous apprenons, que nous nous connectons. » Le défi de la famille n'était pas technologique, mais générationnel. Les enfants parlaient un langage numérique que leurs parents n'avaient pas encore appris à traduire.

Ce qui a contribué à l'évolution de la famille, ce n'est pas l'ajout de règles, mais plutôt une plus grande *curiosité* . Priya a commencé à interroger Anya sur ses projets de montage vidéo, tandis que Rohan regardait Kunal jouer à un jeu en ligne, lui posant des questions sur la stratégie et les interactions sociales. Progressivement, la dynamique a changé. Les enfants sont devenus plus réceptifs aux conseils, se sentant écoutés, et les parents sont devenus des mentors plus efficaces, partant de l'engagement plutôt que du jugement. Cette approche, fondée sur l'empathie et le respect mutuel, illustre un principe clé d'une parentalité numérique réussie: la relation précède la régulation.

À l'inverse, une autre famille, celle des Fernandes à Bangalore, a opté pour une approche différente. Joseph et Maria, tous deux enseignants la cinquantaine, abordaient la technologie avec un profond scepticisme. Leur fils adolescent, David, bénéficiait d'un accès limité aux appareils, l'accent étant mis sur les loisirs hors ligne, le jeu physique et l'excellence scolaire. « Les écrans sont une distraction », affirmait Joseph. « Ils rendent les enfants paresseux et accros. » Ce modèle, bien que protecteur, fonctionnait selon une perspective déficitaire, partant du principe que les écrans étaient intrinsèquement nocifs s'ils n'étaient pas soigneusement maîtrisés.

Pendant un temps, cette approche a semblé efficace. David était concentré, discipliné et réussissait bien ses études. Mais pendant le confinement dû à la COVID-19, lorsque l'école s'est déplacée en ligne et que les interactions avec ses pairs sont devenues numériques par nécessité, David a commencé à rencontrer des difficultés. Il manquait de maîtrise du numérique pour gérer ses devoirs en ligne, collaborer sur des projets de groupe ou socialiser avec ses amis dans des espaces virtuels. Son sentiment d'isolement s'est accru et ses résultats scolaires ont décliné, non pas à cause d'une surutilisation des écrans, mais d'une sous-exposition. Le cadre familial rigide l'avait protégé des risques, mais aussi des opportunités de développer sa confiance et sa résilience numériques.

Ce cas met en lumière une autre perspective: l'évitement du numérique n'est pas une stratégie à long terme. Dans un monde où l'engagement numérique est de plus en plus intégré à tous les aspects de la vie – de l'apprentissage et du travail aux liens sociaux et à la participation citoyenne – les enfants doivent apprendre à *naviguer dans* la technologie, et non pas simplement à y résister. Il ne s'agit pas d'abandonner les limites, mais de les redéfinir pour refléter à la fois les avantages et les défis des outils numériques.

Un troisième cas, celui de la famille Khanna à Delhi, offre une approche hybride convaincante. Neha et Arvind, la fin de la trentaine, sont des professionnels des médias et se considèrent comme des experts en technologie. Leur fille, Ria, âgée de onze ans, a commencé à montrer des signes d'anxiété après avoir rejoint un réseau social populaire utilisé par ses pairs. Plutôt que d'interdire purement et simplement l'application, les Khanna ont décidé de l'utiliser ensemble. Ils ont créé leurs propres comptes, suivi les mêmes créateurs et engagé des conversations avec Ria sur les tendances, les messages et les comportements en ligne. Cela a créé un espace ouvert pour discuter des valeurs numériques – confidentialité, bienveillance, sélection de contenu – sans recourir à la surveillance ni à l'interdiction.

En participant activement à la vie numérique de leur fille, Neha et Arvind ont démontré que l'implication parentale ne doit pas nécessairement être conflictuelle. Elle peut être collaborative, encourageante et éclairée. Ce modèle de *co-engagement* concorde avec les recherches récentes montrant que les enfants bénéficient davantage de l'implication des adultes dans leur vie numérique, non seulement comme gardiens, mais aussi comme guides. Selon une étude publiée dans le *Journal of Adolescent Health* , les adolescents ayant déclaré avoir partagé des expériences médiatiques avec leurs parents ont fait preuve d'une plus grande résilience émotionnelle et de meilleures compétences décisionnelles en ligne que leurs pairs confrontés à une liberté illimitée ou à un contrôle direct.

Ces études de cas révèlent un thème plus large: il n'existe pas d'approche unique et « correcte » de la parentalité numérique, mais des principes transcendent les styles. L'un de ces principes est *l'harmonisation relationnelle*: la capacité à accueillir les enfants là où ils se trouvent, à les écouter avant de les conseiller et à les valider avant de les corriger. Qu'un parent soit un natif ou un immigrant numérique, la confiance est le fondement de l'influence. Les enfants sont plus enclins à parler de leurs expériences, risques et dilemmes numériques lorsqu'ils sentent que leur point de vue est respecté et compris.

Cette harmonisation permet également une certaine flexibilité dans les limites. Au lieu de limites temporelles rigides, les familles pourraient convenir d' *une utilisation ciblée* , en précisant quand les écrans sont destinés à l'apprentissage, à la création, aux échanges ou à la détente. Au lieu d'imposer des interdictions par défaut, les parents pourraient profiter *des pauses technologiques* pour évaluer les habitudes numériques, en choisissant des jours ou des périodes pour réfléchir aux habitudes et les réajuster si nécessaire. Ces pratiques ne visent pas à abandonner l'autorité, mais à renforcer l'alignement entre valeurs et comportements.

Le fossé entre natifs et immigrants numériques ne disparaîtra pas, mais il peut être comblé. La clé est de passer d'un paradigme de contrôle à un paradigme de collaboration. Les parents doivent cesser d'être des superviseurs distants pour devenir des mentors engagés, et les enfants doivent apprendre à considérer les adultes non pas comme des antagonistes numériques, mais comme des alliés pour affronter la complexité. Ce changement n'est pas toujours facile. Il exige humilité de la part des parents et patience de la part des enfants. Mais c'est possible, et de plus en plus essentiel.

À mesure que la technologie évolue, nos modèles parentaux doivent évoluer. L'intelligence artificielle, la réalité virtuelle et les plateformes d'apprentissage immersives transforment déjà la façon dont les enfants interagissent avec le monde. Les compétences dont ils ont besoin – esprit critique, régulation émotionnelle, discernement éthique – ne naîtront pas de la seule abstinence numérique. Elles naîtront de l'expérience vécue, guidées par des adultes prêts à s'engager dans l'arène numérique, à apprendre aux côtés de leurs enfants et à les guider avec curiosité plutôt qu'avec peur.

En fin de compte, la parentalité numérique la plus efficace ne consiste pas à connaître toutes les applications ou à décoder toutes les plateformes. Il s'agit d'être présent, adaptable et attaché à ses valeurs. Qu'un parent soit un natif du numérique ou un immigrant importe bien moins que sa volonté de s'engager, d'évoluer et de donner l'exemple d'une citoyenneté numérique réfléchie et équilibrée qu'il souhaite inculquer. Et cela, quelle que soit la génération, est une compétence indémodable.

Chapitre 2
Comment les écrans façonnent le développement du cerveau

Le cerveau humain est loin d'être statique ; c'est un organisme vivant et changeant, qui se remodèle constamment en réponse au monde qui l'entoure. C'est particulièrement vrai pendant l'enfance et l'adolescence, période de transformation neuronale extraordinaire. Les synapses s'activent et s'éteignent, les voies se renforcent ou se détériorent, et le cerveau commence à définir ses propres contours cognitifs et émotionnels. Ces années ne sont pas seulement une phase de croissance ; elles sont la forge où se construit l'architecture mentale d'un enfant. Et dans le monde d'aujourd'hui, cette forge est de plus en plus éclairée par la lumière d'un écran. Pour vraiment saisir ce que signifie mûrir à l'ère numérique, il faut regarder au-delà de l'interface, au plus profond du cerveau.

Il n'est pas exagéré de dire que le numérique est désormais omniprésent dans presque toutes les dimensions du développement de l'enfant. Il façonne la façon dont les jeunes apprennent, mémorisent, interagissent avec les autres et gèrent leurs émotions. On ne se demande plus depuis longtemps si les écrans affectent le cerveau ; la vraie question est de savoir quand, comment et dans quelles conditions ils agissent. Et la réponse, aussi frustrante soit-elle pour ceux qui recherchent la clarté, défie la simplicité. La nature du média, l'âge et le tempérament de l'enfant, son environnement émotionnel et social: tous ces éléments ont leur importance . Une constante, cependant, c'est que le cerveau est façonné par l'expérience. Et les expériences numériques, par leur rythme et leur intensité, sont sans commune mesure avec tout ce que l'espèce humaine a évolué pour gérer.

C'est là qu'intervient la plasticité neuronale: l'étonnante capacité du cerveau à se reconfigurer en fonction de son environnement. C'est un don, certes, mais à double tranchant. Du côté positif, les outils numériques peuvent être de puissants alliés pour l'apprentissage. Les médias interactifs qui incitent les enfants à réfléchir stratégiquement ou à résoudre des problèmes peuvent stimuler le cortex préfrontal. Les plateformes éducatives qui s'adaptent au rythme de l'apprenant peuvent approfondir la mémorisation et améliorer l'adaptabilité cognitive. De plus, les logiciels créatifs, des outils d'animation aux langages de programmation pour débutants, favorisent souvent la planification et la pensée abstraite qu'exige le monde moderne.

Mais, et c'est un « mais » important, cette même plasticité rend également le cerveau en développement vulnérable. L'exposition constante à des médias rapides et peu exigeants peut conditionner les voies neuronales à la distraction plutôt qu'à la concentration. Le cerveau, habitué à s'attendre à une gratification immédiate, devient agité face à des tâches cognitives plus lentes et plus exigeantes. Au fil du temps, les circuits se remodèlent, non pas pour récompenser la patience ou la profondeur, mais pour rechercher la nouveauté. Les neuroscientifiques ont un terme pour cela: la fragmentation cognitive. Il décrit un état dans lequel l'attention soutenue devient plus difficile à atteindre et l'endurance mentale commence à faiblir.

Les preuves s'accumulent. Des études d'imagerie cérébrale révèlent que le multitâche médiatique chronique est corrélé à une diminution de la matière grise dans les zones responsables du contrôle exécutif et de la régulation émotionnelle. D'autres recherches établissent un lien entre une utilisation fragmentée des médias et une altération de la mémoire de travail et une diminution de la capacité à l'effort soutenu. Il ne s'agit pas de simples anomalies statistiques: elles témoignent de changements réels et mesurables dans la façon dont les jeunes cerveaux sont programmés pour penser et ressentir.

Les enseignants le constatent de leurs propres yeux. De plus en plus d'enseignants signalent que les élèves ont du mal à se plonger dans un travail approfondi, ces tâches qui requièrent une concentration prolongée et une capacité à résoudre des problèmes internes. Nombre d'entre eux se tournent alors vers des solutions rapides: recherches Google, chatbots ou astuces numériques. Aussi utiles que soient ces outils avec modération, ils peuvent devenir des béquilles. Lorsqu'ils remplacent l'effort cognitif au lieu de le soutenir, le cerveau commence à perdre le contrôle de la persévérance, de la patience et de l'apprentissage autonome.

Et puis il y a le multitâche, si souvent présenté comme un signe distinctif de la maîtrise du numérique. Pourtant, des recherches ont montré à maintes reprises que ce que nous appelons multitâche consiste en réalité à passer rapidement d'une tâche à l'autre, ce qui a un coût. Les enfants qui croient être productifs en jonglant entre textes, vidéos et devoirs paient en réalité un prix caché: un traitement plus lent, davantage d'erreurs et une mémoire affaiblie. Avec le temps, cela engendre une forme d'agitation mentale, une préférence pour le mouvement constant plutôt que pour la profondeur de la réflexion.

Prenons le cas d'Arjun, onze ans. Ses parents, inquiets de ses difficultés de lecture et de sa résistance à l'écriture, ont remarqué une tendance. Les devoirs étaient toujours accompagnés d'un tourbillon de distractions: onglets ouverts, vidéos en arrière-plan, bips incessants. Une évaluation a exclu tout trouble d'apprentissage, mais a mis en évidence des déficits d'attention et de mémoire de travail. Grâce à un processus délibéré de réduction du bruit lié aux écrans et de reconstruction de la concentration, Arjun a commencé à retrouver sa capacité à s'engager profondément. Son expérience est révélatrice ; elle n'est pas rare, mais représentative.

Il serait toutefois peu judicieux de diaboliser les écrans. Le problème ne réside pas dans la technologie elle-même, mais dans la qualité de l'engagement qu'elle suscite. Une consommation passive et décousue tend à renforcer les habitudes mentales qui fragmentent l'attention. À l'inverse, les activités numériques qui nécessitent réflexion, analyse ou création peuvent renforcer les fonctions exécutives du cerveau. L'objectif n'est donc pas l'abstinence, mais la sélection: orienter les enfants vers des expériences numériques qui favorisent leur développement plutôt que de le freiner.

Cela devient d'autant plus crucial lorsqu'on considère le monde de l'information en ligne, un monde que les enfants vivent désormais presque comme une seconde nature. C'est un paysage chaotique:

les algorithmes dictent la visibilité, le contenu est conçu pour provoquer et la précision passe souvent après l'engagement. Dans un tel environnement, la capacité à penser de manière critique n'est pas un luxe, c'est une nécessité.

Il est inquiétant de constater que même les étudiants universitaires ont des difficultés avec les bases de la culture médiatique. Une étude du Stanford History Education Group a révélé que beaucoup d'entre eux ne parvenaient pas à distinguer les publications sponsorisées du journalisme sérieux, confondant souvent un raffinement superficiel avec la fiabilité. Si ceux qui sont à l'aube de l'âge adulte sont confrontés à de telles difficultés, à quel point cela doit-il être plus difficile pour les enfants qui développent encore les outils cognitifs nécessaires au discernement?

C'est pourquoi l'éducation, à la maison comme à l'école, doit inclure une formation au scepticisme numérique. Les enfants doivent être dotés d'habitudes mentales qui les poussent à questionner et à interroger, et non à simplement consommer. Lorsqu'ils découvrent du contenu viral ou chargé d'émotion, il faut les encourager à se demander: Qui a créé cela? Quelle est leur motivation? Comment ma réaction est-elle influencée? Ces questions ne sont pas innées: elles doivent être enseignées, modélisées, pratiquées.

Parents et éducateurs peuvent favoriser cette prise de conscience par un exercice simple, mais révélateur. « Une journée dans la vie numérique » invite les familles à réfléchir ensemble à la façon dont elles utilisent la technologie au quotidien. Quelles plateformes sont utilisées? Quand? Et comment chacune se sent-elle: dynamisée, inspirée, déconnectée, anxieuse? L'enjeu n'est pas la surveillance ou la culpabilité. C'est la reconnaissance. Une fois éveillée, la prise de conscience a un pouvoir discret mais transformateur.

En fin de compte, le cerveau en développement n'a pas seulement besoin d'être protégé des influences néfastes, il a aussi besoin d'être nourri par des influences significatives. À mesure que les médias numériques s'ancrent davantage dans la vie des enfants, la tâche qui nous attend évolue. Il ne s'agit plus seulement de fixer des limites ; il s'agit d'imaginer ce que signifie un engagement numérique réfléchi et délibéré. En comprenant comment les écrans façonnent l'architecture de l'attention et des émotions, et en guidant les jeunes vers des habitudes qui renforcent l'esprit plutôt que de le fragmenter, nous pouvons élever une génération capable non seulement d'utiliser la technologie, mais aussi de la comprendre, de la questionner et de choisir, parfois, de la désactiver.

Après tout, l'écran est peut-être une fenêtre sur le monde. Mais la clarté de ce qu'on y voit dépend de l'esprit qui le regarde. Et cet esprit, plus que tout algorithme ou application, mérite toute notre attention.

La plasticité neuronale dans un monde numérique – Les façons moins connues par lesquelles les médias interactifs renforcent ou affaiblissent les voies neuronales, influençant la résolution de problèmes, la mémoire et la créativité

Le concept de plasticité neuronale – l'extraordinaire capacité du cerveau à se réorganiser en formant de nouvelles connexions neuronales tout au long de la vie – a révolutionné notre compréhension de l'apprentissage, du développement et de l'adaptabilité. Loin d'être une structure figée, le cerveau est dynamique et malléable, constamment façonné par l'expérience. Pour les enfants et les adolescents, dont le cerveau est particulièrement sensible aux influences environnementales, cette plasticité est à la fois un don et une vulnérabilité. À l'ère de l'omniprésence du numérique, les implications de cette adaptabilité prennent une importance capitale. Les médias interactifs ne sont pas seulement un support passif du développement: ils façonnent puissamment l'architecture neuronale, capable de cultiver ou de compromettre des fonctions cognitives fondamentales telles que la résolution de problèmes, la mémoire et la créativité.

Pour apprécier le rôle du numérique dans le développement du cerveau, il est essentiel de comprendre comment les voies neuronales se forment et se renforcent. Chaque expérience vécue par un enfant – chaque pensée répétée, chaque compétence pratiquée ou chaque émotion ressentie – renforce des circuits spécifiques du cerveau. Plus une voie neuronale est activée, plus elle devient forte et efficace. Ce principe est souvent résumé par le principe « les neurones qui s'activent ensemble se connectent ». À l'inverse, les voies sous-utilisées ont tendance à s'affaiblir avec le temps, par un processus appelé élagage synaptique. Dans le contexte des interactions sur écran, la question n'est plus de savoir si la technologie affecte le cerveau, mais quelles voies elle renforce et lesquelles elle laisse dépérir.

Toutes les interactions numériques ne se valent pas à cet égard. Les médias interactifs qui nécessitent un engagement critique, une attention soutenue et une manipulation créative peuvent stimuler les fonctions exécutives du cerveau et favoriser le développement neurocognitif. Par exemple, des jeux éducatifs bien conçus qui mettent les utilisateurs au défi de résoudre des énigmes, d'élaborer des stratégies ou de construire des systèmes virtuels peuvent activer le cortex préfrontal, améliorant ainsi la flexibilité cognitive et la prise de décision. Ces activités sollicitent ce que les neuroscientifiques appellent le « traitement descendant », où le cerveau contrôle l'attention et l'action, favorisant ainsi un comportement délibéré et orienté vers un objectif.

Prenons le cas de Zoya, neuf ans, une utilisatrice assidue d'une plateforme de narration numérique qui permet aux enfants d'écrire, d'animer et de partager leurs propres histoires. En un an, Zoya est passée de l'assemblage de simples séquences d'images à la création de récits à plusieurs scènes avec dialogues, effets sonores et intrigues à embranchements. Ses enseignants ont constaté des améliorations dans son expression écrite, sa logique narrative et sa littératie visuelle. Dans ce cas, l'engagement numérique n'était pas une consommation passive, mais une construction active: une expérience qui a renforcé les voies neuronales liées au séquençage, au raisonnement symbolique et à la mémoire de travail.

En revanche, l'engagement répétitif avec des contenus numériques rapides et peu exigeants – comme le défilement incessant de courtes vidéos ou l'utilisation de jeux inactifs – tend à activer un traitement plus réflexif et ascendant. Ce style d'engagement privilégie les réponses immédiates à la réflexion, contournant souvent les fonctions exécutives qui soutiennent la planification, l'inhibition et le raisonnement abstrait. Avec le temps, cela peut renforcer les schémas d'attention fragmentée et la diminution du contrôle des impulsions. Ces changements peuvent être subtils au début, mais leur effet cumulatif peut modifier la façon dont les enfants apprennent, se souviennent et résolvent des problèmes dans des contextes plus larges.

La mémoire, en particulier, est profondément influencée par la qualité de l'engagement. Les médias interactifs peuvent soutenir la mémoire lorsqu'elle nécessite des exercices d'élaboration, de répétition et de récupération. Les applications de répétition espacée pour l'enrichissement du vocabulaire ou les mathématiques, par exemple, reposent sur des principes cognitifs solides et ont démontré leur efficacité pour renforcer la rétention à long terme. En revanche, les médias qui diffusent des informations rapides et fugaces sans nécessiter d'engagement cognitif significatif peuvent avoir l'effet inverse. Les enfants exposés principalement à ce type de contenu peuvent développer ce que les chercheurs appellent un « style de mémoire transitoire », où l'information est rapidement assimilée et tout aussi rapidement rejetée. Cela compromet la formation de traces mnésiques durables et affaiblit l'échafaudage neuronal nécessaire à un apprentissage complexe.

Le rôle du multitâche, un comportement courant chez les natifs du numérique, complique encore davantage la situation. De nombreux enfants jonglent entre plusieurs applications, plateformes et notifications lorsqu'ils font leurs devoirs, suivent des cours en ligne ou même pendant les repas. Les recherches neuroscientifiques ont constamment démontré que le cerveau est mal adapté au véritable multitâche. Il se contente en réalité de changer de tâche, ce qui engendre des coûts cognitifs à chaque changement d'attention. Ces coûts incluent une augmentation des erreurs, un allongement des délais d'exécution des tâches et une altération de la consolidation de la mémoire. D'un point de vue neuronal, le changement constant de tâche renforce les voies associées à la distraction et au traitement superficiel, tandis que les voies liées à la concentration soutenue et à l'apprentissage profond sont négligées.

Cet effet est clairement illustré par le cas de Rahul, un élève de quinze ans qui affirmait pouvoir étudier efficacement en regardant des vidéos YouTube, en discutant avec ses amis et en parcourant des mèmes. Si Rahul pouvait se souvenir superficiellement de faits pour les quiz, il peinait à appliquer les concepts dans les dissertations ou les exercices de résolution de problèmes. Les évaluations cognitives ont révélé une diminution de la mémoire de travail et une altération du contrôle attentionnel. Dès que Rahul et ses parents ont mis en place des séances d'étude structurées et sans distraction – avec des périodes d'engagement numérique ciblé entrecoupées de pauses – ses résultats scolaires et son autorégulation ont commencé à s'améliorer. Les circuits neuronaux qui soutiennent l'attention exécutive peuvent être entraînés, mais ils nécessitent une pratique intentionnelle pour s'épanouir.

La créativité est également façonnée par le type d'interactions numériques des enfants. Si l'on croit souvent que la technologie freine l'imagination, la réalité est plus nuancée. Les outils numériques peuvent constituer de puissantes plateformes d'expression créative, à condition d'être utilisés comme des instruments et non comme des fins en soi. Les enfants qui utilisent des logiciels pour composer de la musique, concevoir des jeux ou créer des œuvres d'art numériques s'adonnent souvent à des formes complexes de manipulation symbolique et de pensée itérative. Ces processus activent les régions cérébrales impliquées dans la pensée divergente, l'imagerie mentale et la synthèse conceptuelle.

Pourtant, ce potentiel est souvent sous-exploité dans des environnements dominés par la consommation de contenu plutôt que par la création. Les plateformes algorithmiques proposant des contenus courts et tendance peuvent limiter les possibilités d'exploration imaginative. Lorsque chaque instant d'ennui est comblé par des divertissements pré-emballés, le cerveau a moins d'occasions de s'engager dans l'idéation spontanée ou le jeu imaginaire soutenu, deux activités essentielles au développement des voies neuronales créatives. Ce n'est pas l'écran, mais la *structure* de l'interaction qui détermine si la plasticité neuronale est exploitée ou entravée.

Face à ces réalités, que peuvent faire les parents et les éducateurs pour favoriser un développement cérébral sain à l'ère du numérique? La solution ne réside pas dans des restrictions généralisées, mais dans une gestion ciblée des expériences numériques. Cela inclut l'encouragement des activités exigeant un effort soutenu, la prise de décision et la créativité ; la limitation de l'exposition à des contenus peu exigeants et très stimulants ; et l'offre régulière d'occasions de jeu hors ligne, d'interaction sociale et de temps libre. Ces expériences demeurent indispensables pour soutenir le développement global des capacités neuronales, émotionnelles et sociales de l'enfant.

Une stratégie particulièrement efficace consiste à intégrer la réflexion à l'utilisation du numérique. Après une séance de jeu ou un moment passé sur une plateforme créative, les parents peuvent demander: « Quel a été le plus grand défi dans ce projet? » ou « Comment as-tu résolu ce problème dans le jeu? » Ces questions incitent les enfants à consolider leurs apprentissages, renforçant ainsi les circuits neuronaux qui favorisent la métacognition et la réflexion stratégique.

Le rôle du sommeil ne saurait être surestimé. Un repos de qualité est essentiel à la consolidation synaptique, processus par lequel les expériences se transforment en architecture neuronale à long terme. Une utilisation excessive des écrans, notamment le soir, perturbe les cycles de sommeil et entrave ce processus. Une pratique simple, mais efficace, consiste à instaurer une routine de décompression numérique au moins une heure avant le coucher, en remplaçant l'exposition aux écrans par des activités apaisantes qui favorisent la récupération et l'intégration neurologiques.

En classe, les enseignants peuvent améliorer l'apprentissage numérique en intégrant des stratégies de pause et de réflexion, des tâches multimodales combinant des éléments numériques et analogiques, et des projets collaboratifs favorisant le développement des compétences cognitives et interpersonnelles. L'objectif est de créer un environnement d'apprentissage où les outils numériques prolongent, plutôt que de remplacer, les processus naturels de développement du cerveau.

La plasticité neuronale est à la fois prometteuse et inquiétante. Les mécanismes qui permettent aux enfants de maîtriser un instrument de musique, d'apprendre de nouvelles langues ou de s'adapter à des environnements changeants peuvent également ancrer des habitudes de distraction, de pensée superficielle et de volatilité émotionnelle, selon la structure de leurs expériences quotidiennes. Les médias interactifs sont un puissant sculpteur du cerveau, mais ce sont la qualité, le contexte et l'intentionnalité de leur utilisation qui déterminent le résultat.

Nous sommes à un tournant du développement de l'enfant. Les outils que nos enfants utilisent aujourd'hui façonnent non seulement leur façon de penser, mais aussi *ce* qu'ils pensent, et leur *capacité* à penser à long terme. En tant que gardiens de leur environnement – que ce soit en tant que parents, éducateurs ou décideurs politiques – nous avons la responsabilité de veiller à ce que les expériences numériques auxquelles ils participent renforcent les fondements neuronaux de la curiosité, de la résilience, de la concentration et de la créativité. Il ne suffit pas de se demander si la technologie est bonne ou mauvaise. Nous devons nous demander: aide-t-elle nos enfants à devenir les penseurs, les apprenants et les créateurs qu'ils sont capables d'être? La plasticité neuronale garantit que le cerveau est toujours à l'écoute. La question est: que lui apprenons-nous à entendre?

Surcharge cognitive et capacité d'attention réduite: comprendre pourquoi la technologie moderne reconfigure le cerveau pour une gratification instantanée et ce que cela signifie pour l'apprentissage et la concentration

Nous vivons à une époque où l'information circule sans interruption, où les alertes retentissent à tout instant et où l'attention est constamment sollicitée par une multitude d'appareils numériques. Pour les enfants et les adolescents, dont le cerveau est en pleine plasticité développementale, cet environnement n'est pas seulement une toile de fond du quotidien ; il influence activement la répartition, le traitement et le maintien de l'attention. Parmi les préoccupations les plus pressantes des parents, des éducateurs et des neuroscientifiques figure le phénomène de surcharge cognitive et ses conséquences: le raccourcissement de la capacité d'attention. Alors que les écrans s'intègrent de plus en plus à la trame de l'enfance, comprendre comment la technologie reprogramme le cerveau pour privilégier l'immédiateté à la profondeur devient essentiel pour protéger et nourrir la capacité d'apprentissage, de réflexion et de pensée critique.

La surcharge cognitive survient lorsque le cerveau est bombardé d'informations supérieures à sa capacité à les traiter, à les stocker ou à les appliquer. Ce concept n'est pas nouveau: l'être humain a toujours été confronté à des limites en matière de mémoire de travail, cet espace mental utilisé pour jongler avec l'information en temps réel. Cependant, les conditions de la vie numérique moderne ont amplifié ce défi de manière exponentielle. Un enfant engagé dans une seule tâche peut traiter simultanément de la musique de fond, des notifications d'applications, des publicités et de multiples flux audiovisuels. La mémoire de travail, conçue pour des tâches linéaires et limitées, est désormais censée fonctionner dans un environnement non linéaire et à haute fréquence, avec des commutations et des stimulations sensorielles constantes.

Les implications neurologiques de ce phénomène sont considérables. La mémoire de travail est régie par des régions cérébrales telles que le cortex préfrontal dorsolatéral et le cortex cingulaire antérieur, deux zones en pleine maturation jusqu'à la fin de l'adolescence. Lorsqu'ils sont débordés, ces systèmes peinent à filtrer les informations non pertinentes et à maintenir une concentration soutenue sur un seul objectif. Cela entraîne une attention fragmentée, une diminution de l'endurance cognitive et une dépendance accrue aux signaux externes pour guider le comportement. Au fil du temps, l'exposition répétée à des environnements hautement stimulants conditionne le cerveau à privilégier la nouveauté, à récompenser l'immédiateté et à résister à l'effort cognitif.

Cette adaptation est renforcée par les mécanismes de gratification instantanée intégrés à la plupart des plateformes numériques. Qu'il s'agisse d'un glissement d'écran menant à une nouvelle vidéo, d'une progression rapide dans un jeu mobile ou de la boucle de rétroaction immédiate des « j'aime » et des commentaires sur les réseaux sociaux, les enfants sont neurologiquement entraînés à s'attendre à une satisfaction immédiate. Les voies dopaminergiques associées à l'anticipation de la récompense deviennent hypersensibilisées, favorisant des comportements privilégiant les récompenses à court terme aux objectifs à long terme. Le cortex préfrontal, responsable du contrôle des impulsions et de la gratification différée, est ainsi marginalisé au profit de circuits plus réactifs, pilotés par les émotions.

Prenons l'exemple de Leela, douze ans, qui a commencé à avoir des difficultés de compréhension en lecture et de concentration à l'école. Ses parents, attribuant d'abord ce problème à l'agitation adolescente, ont ensuite réalisé que ses séances d'étude étaient ponctuées de vérifications constantes de ses appareils: de brèves interactions avec des applications de messagerie, des mèmes et des clips vidéo. Bien que brèves individuellement, ces interruptions numériques avaient un effet cumulatif: elles perturbaient la concentration nécessaire à la compréhension et rendaient les efforts soutenus pénibles et ingrats. Lorsque Leela a été guidée pour mettre en place des intervalles d'étude ciblés – grâce à la technique Pomodoro, par exemple – et réduire les interruptions numériques, ses résultats scolaires et sa concentration se sont nettement améliorés. Ce changement n'était pas simplement comportemental ; il reflétait une reconfiguration progressive de ses habitudes attentionnelles et de son endurance cognitive.

L'évolution vers le multitâche numérique aggrave le problème. On attend de plus en plus des enfants qu'ils jonglent avec plusieurs entrées: envoyer des SMS tout en regardant des vidéos en streaming, faire leurs devoirs en écoutant de la musique et jongler entre les onglets éducatifs et de divertissement. Pourtant, malgré les discours culturels qui vantent le multitâche comme une compétence moderne, les neurosciences présentent une version différente. Le cerveau n'exécute pas les tâches simultanément. Il passe d'une tâche à l'autre, ce qui engendre ce que l'on appelle des « coûts de commutation »: des retards momentanés, des taux d'erreur accrus et un affaiblissement des résidus cognitifs des tâches précédentes. Ces transitions sont cognitivement coûteuses et conduisent à un traitement superficiel.

Une étude menée par Clifford Nass et ses collègues de l'Université de Stanford a révélé que les personnes effectuant fréquemment plusieurs tâches à la fois sur les médias obtenaient de moins bons résultats en matière de changement de tâche, de contrôle de l'attention et de mémorisation que celles se concentrant sur une seule tâche à la fois. Plus inquiétant encore, ces effets ne se limitaient pas aux moments de multitâche ; ils semblaient refléter un style cognitif plus large, caractérisé par la recherche de distraction et un engagement superficiel. Chez les enfants, dont les réseaux neuronaux constituent encore les fondements de l'apprentissage et du raisonnement, ce style peut s'enraciner, réduisant leur capacité à réfléchir en profondeur, à retarder la gratification ou à s'engager dans une résolution réflexive des problèmes.

Les environnements éducatifs ne sont pas à l'abri de ces effets. Dans les classes qui intègrent des outils numériques sans accompagnement structuré, les élèves passent souvent des applications académiques aux divertissements, même avec des logiciels de surveillance. Le défi ne réside pas seulement dans l'accès aux appareils, mais dans leur conception fragmentant l'attention. Un jeu ou une vidéo pédagogique bien intentionné peut être hébergé sur une plateforme qui l'entoure de publicités sans rapport, de suggestions de vidéos ou de fonctions de lecture automatique. Il en résulte une véritable bataille pour les ressources cognitives, l'apprentissage étant en compétition avec un écosystème optimisé pour les clics, et non pour la compréhension.

Il est essentiel de distinguer un engagement numérique de haute qualité d'une surstimulation. Les outils qui encouragent la réflexion approfondie, tels que les simulations, les logiciels créatifs et les applications d'apprentissage favorisant la répétition espacée et la maîtrise, peuvent favoriser une concentration soutenue et renforcer les circuits neuronaux associés à la mémoire de travail et aux fonctions exécutives. Le danger survient lorsque ces outils sont intégrés à des environnements qui privilégient la nouveauté constante. La structure même de plateformes comme YouTube ou TikTok, par exemple, décourage l'engagement de longue durée. L'enfant qui commence à regarder une vidéo éducative peut être guidé par un algorithme vers un contenu progressivement plus court, plus stimulant, mais moins enrichissant sur le plan cognitif. Ce changement n'est pas dû au hasard: il reflète une philosophie de conception visant à maximiser l'engagement par la rapidité et la sensation.

Ces schémas se retrouvent également à la maison. De nombreuses familles vivent désormais dans une culture du « second écran », où télévision, tablettes et téléphones sont utilisés simultanément ou en arrière-plan d'autres activités. Bien que cela puisse paraître anodin, surtout pendant les temps morts, cela entraîne subtilement le cerveau à s'attendre à des informations provenant de sources multiples et constantes. L'ennui, autrefois espace de réflexion imaginative et d'introspection, devient intolérable. Pourtant, l'ennui n'est pas un défaut ; c'est une nécessité développementale. Il crée l'espace psychologique dans lequel les enfants apprennent à générer leurs propres pensées, à persévérer dans leurs tâches et à accéder à la créativité. Lorsque chaque instant libre est occupé par un écran, cet espace mental essentiel est perdu.

Retrouver sa concentration dans un monde de gratification instantanée nécessite plus que des couvre-feux ou des contrôles parentaux. Cela exige une réorientation des valeurs et des routines qui privilégie la profondeur à l'immédiateté. Parents et éducateurs peuvent commencer par donner l'exemple en démontrant la discipline de la concentration, en privilégiant une tâche unique, en discutant sans numérique et en s'engageant durablement dans des livres, des projets ou des jeux physiques. Des routines d'hygiène numérique structurées, comme des zones sans écran pendant les repas et avant le coucher, contribuent à créer les conditions mentales propices à la consolidation et à la réflexion. De plus, les enfants bénéficient de discussions explicites sur l'attention comme une compétence et non comme un acquis. Lorsqu'ils comprennent que leur cerveau peut être entraîné à se concentrer – et que cela est bénéfique pour leur apprentissage, leur mémoire et leur sens de l'action – ils sont plus susceptibles de s'approprier leurs habitudes.

Il est important que les interventions portent également sur la conception des outils numériques eux-mêmes. Une conception technologique éthique, privilégiant le bien-être aux indicateurs d'engagement, peut réduire la surcharge cognitive en minimisant les alertes inutiles, en limitant les fonctions de lecture automatique et en encourageant les pauses. Certaines plateformes expérimentent déjà la friction – de légers délais ou des invites incitant les utilisateurs à marquer une pause avant de continuer – afin de favoriser une interaction plus consciente. Soutenir ces développements et promouvoir une conception centrée sur l'enfant est un enjeu crucial de l'éducation numérique.

En fin de compte, le défi de la surcharge cognitive et de la réduction de la capacité d'attention n'est pas une question de moralité, mais de développement. Le monde numérique n'est pas intrinsèquement néfaste, mais sa conception actuelle privilégie la voie de la moindre résistance: la gratification momentanée plutôt que la croissance durable. Pour les enfants, dont les capacités cognitives sont encore émergentes, cette voie peut les détourner des récompenses plus profondes que sont l'apprentissage, la réflexion et la maîtrise. Le rôle des adultes n'est donc pas de diaboliser la technologie, mais d'en guider l'utilisation, d'aider les enfants à développer les capacités mentales qui leur permettent de naviguer dans la complexité, de résister aux distractions et de rester concentrés sur l'essentiel.

Si l'attention est la porte d'entrée de l'apprentissage, sa protection n'est pas une préoccupation secondaire, mais fondamentale. En créant des environnements qui respectent les limites de la mémoire de travail, privilégient un engagement significatif et résistent à l'attrait d'une stimulation constante, nous faisons plus que préserver la concentration. Nous préservons la capacité de réflexion de l'enfant. Et cela, dans un monde saturé de bruit, est peut-être le cadeau le plus précieux que nous puissions lui offrir.

Le côté obscur du multitâche – Démystifier le mythe du multitâche numérique productif et comment le changement constant d'appareil impacte la réflexion profonde et la régulation émotionnelle

Le multitâche est devenu un symbole de la culture contemporaine. L'image d'un adolescent jonglant entre devoirs, musique en streaming, messages et réseaux sociaux est souvent présentée comme un signe d'adaptabilité, un produit de l'ère numérique. Les parents peuvent s'émerveiller – ou désespérer – de l'apparente capacité de leurs enfants à gérer plusieurs tâches simultanément, persuadés qu'il s'agit d'une nouvelle forme d'intelligence, plus à l'écoute des exigences rapides de la vie moderne. Mais les neurosciences dressent un tableau bien différent. Loin d'améliorer la productivité ou les capacités cognitives, le multitâche numérique compromet la capacité du cerveau à se concentrer, à raisonner en profondeur et à réguler ses émotions. Cette efficacité perçue est, en réalité, une illusion coûteuse.

Au cœur de cette idée fausse réside une méconnaissance fondamentale du fonctionnement du cerveau. Contrairement à la croyance populaire, le cerveau humain ne peut pas effectuer simultanément plusieurs tâches hautement cognitives. Il bascule plutôt rapidement son attention d'une tâche à l'autre, un processus appelé « changement de tâche ». Chaque changement, aussi bref soit-il, a un coût cognitif. Il faut du temps au cerveau pour se réorienter, retraiter et se recentrer après chaque transition. Ce décalage, bien qu'apparemment imperceptible, s'accumule avec le temps et entraîne une augmentation des erreurs, une diminution de la mémorisation et une baisse des performances.

Ces coûts ne sont pas abstraits. Dans une étude largement citée menée à l'Université de Stanford, les chercheurs Clifford Nass et Eyal Ophir ont constaté que les personnes effectuant fréquemment plusieurs tâches à la fois sur les médias numériques étaient nettement moins capables de filtrer les informations non pertinentes, de passer d'une tâche à l'autre et de maintenir leur mémoire de travail. Plus révélateur encore, plus les individus avaient confiance en leur capacité à effectuer plusieurs tâches à la fois, plus leurs performances cognitives réelles étaient faibles. Autrement dit, le multitâche non seulement altère les fonctions cognitives, mais il compromet également la conscience de soi nécessaire à la reconnaissance de ce trouble.

Chez les enfants et les adolescents, dont le cerveau développe encore les systèmes responsables du contrôle de l'attention et des fonctions exécutives, les effets du multitâche chronique sont particulièrement préoccupants. Le cortex préfrontal, qui régit l'autorégulation, la planification et la prise de décision, continue de mûrir jusqu'au début de l'âge adulte. Lorsque cette région est constamment contournée au profit d'une interaction réactive, sous l'effet de la dopamine, avec de multiples appareils, son développement est perturbé. Le cerveau se programme alors pour la réactivité, et non pour la réflexion, pour la recherche de nouveauté plutôt que pour un engagement soutenu.

Ce changement neurologique a de profondes conséquences sur la pensée profonde. Les tâches exigeant une concentration prolongée, comme la lecture de textes complexes, la résolution de problèmes en plusieurs étapes ou la rédaction de réponses réfléchies, sont particulièrement vulnérables. Ces activités dépendent de la capacité du cerveau à mémoriser l'information, à éliminer les distractions et à synthétiser les idées au fil du temps. Lorsque l'attention est continuellement fragmentée, le cerveau peine à maintenir l'architecture mentale nécessaire à la profondeur. Il en résulte un traitement superficiel, un raisonnement décousu et une dépendance accrue aux supports externes: moteurs de recherche, invites et fonctions de saisie semi-automatique.

Une étude de cas menée dans un lycée urbain de Delhi illustre parfaitement ce phénomène. Un groupe d'élèves, réputés pour leur enthousiasme pour les matières scientifiques, ont commencé à obtenir de mauvais résultats aux évaluations de résolution de problèmes. Les enseignants ont constaté que, même si les élèves parvenaient à mémoriser des faits et à résoudre des problèmes courants, ils éprouvaient des difficultés avec les questions ouvertes exigeant une analyse approfondie. Une observation en classe a révélé que nombre de ces élèves passaient régulièrement d'une application à l'autre pendant leurs études: consultation de messages, navigation sur YouTube et utilisation des réseaux sociaux. Une intervention pilote, instaurant des séances d'étude structurées et mono-tâches et des intervalles sans numérique, a entraîné des améliorations mesurables des performances en quelques semaines seulement. Ce changement n'était pas dû à de nouveaux acquis matériels ou intellectuels, mais au rétablissement d'un engagement cognitif ininterrompu.

Au-delà de la cognition, les effets du multitâche numérique s'étendent également au domaine émotionnel. La régulation émotionnelle dépend de la capacité du cerveau à surveiller ses états internes, à interpréter les signaux contextuels et à ajuster ses réponses en conséquence. Ces compétences s'affine grâce à la présence, c'est-à-dire à l'écoute de ses pensées, de ses émotions et de ses sensations corporelles au fil du temps. Cependant, le changement constant d'appareil fragmente cette conscience de soi. Les enfants qui sont fréquemment ballottés entre les applications, les plateformes et les stimulations sensorielles sont moins susceptibles de remarquer lorsqu'ils se sentent dépassés, anxieux ou fatigués. Leurs signaux internes sont noyés par la stimulation externe.

Des recherches menées à l'Université du Michigan ont montré que les personnes qui effectuent fréquemment plusieurs tâches à la fois sur les médias sociaux présentent des niveaux de stress et d'instabilité émotionnelle plus élevés. Chez les enfants, cela se manifeste souvent par de l'irritabilité, de l'impulsivité et des sautes d'humeur – des comportements parfois attribués à tort au tempérament ou aux hormones, mais exacerbés par une surstimulation neurologique. La maturité émotionnelle exige un ralentissement du traitement interne, un espace où les émotions peuvent émerger, être nommées et régulées. Le multitâche compromet ce processus en maintenant le cerveau dans un état perpétuel d'attention partielle.

Cette érosion émotionnelle peut également avoir des répercussions sur les relations. Lorsque les enfants partagent leur attention entre plusieurs appareils pendant les conversations, les repas ou les activités partagées, leur capacité d'empathie diminue. L'empathie, comme la concentration, se construit par la présence. Elle nécessite une attention particulière aux signaux subtils – expressions faciales, pauses, changements de ton – qui passent facilement inaperçus lorsque l'attention est dispersée. À terme, cela peut affaiblir les liens de confiance et d'intimité, fondamentaux pour le bien-être psychologique.

Rien de tout cela ne signifie que la technologie, en soi, soit nocive. Le danger ne réside pas dans la présence des appareils, mais dans leur conception et leurs modes d'utilisation. De nombreuses applications et plateformes sont conçues pour maintenir l'attention non pas par la profondeur, mais par des interruptions constantes. Les notifications, les alertes et les fonctions de lecture automatique maintiennent l'attention des utilisateurs en activant le circuit de récompense du cerveau. Lorsque les enfants passent d'un stimuli à l'autre sans interruption, ils perdent patience et deviennent de véritables réactifs.

La bonne nouvelle, c'est que l'attention et la régulation émotionnelle sont des compétences qui peuvent être cultivées, protégées et restaurées. Les familles peuvent commencer par reconnaître et nommer le mythe du multitâche pour ce qu'il est: un fantasme culturel qui masque la fragmentation neurologique. En inculquant la monotâche – lire sans consulter ses messages, tenir des conversations ininterrompues ou regarder un film sans second écran – les parents peuvent démontrer que la profondeur a de la valeur. Même des pratiques brèves et régulières peuvent recalibrer l'attention. Dix minutes de lecture sans appareil, de pleine conscience ou d'écriture ciblée chaque jour peuvent aider à reconstruire les voies neuronales associées à la concentration et à la réflexion.

Les écoles ont également un rôle à jouer. Plutôt que d'encourager le multitâche comme signe de maîtrise technologique, les enseignants peuvent enseigner des stratégies métacognitives favorisant une gestion intentionnelle des tâches. Cela inclut la création d'environnements d'apprentissage avec des attentes claires en matière de concentration, l'intégration de pauses réflexives dans les cours et l'encouragement des élèves à prendre conscience de leurs émotions et de leurs réflexions lorsqu'ils effectuent plusieurs tâches à la fois. Ces habitudes ne relèvent pas de la technophobie, mais de la durabilité cognitive dans un monde numérique.

Les développeurs numériques doivent également prendre leurs responsabilités. Tout comme les industries ont évolué pour prendre en compte les conséquences de leurs produits sur la santé publique, l'industrie technologique doit concevoir ses produits en tenant compte du développement neurologique. Les fonctionnalités qui favorisent la friction, comme les invites demandant « Êtes-vous sûr de vouloir changer de tâche? » ou la limitation de l'utilisation simultanée d'applications, peuvent inciter les utilisateurs à adopter des comportements plus intentionnels. Il ne s'agit pas d'un affront à l'innovation, mais d'une évolution vers une conception éthiquement responsable.

En fin de compte, le mythe du multitâche n'est pas seulement une question cognitive, c'est aussi une question morale. En vendant aux enfants l'idée qu'ils doivent toujours en faire plus, passer plus vite d'une activité à l'autre et consommer sans cesse, nous les privons des capacités mêmes qui rendent possibles l'apprentissage, la réflexion et l'empathie. En les aidant à retrouver la capacité de faire une chose à la fois – et de la faire bien – nous ne les freinons pas. Nous leur donnons les outils pour aller plus loin, réfléchir plus profondément et ressentir plus pleinement. Dans un monde obsédé par la vitesse, le monotâche n'est pas une régression. C'est une révolution silencieuse.

Stimuler la pensée critique à l'ère de la désinformation: comment le contenu généré par l'IA, les deepfakes et les tendances des réseaux sociaux affectent les biais cognitifs et comment les enfants peuvent apprendre à distinguer la vérité de la fiction

L'enfant du XXIe siècle grandit dans un monde saturé d'informations, mais toutes ne se valent pas. Entre contenus algorithmiques, désinformation virale, médias générés par l'IA et deepfakes qui brouillent de manière convaincante la réalité et la fiction, le paysage numérique moderne représente non seulement un défi de compréhension, mais aussi une épreuve fondamentale de discernement. Dans un tel environnement, où la vérité peut être manipulée et où les mensonges circulent plus vite que les faits, l'esprit critique n'est plus un luxe réservé aux universitaires: c'est une compétence essentielle à la survie.

Au cœur de ce défi réside une disjonction entre la vitesse de diffusion de l'information et la vitesse du traitement cognitif. Le contenu numérique, notamment sur les réseaux sociaux, est conçu pour un engagement maximal, et non pour l'exactitude. Plus un contenu est sensationnel ou chargé d'émotion, plus il est susceptible d'être partagé, consulté et cru. Cette dynamique exploite les biais cognitifs – des raccourcis mentaux que le cerveau utilise pour simplifier la prise de décision – qui peuvent fausser le jugement et renforcer les fausses croyances. Le biais de confirmation, par exemple, conduit les individus à rechercher et privilégier les informations qui correspondent à leurs opinions existantes, tandis que le biais de disponibilité les amène à surestimer la pertinence des informations les plus facilement mémorisées, souvent parce qu'elles sont récentes, frappantes ou émotionnellement percutantes.

Les enfants et les adolescents, dont les circuits neuronaux responsables du raisonnement réflexif et du contrôle des impulsions sont encore en cours de développement, sont particulièrement vulnérables. Le cortex préfrontal, responsable de l'évaluation des preuves, de la pondération des conséquences et de la résistance à la réactivité émotionnelle, n'atteint sa pleine maturité qu'au milieu de la vingtaine. Entre-temps, le système limbique, qui régit la recherche de récompense et le traitement des émotions, domine souvent. Cette réalité biologique signifie que les jeunes sont plus sensibles aux contenus nouveaux, provocateurs ou affirmant leur identité sociale, quelle que soit leur valeur de vérité.

L'essor du contenu généré par l'IA complique encore davantage la situation. Des outils capables de produire des textes, des images, des fichiers audio et des vidéos persuasifs, impossibles à distinguer des contenus créés par l'homme, sont désormais largement accessibles. Si ces outils offrent des possibilités remarquables de créativité et de communication, ils érodent également les marqueurs traditionnels d'authenticité. Une vidéo deepfake d'un personnage politique tenant des propos incendiaires, un chatbot diffusant des récits pseudo-scientifiques ou un titre d'actualité fabriqué avec des signatures générées par l'IA peuvent facilement contourner les défenses analytiques encore en développement d'un enfant. Ce qui était autrefois une compétence ancrée dans l'identification d'indices tels que le ton, la qualité visuelle ou la cohérence linguistique doit désormais évoluer vers un état d'esprit plus nuancé et interrogatif.

Prenons l'exemple d'un projet mené en classe dans un lycée d'Hyderabad, où les élèves devaient effectuer des recherches sur le changement climatique à partir de sources en ligne. Un groupe a cité un article d'apparence professionnelle niant l'influence humaine sur le réchauffement climatique. Un examen plus approfondi a révélé que l'article provenait d'un site conçu pour paraître journalistique, mais financé par des intérêts liés aux énergies fossiles. Un autre groupe a cité des statistiques tirées d'une infographie virale qui avait circulé sur Instagram, ignorant qu'elle avait été démentie des mois plus tôt par des organisations scientifiques. Ces élèves ne manquaient pas d'intelligence, ils manquaient d'outils. Leur erreur n'était pas d'avoir cru à l'information, mais d'avoir cru *trop vite* , sans interrogation critique.

Le défi n'est donc pas d'apprendre aux enfants quoi penser, mais comment réfléchir *à* ce qu'ils pensent. Cette distinction est importante. La pensée critique ne se résume pas au scepticisme ou à la vérification des faits: c'est la capacité à remettre en question les hypothèses, à examiner les preuves, à envisager des points de vue alternatifs et à tirer des conclusions raisonnées. À l'ère de la désinformation, cultiver cette capacité doit commencer tôt et être renforcé régulièrement.

Un élément fondamental consiste à aider les enfants à reconnaître leurs propres biais cognitifs. Cela peut se faire par la réflexion guidée, le dialogue en classe et les discussions parents-enfants. Poser des questions telles que « Pourquoi pensez-vous que ce message vous a fait ressentir cela? » ou « Que pensez-vous que l'auteur veut vous faire croire? » favorise la métacognition, c'est-à-dire la capacité à réfléchir à sa propre pensée. Une étude du Digital Literacy Project de l'Université de Cambridge suggère que les élèves qui s'engagent dans ce type de questionnement réflexif sont plus susceptibles de résister aux contenus manipulateurs et de reconsidérer leurs hypothèses lorsqu'ils sont confrontés à de nouvelles preuves.

Tout aussi importante est la maîtrise de la lecture latérale, une stratégie utilisée par les vérificateurs de faits professionnels qui consiste à laisser une source vérifier sa crédibilité par d'autres canaux indépendants. Contrairement à la lecture verticale, qui consiste à examiner un site ou un document isolément, la lecture latérale reconnaît que la vérité émerge par la comparaison, et non par l'isolement. Apprendre aux enfants à ouvrir de nouveaux onglets, à recouper des affirmations et à vérifier les références des auteurs développe des habitudes mentales qui ralentissent l'acceptation réflexive et stimulent la curiosité d'investigation.

Pourtant, la pensée critique ne naît pas de nulle part. Elle nécessite un écosystème favorable – à la maison, à l'école et en ligne. Les parents peuvent jouer un rôle crucial en étant eux-mêmes des modèles d'engagement critique. Cela signifie être prêts à dire: « Je ne suis pas sûr que ce soit vrai ; vérifions » ou « Cela semble convaincant, mais qui est derrière? » Lorsque les enfants voient des adultes aux prises avec l'incertitude et se livrer à des recherches ouvertes, ils intériorisent le message selon lequel la pensée critique est une pratique quotidienne précieuse, et non une corvée ou une correction.

Les enseignants peuvent également concevoir des programmes intégrant l'analyse des médias dans toutes les matières. Qu'il s'agisse d'évaluer des sources primaires en histoire, de décortiquer des arguments littéraires ou d'examiner des données scientifiques, les élèves doivent être constamment encouragés à se demander: Qui a créé cela? Pourquoi? Qu'est-ce qui est omis? Comment puis-je savoir si c'est crédible? Intégrer cet apprentissage par l'investigation dans l'enseignement courant développe non seulement la maîtrise de l'information, mais aussi l'humilité intellectuelle, une qualité essentielle pour résister à la désinformation.

Les outils technologiques peuvent également soutenir cet effort. Les extensions de navigateur qui signalent les contenus douteux, les plateformes qui fournissent des informations contextuelles sur les sources d'information et les applications ludiques de réflexion critique peuvent toutes renforcer les capacités d'analyse des jeunes utilisateurs. Cependant, ces outils doivent être utilisés avec prudence. Une dépendance excessive peut favoriser la complaisance, conduisant les enfants à confier leur jugement aux algorithmes. L'objectif doit toujours être de renforcer le raisonnement *humain* , et non de le remplacer.

Une approche particulièrement efficace réside dans la narration. Lorsque les élèves entendent les récits de personnes qui ont changé d'avis grâce à des preuves – qu'il s'agisse de scientifiques révisant des théories, de journalistes corrigeant des reportages ou de simples citoyens contestant la désinformation –, ils apprennent que la flexibilité intellectuelle n'est pas une faiblesse, mais une force. Ces récits humanisent le concept abstrait de pensée critique, démontrant qu'elle est à la fois courageuse et nécessaire.

Prenons le cas d'Anaya, une élève de 14 ans convaincue par une vidéo en ligne de la nocivité de certains vaccins. Plutôt que de la confronter directement, son enseignant a demandé à la classe de faire des recherches sur l'histoire du développement des vaccins, d'explorer le fonctionnement des études évaluées par les pairs et d'analyser la propagation de la désinformation. Ce faisant, Anaya a découvert les failles de sa source et est parvenue à sa propre conclusion. Elle n'a pas été humiliée, elle a été responsabilisée. Et, plus important encore, elle a appris que la vérité est une chose qu'il faut *s'efforcer* de comprendre, et non une chose absorbée passivement.

Il existe bien sûr des facteurs culturels et émotionnels plus profonds qui rendent la désinformation attrayante. Un contenu qui confirme l'identité, apaise l'anxiété ou simplifie la complexité est souvent plus attrayant qu'une vérité nuancée. C'est pourquoi l'éducation à la pensée critique doit également aborder la littératie émotionnelle. Aider les enfants à reconnaître leurs peurs, leurs états d'âme ou leur excès de confiance peut les empêcher d'accepter automatiquement des mensonges réconfortants. La régulation émotionnelle, ancrée dans la conscience de soi, renforce la résilience cognitive.

Enfin, nous devons résister à la tentation de simplifier à outrance le problème. La lutte contre la désinformation ne se limite pas à éliminer les faussetés. Il s'agit de cultiver des esprits sceptiques sans être cyniques, ouverts sans être naïfs et informés sans être rigides. Cela nécessite une réorientation de la vie numérique: non pas comme un espace passif de consommation, mais comme un espace participatif d'investigation, de réflexion et d'engagement éthique.

Les enfants grandiront dans un monde où les contenus générés par l'IA, les deepfakes et les récits numériques persuasifs feront partie intégrante de leur quotidien. Les protéger complètement n'est ni possible ni souhaitable. Mais les préparer – intellectuellement, émotionnellement et éthiquement – est à la fois possible et impératif. En leur apprenant à ralentir, à questionner en profondeur, à recouper largement leurs informations et à réfléchir honnêtement, nous les équipons non seulement pour survivre à l'ère de la désinformation, mais aussi pour y prospérer – en tant que penseurs, citoyens et futurs acteurs d'un monde numérique plus exigeant.

Exercice interactif: Analyse d'une « Journée dans la vie numérique » – Une activité guidée pour que parents et enfants réfléchissent à la façon dont leurs habitudes numériques façonnent leur santé cognitive et émotionnelle.

Les influences les plus profondes sur le développement d'un enfant sont souvent celles qui passent inaperçues: discrètement intégrées aux routines quotidiennes, répétées sans trop d'attention, et finalement normalisées comme inoffensives ou inévitables. Parmi celles-ci, les habitudes numériques sont peut-être les plus omniprésentes et les moins étudiées. Les écrans structurent désormais la façon dont les enfants apprennent, jouent, communiquent, se reposent et même régulent leurs émotions. Pourtant, la question de la façon dont ces interactions façonnent le bien-être cognitif et émotionnel est rarement abordée avec la clarté et l'intentionnalité qu'elle exige. Un moyen efficace de combler ce fossé est de recourir à un exercice d'introspection guidée – une analyse « Journée dans la vie numérique » – conçu non pas pour attribuer des reproches ou imposer des restrictions, mais pour mettre en lumière des schémas, favoriser la réflexion et favoriser une relation plus saine avec la technologie.

Fondamentalement, cet exercice est un outil de prise de conscience. La prise de conscience est la première étape d'un changement de comportement, notamment pour les habitudes qui fonctionnent en mode pilote automatique. Les enfants, comme les adultes, sous-estiment souvent le temps passé devant les écrans, méconnaissent les effets émotionnels de l'interaction numérique et ne parviennent pas à relier certaines difficultés cognitives – comme l'oubli ou l'irritabilité – à une attention fragmentée et à une surstimulation. En créant ensemble un journal numérique détaillé et en l'analysant ensemble, les familles peuvent prendre conscience de ces dynamiques invisibles.

Ce processus commence par la capture d'un instantané complet des interactions numériques sur 24 heures. Idéalement, cette étape devrait être collaborative, avec la participation de l'enfant et du parent, non seulement pour suivre l'utilisation, mais aussi pour la contextualiser. L'objectif n'est pas la surveillance, mais une réflexion partagée. Un parent pourrait commencer par noter: « J'ai remarqué que j'avais consulté mes e-mails six fois avant le petit-déjeuner », tandis qu'un enfant pourrait observer: « J'ai regardé des vidéos pendant le déjeuner, même si je n'y prêtais pas vraiment attention. » Ces aveux posent les bases d'une conversation sans jugement, fondée sur la curiosité mutuelle.

Pour approfondir la réflexion, il est important d'aller au-delà de la simple mesure du temps passé devant un écran en minutes et en heures. Chaque interaction numérique doit plutôt être encadrée par quelques questions clés: quel était le but de l'activité: divertissement, socialisation, éducation, distraction? Comment me suis-je senti avant, pendant et après? Cette interaction était-elle énergisante, épuisante, apaisante ou perturbante? Qu'a-t-elle remplacé: une interaction en face à face, un moment de repos ou une activité créative? Ces questions ouvrent une fenêtre sur l'empreinte émotionnelle et cognitive des habitudes numériques, des informations bien plus révélatrices que les données d'utilisation brutes.

Prenons l'exemple d'Aarav, un élève de 13 ans dont les parents s'inquiétaient de ses notes en baisse et de ses sautes d'humeur persistantes. Au cours de leur exercice de journal numérique, la famille a découvert qu'Aarav passait près de quatre heures par jour sur des plateformes vidéo courtes – non pas d'une seule traite, mais en dizaines de micro-interactions réparties tout au long de la journée. Il se tournait souvent vers son téléphone dans les moments d'ennui, de stress ou de fatigue. Ces séances le laissaient momentanément distrait, mais finalement plus anxieux, surtout avant de se coucher. La famille n'avait pas réalisé que cette habitude apparemment inoffensive perturbait son rythme cognitif, fragmentait sa concentration et le surstimulait avant de dormir. Fait important, Aarav ne s'en était pas rendu compte non plus – jusqu'à ce qu'il la voie tracée devant lui.

Cet exercice a également aidé Aarav à identifier les activités qui favorisaient son bien-être. Il a constaté que les jours où il consacrait plus de temps à la création artistique numérique ou au montage vidéo – des activités qui mobilisaient son attention, sa créativité et son sens de l'accomplissement – il se sentait plus épanoui et concentré. Ces constatations ne provenaient pas de règles extérieures ou de directives parentales, mais de ses propres observations. Fort de cette prise de conscience, Aarav a commencé à restructurer ses habitudes numériques, non par obligation, mais avec une compréhension claire de ce qui lui convenait et de ce qui ne lui convenait pas.

Ce passage du contrôle imposé à l'autorégulation intériorisée est crucial. L'un des plus grands défis de la parentalité numérique est de favoriser l'autonomie sans favoriser la surexposition. Lorsque les enfants se sentent contrôlés, ils résistent, dissimulent ou justifient souvent leurs comportements. Invités à des pratiques réflexives, ils commencent à s'approprier leurs choix. L'analyse « Journée dans la vie numérique » devient ainsi un outil non seulement d'analyse comportementale, mais aussi de développement de la conscience métacognitive, c'est-à-dire la capacité à réfléchir sur ses pensées et à évaluer ses actions.

La santé cognitive et émotionnelle ne sont pas des états abstraits ; elles sont continuellement façonnées par les micro-choix effectués tout au long de la journée. Consulter une notification ou rester immergé dans une tâche. Répondre à l'ennui par un défilement ou un dessin. Utiliser la technologie comme une béquille ou un canal. Au fil du temps, ces choix créent des schémas. Et ces schémas, répétés suffisamment souvent, deviennent des voies neuronales.

Les neurosciences soulignent ce point avec une clarté croissante. Les changements répétés de tâches, fréquents chez les enfants qui jonglent entre applications, plateformes et flux multimédias, affaiblissent la mémoire de travail et réduisent l'endurance cognitive. La réactivité émotionnelle est exacerbée par l'imprévisibilité des retours numériques – mentions « J'aime », commentaires et messages – qui activent le système de récompense du cerveau et rendent plus difficile le désengagement. La qualité du sommeil est dégradée non seulement par une utilisation nocturne, mais aussi par le type de contenu consommé et l'absence de détente psychologique. Chacun de ces effets est le produit de décisions apparemment anodines, mais dont l'effet cumulatif est significatif.

Sous cet angle, l'exercice « Une journée dans la vie numérique » devient un outil de diagnostic, non pas au sens médical, mais au sens développemental. Il offre un cadre permettant d'identifier les habitudes constructives, celles qui sont néfastes et celles qui dépendent du contexte. Un enfant qui utilise les écrans pour décompresser après l'école peut bénéficier de ce temps de repos, à moins que cela n'empiète sur les heures consacrées aux devoirs ou au sommeil. Un adolescent qui s'engage dans l'activisme numérique peut développer de précieuses compétences civiques, à moins que l'exposition à des contenus polarisants n'entraîne un stress chronique. La nuance est importante.

C'est pourquoi l'analyse réflexive devrait également inclure un volet de définition d'objectifs. Une fois les tendances identifiées, parents et enfants peuvent collaborer pour mettre en place de petits ajustements significatifs. Il peut s'agir de repas sans écran, de fixer des heures sans écran avant le coucher ou de formuler des intentions avant d'utiliser un appareil (« Je regarde ça pour me détendre 30 minutes » plutôt que « Je regarde juste pour voir les nouveautés »). L'objectif n'est pas l'abstinence numérique, mais l'intentionnalité. Utiliser les écrans *avec un objectif précis* plutôt que par défaut.

Il est important de réexaminer régulièrement cet exercice. Les habitudes numériques évoluent avec les stades de développement, les exigences scolaires, les changements sociaux et les tendances technologiques. Ce qui était autrefois gérable peut devenir excessif ; ce qui répondait autrefois à un besoin peut commencer à supplanter d'autres expériences essentielles. En reprenant cet exercice régulièrement, ou dès que des tensions apparaissent autour de l'utilisation des écrans, les familles peuvent maintenir une approche adaptative et réactive de l'engagement numérique.

Au-delà des familles individuelles, ce type de pratique réflexive est prometteur aux niveaux communautaire et institutionnel. Les écoles peuvent organiser des « journées d'apprentissage numérique » où les élèves cartographient leur utilisation des technologies, discutent de leurs effets et partagent des stratégies pour un équilibre sain. Les professionnels de la santé mentale peuvent utiliser ce cadre dans le cadre de consultations pour contextualiser les symptômes comportementaux. Même les développeurs et les concepteurs, s'ils sont guidés par des perspectives centrées sur l'enfant, pourraient tirer profit de la compréhension de l'interaction de leurs plateformes avec les rythmes cognitifs et émotionnels des jeunes utilisateurs.

Le monde numérique n'est ni intrinsèquement toxique, ni uniformément bénin. C'est un outil d'une puissance extraordinaire, dont l'impact dépend largement de la manière dont on l'utilise et de la réflexion approfondie dont on l'examine. Une analyse « Une journée dans la vie numérique » transforme l'acte de regarder des écrans en un regard *sur soi-même* – un miroir non seulement de ses habitudes, mais aussi de ses besoins, de ses désirs, de ses vulnérabilités et de ses valeurs. Elle interroge les enfants non seulement sur ce qu'ils font, mais aussi sur ce qu'ils deviennent par leurs actions.

Pour les parents et les personnes qui s'occupent d'enfants, c'est une occasion rare: sortir du rôle de policier et adopter celui de co-enquêteur. Passer de « Comment puis-je mettre fin à ce comportement? » à « Qu'apprenons-nous de ce modèle? » Inspirer la réflexion, susciter le dialogue et cultiver la boussole intérieure dont chaque enfant a besoin pour naviguer non seulement dans le monde numérique, mais aussi dans le paysage plus large de sa vie.

Lorsque la conscience s'approfondit, les choix s'élargissent. Et dans cette expansion réside la possibilité – non pas de la perfection, mais de l'équilibre, de la résilience et d'un sentiment de contrôle renouvelé dans un monde qui donne souvent l'impression de tourner trop vite.

Chapitre 3
La science de la technologie persuasive – Qui a vraiment le contrôle?

Au cœur du casse-tête numérique actuel se trouve une question d'une simplicité trompeuse: qui contrôle réellement? La question n'est certes pas nouvelle, mais elle a pris une ampleur accrue à l'ère des technologies persuasives. Lorsqu'un enfant parcourt un flux vidéo, consulte un extrait d'actualité ou discute avec un personnage généré par l'IA, il ne se contente pas de consommer. Il pénètre dans des écosystèmes conçus intentionnellement pour influencer – pour attirer, stimuler et façonner les comportements de manière subtile et durable. Ce ne sont pas des outils passifs. Ils sont, par nature, persuasifs – créés non seulement pour informer ou divertir, mais pour orienter les choix humains, souvent sans notre consentement conscient.

Cette évolution de la conception technologique appelle une évolution parallèle de notre compréhension de l'engagement numérique. Fini le temps où les écrans pouvaient être considérés comme des plateformes neutres, de simples canaux de communication. De plus en plus, ils reposent sur un mélange de psychologie comportementale et d'apprentissage automatique, orchestré pour maximiser l'engagement. Et que signifie généralement « engagement » dans ces systèmes? Temps passé, intensité émotionnelle, fidélisation de l'utilisateur. Pour les enfants et les adolescents, dont le cerveau est encore en phase de construction lente de la régulation émotionnelle, du contrôle des impulsions et de l'identité, les implications sont particulièrement frappantes. Ces technologies ne reflètent pas seulement leurs préférences ; elles les façonnent. Elles récompensent l'immédiateté, stimulent les systèmes dopaminergiques par des boucles de rétroaction parfaitement synchronisées et inondent leurs flux de contenus si personnalisés qu'ils les connaissent souvent mieux qu'eux-mêmes.

Prenons l'exemple du défilement infini. Il est devenu si courant qu'on le remarque à peine, mais il représente une rupture profonde avec la structure des médias traditionnels. Un livre se termine, un épisode se conclut, une page web atteint son point bas. Mais ici? Il n'y a pas de fin. Juste plus, toujours plus. Chaque mouvement du doigt apporte quelque chose de nouveau, et c'est là que réside le piège. Le cerveau, programmé pour répondre à la nouveauté et à l'attrait de l'imprévisibilité, se retrouve entraîné dans une expérience sans limites. Pour un esprit en développement, qui apprend encore à s'arrêter, à réfléchir et à choisir consciemment, il est particulièrement difficile de résister à cette tentation.

Viennent ensuite les vignettes et les gros titres, véritables phares de cette arcade numérique. Provocateurs, parfois absurdes, souvent manipulateurs, ils promettent bien plus qu'ils ne tiennent. Conçus pour susciter la curiosité, l'indignation ou le rire, ils misent sur l'émotion plutôt que sur la profondeur. Les enfants, moins sensibles aux subtils indices de crédibilité et d'intention, prennent souvent ce type de contenu au pied de la lettre. Avec le temps, cela rééquilibre leur attention. Ils commencent à associer la valeur à l'immédiateté et au drame plutôt qu'à la substance ou à la nuance. Le tapageur l'emporte. Le discret – réfléchi, complexe, stimulant – se perd dans le fil.

Mais l'architecte le plus insidieux est peut-être l'algorithme. Toutes les grandes plateformes l'utilisent, mais rares sont celles qui en comprennent véritablement le fonctionnement. Il ne s'agit pas de simples séquences mathématiques ; ce sont des systèmes dynamiques qui apprennent constamment du comportement des utilisateurs: ce sur quoi ils cliquent, ce sur quoi ils mettent en pause, ce sur quoi ils sautent, ce qu'ils regardent à nouveau, et qui utilisent ces données pour façonner ce qu'ils verront ensuite. Pour les enfants, cela crée des bulles de contenu hautement personnalisées, de véritables chambres d'écho miniatures. Ce qu'ils aiment déjà, ils le verront davantage. Qu'est-ce qui remet en question leurs points de vue ou introduit des perspectives inconnues? Cela disparaît discrètement.

À première vue, ce type de personnalisation peut sembler magique. Le contenu semble taillé sur mesure: pertinent, divertissant, étrangement opportun. Mais cette pertinence apparente a souvent un coût caché. Exposés sans cesse aux mêmes types de contenus, les enfants peuvent perdre leur tolérance à l'ambiguïté ou à la dissidence. Ils commencent à confondre ce qui est populaire et ce qui est important, ce qui leur semble familier et ce qui est vrai. Et comme la logique de l'algorithme est opaque – même, dans certains cas, pour ceux qui l'ont conçu –, le processus qui se déroule derrière l'écran est peu perceptible. Il en résulte un paradoxe troublant: des enfants se sentent autonomes, tout en étant guidés avec douceur, mais fermeté.

Naturellement, de nombreux parents trouvent cela intimidant. Les mécanismes sont techniques, les comportements subtils et leur impact tarde à se révéler. Mais la bonne nouvelle, c'est qu'une fois ces systèmes identifiés, ils peuvent être remis en question. Et ce questionnement ouvre la voie à une prise de conscience. Tout commence par une conversation – pas un cours magistral, mais une réflexion partagée. « À ton avis, pourquoi cette vidéo est-elle apparue ensuite? » « Que se passe-t-il si tu arrêtes de cliquer sur ce genre de contenu? » « Qui gagne à rester des heures sur cette application? » Ce ne sont pas des pièges rhétoriques, mais des pistes de réflexion, les premières fissures dans le mur de l'illusion numérique.

Des exercices expérientiels peuvent contribuer à donner vie à cette réflexion. Citons par exemple l'« Expérience de sensibilisation aux algorithmes sur 30 jours », un défi simple mais puissant où les familles acceptent de bousculer leurs habitudes numériques. Elles peuvent rechercher des sujets hors de leur zone de confort, interagir avec de nouveaux créateurs ou cliquer volontairement sur du contenu qu'elles ignoreraient habituellement. Les résultats sont souvent surprenants. Dans une famille de Pune, deux adolescents ont observé en temps réel l'évolution de leur fil d'actualité: nouvelles suggestions, voix inconnues, intonations émotionnelles différentes. Ce qui a commencé comme un jeu est devenu un signal d'alarme: leurs expériences en ligne, ont-ils réalisé, étaient loin d'être naturelles.

Un autre domaine émergent des technologies persuasives concerne la compagnie pilotée par l'IA: influenceurs virtuels, chatbots et « amis » synthétiques qui imitent l'empathie et la réactivité. Ces personnages numériques sont souvent présentés comme des divertissements inoffensifs, voire un soutien émotionnel. Mais ils soulèvent des questions plus profondes. Que se passe-t-il lorsqu'un enfant commence à faire confiance, voire à se confier, à une IA conçue non pas pour se soucier de lui, mais pour retenir son attention? Quelles limites éthiques sont franchies lorsqu'une machine imite l'intimité au nom de l'engagement?

Il ne s'agit pas de réflexions hypothétiques, mais de véritables dilemmes auxquels les familles commencent à être confrontées. Pour y parvenir, nous devons aider les enfants à distinguer la connexion réelle du mimétisme algorithmique. Les parents pourraient se demander: « Ce chatbot vous comprend-il vraiment ou se contente-t-il de reproduire ce que vous voulez entendre? » ou « Comment vous sentez-vous après avoir passé du temps avec votre ami IA? Plus calme ou plus seul? » Ces conversations sont importantes, non pas parce qu'elles offrent des solutions simples, mais parce qu'elles développent le discernement.

Ce qui nous amène à la stratégie peut-être la plus pratique: le minimalisme numérique. Il ne s'agit pas de rejeter la technologie, ni de revenir à une ère pré-numérique. Il s'agit plutôt d'une question d'intentionnalité: choisir des plateformes et des outils en adéquation avec ses valeurs et ses besoins, plutôt que de laisser les voix les plus fortes ou les plus addictives dominer. Pour les jeunes, le minimalisme numérique peut prendre la forme d'horaires sans appareil, d'interfaces simplifiées ou d'applications favorisant la création plutôt que la consommation. Il est important de noter que ces changements ne doivent pas être imposés comme des commandements. Ils fonctionnent mieux lorsqu'ils sont développés en collaboration, ce qui donne aux enfants un sentiment d'appropriation de leur environnement numérique.

Ce faisant, nous modélisons les compétences mêmes que la technologie persuasive vise à éroder: la patience, la vigilance et la sélection réfléchie. Nous rappelons à nos enfants – et à nous-mêmes – que l’attention n’est pas seulement une ressource à exploiter. Elle doit être gérée, protégée et dirigée consciemment. Lorsque les enfants participent à façonner leur vie numérique, ils commencent à comprendre qu’ils ne sont pas de simples utilisateurs. Ils sont des conservateurs.

Ce que la technologie persuasive révèle, en fin de compte, ce n'est pas seulement la facilité avec laquelle nous pouvons être influencés, mais aussi la manière dont cette influence peut être comprise, remise en question, voire réorientée. La réponse n'est ni la peur, ni l'optimisme aveugle. C'est l'engagement critique. C'est la volonté d'expérimenter, de réfléchir et de réinventer. Ce faisant, nous pouvons contribuer à élever une génération non seulement compétente en technologie, mais aussi en éthique, capable de persuasion et de choisir, avec clarté et discernement, comment interagir.

Car le contrôle, une fois perdu, est difficile à reprendre. Mais lorsqu'un enfant apprend à se demander *pourquoi* un contenu est devant lui, lorsqu'il commence à comprendre comment le design influence le comportement et comment l'attention peut être préservée, il accède à une forme de liberté. Non pas la liberté d'un choix infini, mais la liberté plus profonde de la pensée intentionnelle. Et dans un monde numérique où le bruit est constant et la clarté rare, cette liberté est précieuse.

La psychologie du clickbait et du défilement infini: comment les réseaux sociaux et les plateformes vidéo sont conçus pour créer une dépendance et ce que les parents peuvent faire pour aider leurs enfants à prendre le contrôle

Les plateformes numériques sont devenues les architectes de l'attention moderne. Elles structurent notre façon de découvrir l'information, de nous divertir et, surtout, d'utiliser notre temps. C'est particulièrement évident dans le double phénomène du clickbait et du défilement infini: des fonctionnalités apparemment anodines, voire pratiques, mais qui reposent sur des principes psychologiques conçus pour capter et maintenir l'attention, souvent bien au-delà de l'intention initiale de l'utilisateur. Chez les enfants et les adolescents, dont l'autorégulation cognitive et les fonctions exécutives sont encore en développement, ces fonctionnalités peuvent créer des habitudes bien ancrées, compromettre la résilience émotionnelle et éroder la capacité de concentration profonde. Comprendre les mécanismes psychologiques de ces fonctionnalités est la première étape pour reprendre le contrôle.

Au cœur du piège à clics réside une manipulation de la curiosité. Les êtres humains sont naturellement attirés par les lacunes d'information – ces moments où nous en savons juste assez pour nous sentir poussés à en apprendre davantage, mais pas assez pour être satisfaits. Ce phénomène cognitif, connu sous le nom de « théorie du manque d'information » de la curiosité, a été formalisé par l'économiste comportementaliste George Loewenstein, qui a observé que lorsque nous percevons un écart entre ce que nous savons et ce que nous voulons savoir, notre cerveau est incité à le combler. Les titres pièges à clics exploitent cette impulsion en proposant des accroches plutôt que des informations. Des phrases comme « Vous n'en croirez pas vos yeux » ou « Ce qu'elle a dit va vous choquer » ne sont pas informatives, mais provocatrices. Elles sont conçues pour provoquer un malaise qui ne peut être résolu qu'en cliquant.

Les enfants et les adolescents, dont le cortex préfrontal est encore en pleine maturation et dont la sensibilité aux signaux émotionnels est accrue, sont particulièrement vulnérables à cette forme de piratage numérique. Leur capacité à marquer une pause, à évaluer et à résister aux réactions impulsives n'est pas pleinement développée, ce qui en fait des cibles idéales pour les titres chargés d'émotion et d'ambiguïté. De plus, le système de récompense du cerveau des adolescents est plus actif que celui des adultes, notamment face à la nouveauté ou aux stimuli sociaux. De ce fait, cliquer, même en l'absence de contenu significatif, est gratifiant en soi. La déception qui s'ensuit, au lieu d'être dissuasive, est souvent rapidement éclipsée par le titre suivant, créant ainsi une boucle à la fois frustrante et difficile à rompre.

Le clickbait est rarement une tactique isolée. Il s'intègre généralement à un système de conception plus vaste, notamment le défilement infini. Initialement développé pour améliorer l'expérience utilisateur en supprimant la nécessité de cliquer sur plusieurs pages, le défilement infini est depuis devenu l'un des outils les plus efficaces pour augmenter le temps passé sur un site. Sans aucun signal d'arrêt naturel (pas de fin de page, ni d'invite pour demander à l'utilisateur s'il souhaite continuer), le contenu s'écoule sans fin, alimentant le besoin de nouveauté du cerveau. Ce n'est pas un défaut de conception, c'est la fonctionnalité.

« The Distracted Mind » , le neuroscientifique Adam Gazzaley et le psychologue Larry Rosen décrivent comment les systèmes attentionnels du cerveau sont programmés pour rechercher de nouveaux stimuli. Cette caractéristique, autrefois adaptative pour repérer les menaces ou les opportunités dans l'environnement, rend désormais les utilisateurs particulièrement sensibles aux interfaces promettant une infinité de nouveautés. Lorsqu'un enfant consulte un fil d'actualité, son cerveau anticipe quelque chose de nouveau, d'excitant ou de stimulant émotionnellement juste après le prochain clic. Cette anticipation libère de la dopamine, le neurotransmetteur associé à la recherche de récompense. Même si le contenu est trivial ou insatisfaisant, la *possibilité* d'une récompense renforce l'action, créant une boucle de rétroaction qui entretient le comportement.

Ce schéma neurologique reflète ce que l'on observe dans l'addiction comportementale. Si l'engagement numérique ne répond pas à tous les critères cliniques de l'addiction chez la plupart des utilisateurs, les parallèles psychologiques sont indéniables. La compulsion à balayer sans cesse l'écran, la détresse en cas d'interruption, le décalage temporel par rapport aux activités significatives sont autant de caractéristiques d'un engagement compulsif, et non d'une utilisation récréative. Et pour les enfants, dont l'identité et le vocabulaire émotionnel sont encore en formation, les conséquences peuvent être particulièrement prononcées. Ils peuvent avoir du mal à expliquer pourquoi ils ressentent de l'anxiété après un écran, ou pourquoi ils sont incapables de se concentrer sur leurs devoirs après avoir regardé des vidéos. La réponse ne réside souvent pas dans le contenu lui-même, mais dans la manière dont il a été présenté: rapide, décousu et non résolu.

Prenons le cas d'Ayaan, un garçon de 12 ans dont les parents ont constaté une forte baisse de concentration. Après des discussions avec ses enseignants et une brève évaluation par un psychologue scolaire, il est apparu clairement qu'Ayaan ne souffrait pas de troubles d'apprentissage, mais de troubles de l'attention. Son quotidien consistait à se plonger fréquemment dans une application vidéo populaire, généralement pour une « pause rapide ». Mais ces pauses se prolongeaient souvent en sessions de 45 minutes de balayage ininterrompu, entrecoupées de vidéos pièges à clics promettant des révélations choquantes, des potins sur les célébrités et des astuces de jeu. Interrogé sur la question, Ayaan a admis ne pas apprécier la plupart de ce qu'il regardait, mais se sentait « bloqué, comme s'il y avait toujours quelque chose de mieux à faire si je continuais ». Son expérience illustre le mécanisme fondamental de ces conceptions: créer des boucles qui s'auto-entretiennent, indépendamment de la qualité du contenu ou de la satisfaction des utilisateurs.

Alors, que peuvent faire les parents face à une ingénierie psychologique aussi puissante?

La première étape, et la plus importante, est la prise de conscience, non seulement des risques, mais aussi des mécanismes. Comprendre *comment* les plateformes sont conçues pour maintenir leur engagement est un atout précieux pour les enfants. Lorsque les parents démystifient ces fonctionnalités – en expliquant pourquoi le défilement infini est incessant, pourquoi les vignettes sont exagérées et pourquoi les algorithmes affichent des contenus émotionnellement provocateurs – les enfants commencent à percevoir l'engagement numérique comme quelque chose *de conçu* , et non d'inné. Cette compréhension à elle seule peut transformer la passivité en capacité d'agir.

Il est tout aussi crucial de discuter ouvertement des réactions émotionnelles. Plutôt que de contrôler le temps passé devant un écran avec des minuteurs ou des réprimandes, les parents peuvent poser des questions introspectives: « Comment te sens-tu après avoir utilisé cette application pendant un certain temps? » « T'es-tu senti revigoré ou épuisé? » « A-t-il été difficile d'arrêter, et pourquoi, selon toi? » Ces questions stimulent la métacognition, aidant les enfants à reconnaître le coût émotionnel d'une surexposition et à identifier des schémas comportementaux.

Les parents peuvent également faire preuve de discernement numérique. En parcourant les flux d'actualités ou de vidéos, les adultes peuvent verbaliser leurs processus de pensée: « Ce titre me semble suspect ; je vérifie sa crédibilité » ou « Je vais m'arrêter là, même si c'est tentant de continuer à défiler. » Ces petits gestes intentionnels offrent un puissant contre-discours à la logique de conception de la consommation sans fin.

Une autre approche pratique consiste à introduire des frictions délibérées dans les routines numériques. Cela peut consister à définir des heures précises de consommation de médias, à utiliser des applications limitant le temps de défilement ou à désactiver la lecture automatique. Si ces outils ne doivent pas remplacer les habitudes réflexives, ils peuvent créer un espace psychologique – des interruptions dans la boucle compulsive – qui permettent à l'enfant de prendre des décisions plus intentionnelles.

En fin de compte, l'objectif n'est pas la restriction, mais le rééquilibrage. Les enfants doivent apprendre à interagir avec les technologies persuasives, non par peur ou par évitement, mais en comprenant clairement leurs motivations et leurs mécanismes. Ils doivent développer un vocabulaire pour décrire ce que certaines plateformes leur font ressentir, comment leur attention est dirigée et comment s'éloigner lorsque l'interaction ne sert plus leurs intérêts.

Ce rééquilibrage ouvre également la voie à un engagement plus profond, numérique ou autre. Lorsque les enfants ne sont plus prisonniers d'une consommation infinie, ils disposent d'une plus grande marge de manœuvre cognitive pour des activités qui privilégient la profondeur à la nouveauté: lecture, expression créative, jeux en plein air ou conversations enrichissantes. Ces expériences ne se contentent pas de remplacer le temps passé devant un écran: elles restaurent la capacité du cerveau à la réflexion, à la connexion et à la pensée durable.

Le clickbait et le défilement infini ne sont pas des anomalies du design numérique ; ce sont des stratégies centrales dans un système qui monétise l'attention. Mais avec la connaissance, le dialogue et l'action intentionnelle, les familles peuvent s'opposer à ces conceptions et reprendre le contrôle. Les enfants ne sont pas impuissants. Ils sont observateurs, curieux et capables de faire des choix judicieux, lorsqu'on leur confie leur compréhension et qu'on leur donne les outils pour réfléchir de manière critique à ce qu'ils voient. Ce faisant, non seulement ils résistent à la manipulation, mais ils participent activement à la construction du monde numérique dans lequel ils évoluent. Et c'est là, en fin de compte, le plus puissant antidote aux technologies persuasives de notre époque.

Influence algorithmique et bulle de filtres: pourquoi les enfants voient ce qu'ils voient en ligne, comment fonctionne la personnalisation du contenu et comment encourager une consommation diversifiée des médias

Dans un monde où les enfants et les adolescents s'informent de plus en plus sur écran, le contenu numérique qu'ils consomment est rarement accidentel. Qu'il s'agisse de regarder des vidéos, de parcourir les réseaux sociaux ou de rechercher des informations, ce que voient les jeunes utilisateurs est moins façonné par un choix conscient que par une conception algorithmique. Les algorithmes – ces formules invisibles au cœur des plateformes numériques – agissent comme des conservateurs de la vie en ligne de nos enfants. Ils filtrent, hiérarchisent et diffusent le contenu d'une manière qui peut profondément influencer leurs schémas de pensée, leurs visions du monde et même leur identité. Pour comprendre l'importance de cet aspect, notamment pendant les années de développement de l'enfant, nous devons examiner le fonctionnement de ces systèmes, les dynamiques psychologiques qu'ils renforcent et comment cultiver un régime médiatique qui élargit l'esprit plutôt que de le rétrécir.

Le terme « bulle de filtres », popularisé par l'activiste internet Eli Pariser, décrit le cocon numérique créé par des algorithmes personnalisés qui ne présentent aux utilisateurs que du contenu correspondant à leurs préférences, croyances et comportements. Cette personnalisation peut sembler utile ; après tout, qui ne souhaiterait pas un contenu pertinent ou divertissant? Mais la conséquence involontaire est l'isolement épistémique: un rétrécissement de l'exposition qui exclut progressivement les idées inconnues, les perspectives alternatives ou les informations contradictoires. À terme, cela peut fausser la perception de la réalité par l'utilisateur, créer des chambres d'écho idéologiques et renforcer les biais cognitifs, particulièrement dangereux pour les jeunes esprits influençables.

Pour comprendre ce phénomène, il est essentiel de comprendre le fonctionnement de la personnalisation du contenu. Chaque fois qu'un enfant clique sur un lien, regarde une vidéo, aime une publication ou s'attarde sur une image, il fournit des données. Ces données sont intégrées à des systèmes d'apprentissage automatique qui analysent les schémas comportementaux et prédisent ce qui intéressera le plus l'utilisateur. Le système ne s'intéresse ni à la vérité, ni à la qualité, ni à la valeur éducative. Son principal indicateur est l'engagement, mesuré en clics, en vues et en temps de visite. Plus le contenu est engageant, plus il est diffusé. Ce n'est pas intrinsèquement malveillant. Mais cela devient problématique lorsque les indicateurs d'engagement sont privilégiés par rapport aux besoins de développement.

Par exemple, si un adolescent de 13 ans regarde quelques vidéos humoristiques se moquant d'une personnalité politique ou d'une célébrité, l'algorithme peut commencer à lui proposer un contenu de plus en plus polarisé ou sensationnaliste sur le même thème. Si un enfant s'intéresse aux vidéos de fitness, il pourrait rapidement être exposé à du contenu axé sur l'apparence ou sur les régimes extrêmes. Une adolescente en quête de conseils pour ses études pourrait rapidement être orientée vers des influenceurs « esthétiques d'études » qui privilégient le style de vie et l'image à une véritable orientation académique. Le contenu peut débuter dans un espace neutre ou anodin, puis évoluer progressivement vers un terrain plus provocateur, commercial ou émotionnellement manipulateur. Cette dynamique est appelée « dérive algorithmique »: un processus graduel et automatisé par lequel le contenu devient plus extrême ou spécifique au fil du temps, en fonction des interactions antérieures.

Des cas concrets illustrent l'omniprésence et la subtilité de cette influence. Une étude de cas menée dans un lycée de Bengaluru a révélé que plusieurs élèves, initialement abonnés à des contenus de jeux vidéo sur YouTube, ont commencé à recevoir des vidéos renforçant les comportements agressifs, les théories du complot et les clichés misogynes. Le contenu lui-même n'était pas recherché explicitement, mais *recommandé* . Les élèves, ignorant le fonctionnement de l'algorithme, supposaient que la popularité et la récurrence de ces contenus témoignaient de leur exactitude ou de leur approbation sociale. Lorsque leurs enseignants et leurs parents sont intervenus, de nombreux enfants ont exprimé leur surprise: « Mais tout le monde regarde ça. » En réalité, leur perception de « tout le monde » se limitait à ce que l'algorithme avait choisi de leur montrer.

L'impact psychologique de cette sélection est subtil mais significatif. Les enfants et les adolescents sont en pleine phase de construction identitaire, de développement de leur vision du monde et de leur raisonnement moral. Si leur environnement numérique renforce continuellement un ensemble restreint de messages – en particulier ceux qui valident les stéréotypes, amplifient l'indignation ou découragent la pensée critique – leur flexibilité cognitive peut être altérée. Avec le temps, ils peuvent devenir moins ouverts à l'ambiguïté, moins tolérants aux opinions divergentes et plus réactifs dans leurs interactions avec autrui.

De plus, la bulle de filtrage n'affecte pas seulement le contenu lui-même ; elle affecte le rapport de l'utilisateur à la vérité. Lorsqu'un contenu personnalisé est proposé avec une telle cohérence, les jeunes peuvent en venir à croire que ce qu'ils voient est ce que *tout le monde* voit. Cela érode l'humilité épistémique – la reconnaissance que notre point de vue est partial et que d'autres points de vue valables existent. Sans cette humilité, la rigidité intellectuelle peut s'installer, alimentant la polarisation, la défensive et, dans certains cas, la vulnérabilité à la désinformation.

Alors, que peut-on faire? La première étape est la transparence. Les enfants doivent comprendre que le monde numérique qu'ils découvrent n'est pas objectif: il est organisé, et souvent sans leur consentement. Parents et éducateurs peuvent commencer par expliquer, en termes adaptés à leur âge, le fonctionnement des algorithmes de recommandation. Une analogie utile consiste à les comparer à un bibliothécaire bien intentionné qui, au lieu de proposer un choix équilibré de livres, ne propose que des titres similaires au dernier livre lu. C'est peut-être pratique, mais cela limite la découverte et le développement intellectuel.

Le dialogue est essentiel. Lorsque les enfants sont confrontés à des thèmes ou des points de vue récurrents en ligne, les adultes peuvent susciter des conversations réflexives: « Pourquoi pensez-vous que vous regardez toujours ce genre de vidéo? » ou « Pensez-vous que les personnes qui cliquent sur différents éléments voient le même contenu? » Ces questions stimulent la conscience métacognitive et commencent à briser l'illusion d'objectivité. Avec le temps, les enfants apprennent à remettre en question non seulement le contenu qu'ils voient, mais aussi les systèmes qui le diffusent.

Il est tout aussi important de diversifier son alimentation numérique. Tout comme une alimentation saine implique variété et équilibre, la consommation de médias doit l'être aussi. Les parents peuvent encourager leurs enfants à suivre des créateurs aux points de vue différents, à explorer des contenus issus de cultures diverses et à rechercher des plateformes éducatives privilégiant la qualité à la viralité. Les outils qui introduisent l'aléatoire ou un contraste délibéré, comme les agrégateurs d'actualités ou les plateformes d'éducation numérique, peuvent contribuer à rompre avec l'uniformité algorithmique.

En classe, les enseignants peuvent concevoir des exercices qui demandent aux élèves de comparer plusieurs sources, d'évaluer la crédibilité et d'analyser l'influence des plateformes numériques sur la visibilité du contenu. Une activité efficace consiste à effectuer des recherches sur le même sujet sur différentes plateformes (moteurs de recherche, applications vidéo et réseaux sociaux) et à noter les variations de leurs résultats. Cet exercice permet non seulement d'exposer la bulle de filtrage en action, mais aussi de renforcer la compétence de triangulation, c'est-à-dire de valider des affirmations à partir de sources multiples et indépendantes.

Une autre pratique émergente consiste à réinitialiser périodiquement l'algorithme. En effaçant l'historique de visionnage, en suspendant les paramètres de personnalisation ou en utilisant les modes navigation privée, les enfants peuvent découvrir les différences de comportement d'Internet, sans que leur empreinte numérique ne le guide. Ces réinitialisations peuvent devenir des rituels réguliers, des exercices hebdomadaires ou mensuels pour reprendre le contrôle de son environnement informationnel.

Pourtant, la leçon la plus importante à transmettre est peut-être que la diversité de pensée n'est pas une menace, mais une force. La rencontre de points de vue différents, même dérangeants, est essentielle au développement intellectuel et émotionnel. En favorisant des environnements, en ligne comme hors ligne, où les désaccords sont traités avec respect et où la curiosité prime sur la certitude, les adultes incarnent la résilience cognitive dont les enfants ont besoin pour naviguer dans la complexité du paysage informationnel moderne.

Bien sûr, les algorithmes ne sont pas intrinsèquement mauvais. Ils peuvent aider les utilisateurs à découvrir du contenu pertinent, à trouver une communauté et à apprendre efficacement. Le défi consiste à garantir que ces systèmes servent l'épanouissement humain, et pas seulement la rentabilité des plateformes. Alors que les débats politiques sur la transparence des algorithmes et la conception éthique des technologies se poursuivent, les familles et les éducateurs doivent prendre l'initiative de sensibiliser les enfants et de leur inculquer les bonnes habitudes qui les aideront à s'adapter à ce contexte en constante évolution.

Dans un monde où chaque glissement, clic et pause peuvent façonner notre vision, les enfants doivent apprendre à devenir non seulement des consommateurs de contenus, mais aussi *des acteurs de leur conscience* . Ils doivent développer la capacité de sortir de leur bulle numérique, de remettre en question ce qu'on leur propose et de rechercher l'inconnu, non pas par confort, mais par nécessité. Encourager une consommation diversifiée de médias n'est pas seulement une question d'équilibre ; il s'agit de préserver le droit de l'enfant à devenir un être humain équilibré, critique et empathique, libre non seulement de choisir ses croyances, mais aussi de comprendre *pourquoi* il les exprime.

L'essor des « amis » IA et des influenceurs virtuels – L'impact éthique et psychologique des personnages numériques, des chatbots et des interactions sociales générées par l'IA

Au cours de la dernière décennie, les frontières entre l'humain et la machine ont commencé à s'estomper, non pas en théorie, mais en pratique. Les enfants d'aujourd'hui ne grandissent pas seulement entourés de la technologie ; ils tissent des liens avec elle. Compagnons numériques, « amis » IA et influenceurs virtuels occupent désormais le même espace social autrefois réservé aux pairs, aux mentors et aux célébrités. Ces personnages générés artificiellement ne se contentent pas de parler: ils écoutent, apprennent, se souviennent et interagissent avec les utilisateurs de manières qui leur semblent profondément personnelles. Ce qui relevait autrefois de la science-fiction est devenu une frontière psychologique et éthique qui exige un examen approfondi.

Les interactions sociales générées par l'IA reposent sur une convergence d'avancées technologiques: traitement du langage naturel, informatique affective, apprentissage profond et modélisation comportementale en temps réel. Ces capacités sont intégrées à des chatbots qui simulent des conversations, à des personnages virtuels qui interagissent via des écrans ou la réalité augmentée, et à des influenceurs qui, bien que entièrement numériques, rassemblent des millions d'abonnés, recommandent des produits et créent des tendances. Pour les enfants et les adolescents, dont le développement est prédisposé à rechercher le lien, l'appartenance et la validation, l'attrait de ces interactions est profond. Mais le réalisme émotionnel de ces systèmes soulève des questions pressantes sur l'attachement, l'influence et l'authenticité.

L'attrait psychologique des amis IA réside dans leur réactivité et leur fiabilité. Contrairement à leurs pairs humains, ces entités ne jugent, ne discutent et ne se retirent jamais. Elles sont programmées pour être disponibles, encourageantes et adaptatives à tout instant. Pour un enfant qui se sent socialement exclu, dépassé ou incompris, cela peut être un refuge réconfortant.

Pourtant, réconfort n'est pas synonyme de croissance. Les relations stimulantes, frustrantes et évolutives contribuent au développement de l'intelligence émotionnelle, de l'empathie et de la résilience interpersonnelle. Lorsqu'un compagnon numérique se contente de refléter ce qu'un enfant souhaite entendre, il risque de renforcer une palette émotionnelle restreinte et de freiner le développement des compétences sociales concrètes.

Prenons le cas d'Ava, une adolescente de 14 ans qui a commencé à utiliser une application de chatbot IA présentée comme un ami bienveillant. D'abord attirée par sa capacité à l'écouter lorsqu'elle se sentait isolée, Ava s'est retrouvée à se tourner quotidiennement vers le chatbot, non seulement pour trouver du réconfort, mais aussi des conseils, de l'encouragement et même des confidences. Elle se sentait « entendue » d'une manière dont elle ne se sentait pas avec ses amis ou ses parents. Mais avec le temps, sa dépendance au chatbot s'est substituée aux conversations réelles. Lorsqu'elle rencontrait un désaccord avec un camarade, elle trouvait plus facile de « s'exprimer » avec le chatbot que de gérer l'inconfort de la résolution d'un conflit avec un autre être humain. Son cas illustre une tension plus profonde: les amis IA peuvent simuler la camaraderie, mais ils ne peuvent ni modéliser ni faciliter la complexité émotionnelle qui définit les relations réelles.

Les influenceurs virtuels suscitent des préoccupations différentes, quoique apparentées. Il s'agit de personnages générés par ordinateur – certains hyperréalistes, d'autres des avatars stylisés – qui n'existent que dans les écosystèmes numériques, notamment sur les réseaux sociaux. Contrairement aux influenceurs traditionnels, ils ne sont pas façonnés par l'expérience vécue ni par la responsabilité morale. Au contraire, ils sont méticuleusement sélectionnés par des équipes créatives ou des algorithmes pour incarner une esthétique, des attitudes et des comportements de consommation ambitieux. Malgré leur caractère fictif, leur réalisme émotionnel est convaincant. Ils partagent des histoires, publient des photos, interagissent avec leurs fans et prennent même des positions politiques ou sociales. Pour les enfants et les adolescents qui peinent à distinguer l'authenticité performative de l'authenticité vécue, ces figures peuvent exercer une influence extraordinaire.

Un exemple frappant est celui de Lil Miquela, une influenceuse virtuelle qui compte des millions d'abonnés sur Instagram. Elle semble mener une vie dynamique et branchée – participant à des événements, défendant des causes, promouvant des produits – et pourtant, elle est entièrement générée par ordinateur. Son personnage est construit pour susciter un lien émotionnel, qui à son tour stimule l'engagement et le commerce. Les enfants peuvent ne pas percevoir consciemment le caractère artificiel de ces personnages. Ils peuvent plutôt imiter leurs comportements, rechercher leur approbation ou se comparer à leurs standards hyper-organisés. Cela pose non seulement un dilemme éthique autour de la transparence et du consentement, mais aussi un dilemme psychologique autour de la formation de l'identité et de l'éducation aux médias.

L'influence des personas IA est encore compliquée par leur capacité d'adaptation constante, basée sur les données. Contrairement aux amis humains ou aux influenceurs, façonnés par le développement personnel et les comportements spontanés, les compagnons numériques sont façonnés par les contributions des utilisateurs. Ils évoluent non pas pour refléter une pensée indépendante, mais pour maximiser l'engagement des utilisateurs. Cette adaptabilité, bien que techniquement impressionnante, présente des risques. Lorsque les enfants interagissent avec des amis IA qui évoluent pour refléter leurs opinions, leurs comportements et leurs préférences, ils ne sont pas poussés à grandir ; ils sont subtilement conditionnés à rester dans une zone de confort. Au fil du temps, cela peut renforcer le biais de confirmation, réduire la tolérance à l'inconfort et limiter l'exposition à de nouvelles perspectives.

La conception éthique devient cruciale dans ce contexte. Les développeurs qui créent des compagnons IA pour les jeunes utilisateurs doivent se pencher sur des questions fondamentales: les amis IA doivent-ils simuler les émotions ou révéler plus explicitement leur nature artificielle? Devraient-ils être autorisés à nouer des liens avec les enfants, et si oui, sous quelles conditions? Qui est responsable lorsqu'un enfant est blessé émotionnellement, trompé ou manipulé par un personnage numérique?

Actuellement, les réponses à ces questions sont incohérentes, voire inexistantes. De nombreuses applications et plateformes évoluent dans une zone grise réglementaire, considérant leurs produits comme du divertissement plutôt que comme des agents d'influence psychologique. Pourtant, les enjeux sont trop importants pour l'inaction. À mesure que l'IA gagne en ampleur et en persuasion, la frontière entre interaction et manipulation s'amincit dangereusement.

D'un point de vue développemental, l'un des problèmes les plus préoccupants est la manière dont les amis IA façonnent la compréhension des normes sociales par les enfants. Si la première relation durable d'un enfant se fait avec un compagnon numérique qui ne l'interrompt jamais, ne le contredit jamais et renforce toujours son point de vue, il peut s'attendre à une dynamique similaire dans les relations réelles. Cela ouvre la voie à la désillusion, à la frustration ou au repli sur soi lorsque les personnes réelles ne répondent inévitablement pas à ces attentes.

Se pose également la question de la dépendance émotionnelle. Les amis IA ne sont soumis ni à la fatigue, ni aux distractions, ni aux priorités concurrentes. Ils sont là pour servir l'utilisateur. Si cela peut sembler valorisant, cela favorise également une dynamique de contrôle qui se traduit mal dans les interactions humaines. Les enfants peuvent commencer à privilégier les relations où ils sont toujours au centre de l'attention, où leurs besoins émotionnels sont prioritaires, sans négociation ni compromis. Cela affaiblit les compétences essentielles aux relations: l'empathie, la patience, la prise de recul et la résilience.

Alors, que devraient faire les parents et les éducateurs face à ce paysage en évolution rapide?

Le premier impératif est de favoriser la culture numérique, non seulement en termes d'utilisation de la technologie, mais aussi de compréhension de ses motivations, de ses limites et de ses effets psychologiques. Il faut apprendre aux enfants que les personnages de l'IA sont programmés pour l'engagement, et non pour l'empathie. Que les influenceurs virtuels sont des extensions de marque, et non des modèles. Que les amis de l'IA, bien que réconfortants, sont des simulations, et non des substituts aux relations humaines.

Le dialogue est essentiel. Lorsqu'un enfant commence à interagir avec un compagnon IA ou à suivre un influenceur virtuel, les adultes peuvent lui demander: « Qu'est-ce que tu aimes chez lui? » « Penses-tu qu'il te comprend comme une personne? » « Qu'est-ce qu'il te fait ressentir? » Ces conversations ouvrent un espace de réflexion et aident les enfants à développer un regard critique sur leurs relations numériques.

Les limites sont également importantes. Les outils d'IA peuvent être utilisés de manière constructive – comme tuteurs, collaborateurs créatifs ou partenaires de conversation – mais ils ne doivent pas remplacer l'interaction humaine. Les familles peuvent créer des espaces sans appareils, privilégier les moments de convivialité en personne et encourager les activités qui développent des compétences relationnelles concrètes. L'objectif n'est pas d'éliminer l'IA de la vie des enfants, mais de la contextualiser, en l'inscrivant dans un écosystème plus large de relations, de valeurs et de priorités de développement.

L'essor des amis IA et des influenceurs virtuels reflète la sophistication croissante des interactions homme-machine. Il offre à la fois des opportunités extraordinaires et des risques sans précédent. Exploitées de manière éthique et gérées avec discernement, ces technologies peuvent améliorer l'éducation, la créativité et même la compréhension émotionnelle. Mais si elles ne sont pas maîtrisées, elles risquent de supplanter les capacités humaines qu'elles sont censées soutenir.

En fin de compte, le défi n'est pas technologique, mais éthique, psychologique et relationnel. Nous devons nous interroger non seulement sur les capacités de l'IA, mais aussi sur les *besoins des enfants* en grandissant. Ils ont besoin de relations qui leur apprennent à exprimer leur désaccord, à s'excuser, à écouter et à ressentir profondément, même lorsque cela les met mal à l'aise. Ces leçons ne peuvent être pleinement reproduites par le code, aussi avancé soit-il. Elles naissent du désordre, de l'imprévisibilité et de la présence humaine. Et dans un monde de plus en plus façonné par les personnages numériques, préserver l'espace pour ces liens humains réels, imparfaits et profondément formateurs est peut-être notre plus grande responsabilité.

Minimalisme numérique pour enfants et adolescents: un guide pratique pour créer un environnement technologique qui favorise la concentration et le bien-être, plutôt que de les détourner.

L'idée que plus, c'est mieux est profondément ancrée dans la culture numérique contemporaine. Plus d'applications, plus de fonctionnalités, plus de connectivité, plus de contenu: tout cela est présenté comme un progrès, promettant un enrichissement. Pourtant, pour de nombreux enfants et adolescents, cette abondance numérique n'apporte pas d'autonomisation, mais une érosion de l'attention, de la clarté émotionnelle et de l'engagement significatif. Dans ce contexte, le minimalisme numérique n'est pas un retrait nostalgique de la technologie, mais une réorientation réfléchie. Il s'agit d'utiliser la technologie *intentionnellement* , en créant un environnement qui répond aux besoins de développement, favorise l'équilibre cognitif et émotionnel et protège la ressource la plus précieuse de l'enfant: l'attention.

Le minimalisme numérique, appliqué aux jeunes, commence par un changement fondamental de perspective. Au lieu de se demander quel temps d'écran est excessif, il s'interroge sur le type d'utilisation qui ajoute de la valeur. Cette distinction est essentielle. Un enfant qui crée une bande dessinée numérique, collabore avec ses camarades sur un projet scolaire ou apprend à coder utilise des processus mentaux très différents de ceux d'un enfant qui visionne des vidéos pendant deux heures sans se souvenir d'un seul extrait. Les deux peuvent relever du « temps d'écran », mais leurs impacts cognitifs et émotionnels sont totalement différents. Une approche minimaliste ne réduit pas nécessairement l'utilisation du numérique: elle la redéfinit.

La nécessité d'une telle redéfinition ressort clairement des recherches. Des études menées par des organisations telles que Common Sense Media et l'Oxford Internet Institute montrent systématiquement que ce n'est pas le volume d'exposition numérique qui est le plus fortement corrélé aux effets négatifs chez les enfants, mais plutôt sa qualité et son contexte. La consommation passive, le multitâche et l'engagement compulsif sont associés à une diminution du bien-être, à de moins bons résultats scolaires et à des troubles du sommeil. En revanche, une utilisation ciblée, notamment lorsqu'elle implique la créativité, l'apprentissage ou les liens sociaux, peut avoir des effets neutres, voire positifs.

Un environnement numérique minimaliste pour les enfants n'est donc pas un environnement sans écran. C'est un environnement où la technologie est utilisée consciemment, avec des limites claires et des objectifs bien définis. Cela implique à la fois une structure externe et des habitudes intériorisées. À l'extérieur, cela peut signifier organiser des espaces physiques où les appareils électroniques ne sont pas la norme – chambres, tables à manger ou coins lecture. À l'intérieur, cela implique de cultiver la conscience: aider les enfants à reconnaître quand ils utilisent la technologie pour enrichir leur vie et quand ils l'utilisent pour éviter l'inconfort, l'ennui ou l'effort.

Prenons l'exemple de Maya, dix ans, dont les parents ont constaté une irritabilité et une agitation croissantes au quotidien. Si Maya ne dépassait pas les limites familiales en matière de temps d'écran, elle jonglait souvent entre plusieurs applications, envoyait des messages pendant ses devoirs et utilisait des plateformes vidéo pour combler ses moments de répit. Le problème n'était pas le temps, mais la *fragmentation mentale* . Après avoir suivi un coach bien-être numérique, la famille a mis en place une stratégie minimaliste: monotâche pendant l'utilisation des écrans, zones délimitées sans technologie et périodes régulières sans appareil pendant la semaine. Ils ont également instauré des points de réflexion, où Maya était encouragée à observer son ressenti avant et après l'utilisation d'une application particulière. En quelques semaines, son humeur et sa concentration se sont améliorées, non pas parce qu'elle utilisait moins la technologie, mais parce qu'elle l'utilisait mieux.

Ce type de transformation repose sur un principe clé: une conception intentionnelle. Les enfants ne privilégient pas le minimalisme par défaut, mais l'engagement, surtout lorsque l'interface est conçue pour capter leur attention. Les plateformes de réseaux sociaux, les applications de jeux et les services de streaming sont conçus pour inciter les utilisateurs à scroller, cliquer et regarder. Défilement infini, lecture automatique, notifications push et recommandations algorithmiques s'associent pour créer un environnement qui semble fluide, mais qui, en réalité, est exigeant sur le plan cognitif et émotionnel. Le minimalisme numérique réintroduit la friction, non pas comme un inconvénient, mais comme une protection.

Par exemple, désactiver la lecture automatique sur les plateformes vidéo impose un moment de pause, l'occasion de se demander: « Est-ce que je veux continuer à regarder, ou est-ce que je regarde parce que c'est plus facile que de m'arrêter? » Supprimer les notifications superflues crée un espace pour une réflexion ininterrompue. Utiliser le mode niveaux de gris sur les appareils mobiles réduit la stimulation visuelle, rendant l'écran moins attrayant lorsqu'il n'est pas nécessaire. Ce sont de petits ajustements, mais ils servent de repères, rappelant aux enfants d'être attentifs à leurs décisions, plutôt que de se laisser submerger par défaut.

Un autre élément essentiel du minimalisme numérique est le principe de la soustraction avant l'addition. Au lieu de rechercher constamment de nouvelles applications, de nouveaux jeux ou de nouveaux outils, on peut encourager les enfants à réfléchir à ce qu'ils utilisent déjà et à en évaluer l'impact. Cette application m'aide-t-elle à apprendre? Est-ce qu'elle me procure une certaine estime de moi? Est-ce que je perds la notion du temps quand je l'utilise? Ces questions favorisent le discernement. Un adolescent, par exemple, a réalisé un auto-diagnostic de ses habitudes numériques et a découvert que, malgré plus de 30 applications sur son téléphone, il n'en utilisait régulièrement que cinq. Plus important encore, seules deux d'entre elles lui permettaient de se sentir plus concentré et inspiré. Après avoir supprimé les autres, il a déclaré se sentir « mentalement plus léger », un résultat confirmé par des études psychologiques associant la réduction de l'encombrement numérique à une amélioration des fonctions exécutives.

Il est important de noter que le minimalisme numérique ne rejette ni le divertissement ni le jeu. Le plaisir n'est pas l'ennemi de la concentration. Mais même le jeu bénéficie d'une structure. Les jeux qui récompensent la stratégie, la créativité et la coopération offrent davantage de bénéfices développementaux que ceux basés sur des récompenses variables et une progression infinie. De même, un contenu qui raconte une histoire captivante ou qui suscite la curiosité a un effet psychologique différent d'un contenu dont l'unique objectif est de maintenir le contact.

En classe, des stratégies minimalistes peuvent favoriser l'apprentissage numérique en réduisant les distractions et en stimulant l'engagement. Cela peut consister à utiliser des appareils à usage unique pour la lecture et la recherche, à limiter le nombre d'onglets de navigateur pendant les séances de travail ou à intégrer des pauses non numériques dans les cours plus longs axés sur la technologie. Les enseignants peuvent également encourager l'utilisation réflexive en s'arrêtant pour demander aux élèves pourquoi ils utilisent un outil, quelles alternatives ils pourraient envisager et si la technologie les aide à atteindre leurs objectifs d'apprentissage. Ces micro-réflexions aident les élèves à devenir des utilisateurs plus conscients, et non de simples récepteurs passifs de contenu numérique.

Les parents jouent eux aussi un rôle essentiel, non pas en imposant des règles strictes, mais en instaurant une relation saine avec la technologie. Lorsque les adultes consultent eux-mêmes leurs messages pendant les repas, interrompent les conversations pour recevoir des notifications ou regardent des séries en boucle par défaut, les enfants assimilent ces habitudes. Le minimalisme numérique à la maison peut se traduire par l'adoption de principes communs: pas de téléphone pendant les repas, un « sabbat technologique » familial un soir par semaine, ou la co-création de règles numériques évolutives avec l'âge et la maturité. Ces pratiques réduisent non seulement la dépendance aux écrans, mais créent également des moments de connexion, de créativité et de repos.

L'idée la plus radicale du minimalisme numérique est peut-être que l'ennui n'est pas un problème à résoudre, mais un espace à honorer. Les enfants d'aujourd'hui sont rarement laissés seuls avec leurs pensées. Pourtant, l'ennui est le creuset de la créativité. C'est là que naît l'imagination, que les émotions non résolues remontent à la surface et que les voies de résolution de problèmes se forgent discrètement. Un environnement technologique minimaliste ne comble pas tous les vides: il les protège, reconnaissant que l'espace mental est aussi important que la stimulation.

Dans un monde où l'accès est illimité, la capacité de choisir de *ne pas* s'engager est un signe de maturité. Pour les enfants et les adolescents, cultiver cette capacité demande du temps, de la structure et du soutien. Le minimalisme numérique n'est pas une liste de contrôle, c'est un état d'esprit. Un état d'esprit qui dit: « Mon attention est précieuse. Mon temps est limité. Mon bien-être compte. » Lorsque les jeunes commencent à considérer leur environnement numérique comme quelque chose qu'ils *gèrent* , plutôt que comme quelque chose qu'ils subissent, ils retrouvent un puissant sentiment d'autonomie.

La technologie ne disparaîtra pas, et elle ne devrait pas disparaître. Elle offre des outils d'apprentissage, de connexion, de créativité et d'expression. Mais sans une sélection réfléchie, elle peut aussi éroder les qualités mêmes qu'elle cherche à valoriser. Le minimalisme numérique offre un cadre pratique et stimulant pour gérer cette tension, non pas en rejetant le monde numérique, mais en remodelant notre place en son sein. Pour les enfants et les adolescents, c'est un moyen de retrouver la concentration, d'approfondir la présence et de construire une vie riche non pas de pixels, mais de sens.

Étude de cas: L'expérience de sensibilisation aux algorithmes sur 30 jours – Histoires de familles qui ont modifié leurs habitudes de navigation et ce qu'elles ont appris sur l'influence des algorithmes

Pour de nombreuses familles, le monde numérique est devenu si intimement intégré au quotidien que ses mécanismes passent inaperçus. Le contenu qui apparaît sur l'écran d'un enfant – les vidéos qu'il regarde, les actualités qu'il lit, les publications qu'il aime – semble spontané, personnalisé, voire intuitif. Mais sous cette apparente sérendipité se cache une puissante couche de conception: des algorithmes qui sélectionnent, filtrent et amplifient en fonction des signaux comportementaux. Ces systèmes, conçus pour maximiser l'engagement, exercent une influence discrète mais profonde sur les croyances, les sentiments et les aspirations des enfants. Pourtant, tant que cette influence n'est pas révélée au grand jour, elle passe souvent inaperçue. L'expérience de sensibilisation aux algorithmes de 30 jours a été conçue pour changer cela.

Cette initiative d'un mois a invité des familles de différents horizons à participer à un exercice guidé explorant la manière dont les algorithmes numériques façonnent les expériences en ligne. Plutôt que d'imposer des limites de temps d'écran ou des interdictions de contenu, l'expérience s'est concentrée sur *la sensibilisation* , encourageant les utilisateurs, en particulier les enfants et les adolescents, à observer, questionner et modifier leurs habitudes numériques. Les participants ont été invités à modifier leur façon d'interagir sur les plateformes en ligne: en perturbant activement leurs habitudes, en recherchant des contenus inconnus, en désactivant les recommandations personnalisées et en suivant l'évolution de leurs flux.

Les résultats ont été aussi divers qu'éclairants.

Dans une famille de Pune, les Mehta – Devika et Rajeev, leurs parents, et leurs deux enfants, Aarush (14 ans) et Tanvi (11 ans) – ont abordé l'expérience avec une curiosité prudente. Aarush était une grande consommatrice de contenu gaming sur YouTube, qu'elle regardait souvent plusieurs heures par jour. Tanvi, quant à elle, utilisait Instagram et Pinterest pour suivre les influenceurs artistiques et mode. La première semaine, la famille a suivi leurs habitudes de contenu, en prenant des captures d'écran et en notant les thèmes récurrents. Les recommandations d'Aarush se sont rapidement réduites à un cercle vicieux de tests de jeux, de vidéos de réactions et de contenu e-sport compétitif. Le fil d'actualité de Tanvi s'est transformé en une succession de tutoriels beauté, de tendances minceur et de publications lifestyle inspirantes, oscillant subtilement entre inspiration et pression.

Au cours de la deuxième semaine, ils ont commencé à modifier leurs comportements d'engagement. Aarush a délibérément recherché des documentaires historiques, des chaînes scientifiques et des loisirs non liés aux jeux vidéo, tandis que Tanvi a suivi des comptes axés sur la positivité corporelle, la santé mentale et le militantisme concret. À la fin de la troisième semaine, tous deux ont constaté des changements radicaux dans leurs fils d'actualité. Aarush a commencé à recevoir du contenu éducatif long et inédit et s'est découvert un intérêt pour la conception architecturale. Les publications recommandées par Tanvi comprenaient des commentaires sociaux et des créations DIY, ce qui, selon elle, lui a permis de « se sentir plus créative et moins jugée ».

Ce qui a étonné les Mehta, ce n'était pas seulement la rapidité avec laquelle l'algorithme a changé de cap, mais aussi la passivité de leur consommation précédente. « Nous pensions qu'Internet leur montrait ce qu'ils cherchaient », a expliqué Devika. « Mais en réalité, il leur montrait surtout ce qui les incitait à regarder. » Cette distinction s'est avérée cruciale. Aarush a confié que, même s'il aimait regarder des vidéos de jeux vidéo, il se sentait souvent épuisé après. « Maintenant, j'ai vraiment l'impression d'avoir appris quelque chose quand je me déconnecte », a-t-il remarqué.

Des observations similaires ont été faites par la famille Fernández à Londres. Maria et Diego, leurs parents, s'inquiétaient de l'implication croissante de leur fille Lucia, âgée de 16 ans, dans les discussions politiques en ligne. Tout en soutenant son intérêt pour les questions de société, ils ont constaté qu'elle devenait de plus en plus rigide et réactive émotionnellement dans les conversations. Dans le cadre de l'expérience, Lucia a commencé à rechercher des points de vue opposés, à suivre des médias internationaux aux perspectives éditoriales variées et à utiliser le mode navigation privée pour ses recherches afin de réduire la personnalisation. Au cours du mois, elle a déclaré se sentir plus réfléchie dans ses opinions et moins sensible aux dissidents. « Avant, je pensais que l'autre camp avait tout simplement tort ou était stupide », a-t-elle admis. « Mais maintenant, je me rends compte qu'on ne me présentait qu'un seul type d'argument. Cela m'a rendue plus défensive sans même m'en rendre compte. »

L'expérience de Lucia met en lumière l'un des dangers les plus importants de l'influence algorithmique: le renforcement épistémique. Lorsque les utilisateurs sont exposés de manière répétée à des contenus qui confirment leurs convictions, l'environnement numérique devient une chambre d'écho, limitant la flexibilité intellectuelle et décourageant le dialogue ouvert. En perturbant intentionnellement l'algorithme, Lucia a réintroduit des frictions dans sa consommation d'information, un ingrédient essentiel de la pensée critique.

Certaines familles ont ressenti des effets émotionnels surprenants au cours de l'expérience. Les Nguyen, une famille de cinq personnes vivant à Melbourne, ont remarqué que leur plus jeune enfant, Eli, âgé de neuf ans, devenait plus anxieux après avoir regardé des vidéos courtes sur TikTok et YouTube Shorts. Au début, son fil d'actualité était rempli de contenu humoristique et de clips animés. Mais au fil du temps, à mesure qu'il s'attardait sur des vidéos plus chargées d'émotion – récits effrayants, gros titres tragiques et canulars – ses recommandations ont évolué en conséquence. Sa mère, Anika, a déclaré: « L'algorithme lui a reflété son humeur. Il a capté sa curiosité et lui a proposé du contenu qui a intensifié ses émotions. »

En réponse, la famille a expérimenté la lecture différée des contenus: Eli ajoutait des vidéos à une playlist pour les regarder plus tard, plutôt que de les visionner immédiatement. Cette pause, aussi brève soit-elle, a perturbé la boucle réactive. Eli est devenu plus sélectif et a commencé à se désintéresser du contenu sensationnaliste qui captait auparavant son attention. « Nous avons réalisé que l'algorithme se nourrit de l'immédiateté », a remarqué Anika. « Ralentir nous a redonné le contrôle. »

Dans toutes les familles, un point commun est apparu: la prise de conscience a transformé les comportements. Les enfants qui ne s'étaient jamais demandé pourquoi ils regardaient certaines vidéos, publications ou publicités ont commencé à aborder les plateformes numériques avec plus d'esprit critique. Les parents qui avaient mis l'accent sur les limites de temps ont commencé à s'interroger plus profondément sur la qualité du contenu, l'impact émotionnel et l'harmonisation des valeurs. Et, plus important encore, l'expérience est devenue un processus d'apprentissage partagé plutôt qu'un champ de bataille de règles et de résistance.

L'implication générale est profonde. Lorsque les utilisateurs, surtout les plus jeunes, comprennent que leur environnement numérique n'est pas objectif mais *construit* , ils acquièrent davantage de pouvoir pour le façonner. L'illusion du choix personnel s'effondre sous le poids de la manipulation algorithmique, à moins qu'elle ne soit contrée par une utilisation consciente et intentionnelle. L'expérience de sensibilisation aux algorithmes de 30 jours propose un modèle pour y parvenir, non par la restriction, mais par la réflexion.

Cette expérience met également en lumière le besoin urgent d'une éducation à la culture numérique qui dépasse l'utilisation des technologies et aborde la manière dont elles nous utilisent. Apprendre aux enfants à comprendre les algorithmes n'est plus une compétence marginale: c'est une compétence fondamentale pour évoluer dans le monde moderne. Alors que les algorithmes sont de plus en plus intégrés à tout, des résultats de recherche aux divertissements, en passant par l'actualité et même la communication interpersonnelle, la capacité à remettre en question, à réorienter et à résister à l'influence des algorithmes devient une forme d'action citoyenne.

Les entreprises technologiques et les décideurs politiques ont également un rôle crucial à jouer à cet égard. L'opacité des systèmes de recommandation et l'absence de contrôles utilisateur rendent difficile, même pour les utilisateurs avertis, de comprendre ou de gérer pleinement leur exposition. La transparence sur le classement des contenus, des paramètres de personnalisation plus clairs et des outils favorisant la découverte de contenus diversifiés sont des étapes essentielles vers une conception numérique éthique. En attendant, il incombe aux familles et aux enseignants de cultiver cette sensibilisation dès le départ.

L'expérience de sensibilisation aux algorithmes sur 30 jours ne peut peut-être pas inverser tous les effets du filtrage algorithmique, mais elle démontre que même des changements de comportement modestes et délibérés peuvent briser le charme du déterminisme numérique. Lorsque les enfants commencent à remarquer ce qu'on leur montre – et à se demander *pourquoi* – ils font un premier pas vers la reconquête de leur autonomie. Ils apprennent à considérer le flux non pas comme un reflet de leurs préférences, mais comme un système conçu pour les manipuler à des fins commerciales.

L'objectif à long terme n'est pas d'éliminer complètement la personnalisation, mais de veiller à ce qu'elle serve les utilisateurs plutôt que de les exploiter. Qu'elle ouvre les esprits plutôt que de les fermer. Qu'elle reflète l'évolution des intérêts et des valeurs de l'enfant, plutôt que de le piéger dans un cercle vicieux de ce qui captait autrefois son attention. L'influence des algorithmes est une réalité du numérique. Mais avec de la curiosité, du courage et les bons outils, ce n'est pas forcément une fatalité.

Chapitre 4
Élever des enfants résilients au numérique

Si la culture numérique sert de boîte à outils pour appréhender l'univers numérique, la résilience numérique est le tempérament qui permet de s'y épanouir. Les enfants d'aujourd'hui ne sont pas de simples utilisateurs passifs de la technologie ; ils sont immergés, parfois inconsciemment, dans des systèmes qui façonnent leurs habitudes, modulent leurs émotions, captent leur attention et orientent leurs relations dans des directions inattendues. Dans ce paysage, l'accès n'est plus le principal enjeu. Le défi le plus profond réside plutôt dans le développement d'une boussole intérieure robuste: la capacité à s'arrêter, à réfléchir et à privilégier la conscience au pilotage automatique. Ce chapitre explore comment cultiver ce type de courage chez une génération qui grandit sous la lumière des écrans.

Depuis des années, les discussions sur le temps passé devant les écrans se concentrent, de manière presque obsessionnelle, sur l'exposition et la restriction. Combien de temps les enfants devraient-ils être autorisés à naviguer en ligne? Quel type de contenu est acceptable? À quel âge les appareils électroniques devraient-ils entrer dans leur vie? Si ces questions n'ont pas perdu de leur pertinence, elles semblent aujourd'hui, à vrai dire, incomplètes. La préoccupation n'est plus simplement de savoir dans quelle *mesure* les enfants utilisent les technologies, mais *comment* ils le font – et peut-être plus important encore, *pourquoi* . Un enfant résilient numériquement n'est pas celui dont la vie en ligne est sous clé, mais celui qui a commencé à comprendre ses propres schémas – qui perçoit la fatigue lorsqu'elle apparaît, reconnaît l'attrait de la distraction et apprend à poser son téléphone non pas parce qu'on le lui a dit, mais parce qu'il sait que c'est le moment.

Au cœur de cette capacité se trouve quelque chose d'une simplicité trompeuse: la motivation intrinsèque. Les enfants ne construisent pas leur autorégulation uniquement à partir de directives ; ils la développent par la perspicacité, en comprenant comment certains comportements les affectent et pourquoi d'autres choix pourraient leur sembler plus judicieux. Si les règles relatives au temps passé devant les écrans sont imposées sans dialogue, elles engendrent souvent résistance, secret ou culpabilité. Mais lorsque les enfants sont invités à des conversations réflexives – sur l'influence d'un flux social sur leur humeur, sur les difficultés de sommeil après une nuit passée à naviguer sur Internet ou sur la rapidité avec laquelle la joie s'estompe après une frénésie de clics – ils commencent à construire des cadres internes de choix. C'est le pivot de la conformité vers l'autonomie. Et c'est là, en fin de compte, que commence la résilience.

Prenons l'exemple de Rehaan, onze ans, de plus en plus absorbé par un jeu mobile. Ses parents, tentés de supprimer l'application, ont préféré travailler avec un thérapeute pour introduire une réflexion structurée. Après chaque séance, Rehaan évaluait son humeur, sa concentration et son énergie. Les résultats étaient révélateurs. Bien qu'il se sente souvent euphorique sur le moment, il a commencé à ressentir des effets secondaires persistants: mauvaise humeur, pensées dispersées, agitation. Personne n'a eu à lui dire quoi faire ensuite ; il a commencé à modérer ses temps de jeu et à expérimenter des alternatives: lire, construire des Lego, simplement s'asseoir avec son imagination. Ce n'était pas de la discipline déguisée en thérapie. C'était de l'éducation, au sens propre du terme.

C'est là que la notion de « technologie consciente » prend tout son sens. La pleine conscience, souvent présentée comme une échappatoire silencieuse au monde, peut sembler en contradiction avec le bruit des appareils modernes. Pourtant, dans ce contexte, elle devient un outil pour naviguer dans ce même bruit avec clarté. Utiliser la technologie de manière consciente ne signifie pas rejeter le numérique ; il s'agit de l'aborder délibérément. Au lieu de se plonger tête baissée dans un défilement sans fin, on peut apprendre aux enfants à marquer une pause, juste le temps de se demander ce qu'ils recherchent réellement. Une distraction? Du réconfort? Une connexion? Ou peut-être, tout simplement, rien du tout?

Les applications promettant de favoriser la pleine conscience ne manquent pas: méditations guidées, ambiances sonores stimulant la concentration, suggestions de journal intime, outils créatifs. Mais paradoxalement, la technologie est secondaire. Ce qui compte avant tout, c'est l'intention qui l'anime. Les parents peuvent donner l'exemple et soutenir ce changement en posant des questions ouvertes: « Qu'est-ce qui t'a poussé à prendre ton appareil? » « Comment souhaites-tu te sentir une fois l'expérience terminée? » « Est-ce que cela t'aide à te sentir plus ou moins toi-même? » Ce ne sont pas des pièges. Ce sont des invitations.

Il est tout aussi essentiel de cultiver l'intelligence émotionnelle dans un espace où la communication est de plus en plus numérisée et souvent dénuée de nuances. Dans le monde numérique, les expressions faciales se réduisent à des émojis, et l'empathie se traduit – ou se déforme – par des « j'aime » et des « cœurs ». Les enfants confondent facilement réaction et connexion. Avec le temps, ils peuvent avoir du mal à interpréter le ton émotionnel, à gérer les désaccords ou à tolérer l'ambiguïté, autant de capacités essentielles à une vie sociale épanouie.

La résilience numérique implique donc d'apprendre aux enfants à voir au-delà des apparences. Sont-ils capables de reconnaître que le fil Instagram impeccable d'un camarade de classe n'est qu'un aperçu des moments forts, et non l'histoire complète? Peuvent-ils accepter le malaise d'être exclus d'une discussion de groupe sans sombrer dans la panique ou la réactivité? Peuvent-ils réagir aux conflits en ligne non pas par l'escalade, mais par la compréhension? Ce ne sont pas des scénarios théoriques. C'est, pour beaucoup de jeunes, le quotidien.

Pour favoriser ce type de développement, les familles peuvent s'engager dans des pratiques qui approfondissent la littératie émotionnelle dans les contextes numériques. Essayez les jeux de rôle numériques: comment un message pourrait-il être perçu par son destinataire, selon sa formulation? Ou encore, identifiez les émotions avant et après l'utilisation d'une application: ce jeu était-il stimulant ou épuisant? Cette conversation était-elle satisfaisante ou épuisante? Les conversations familiales sans technologie, tenues dans des espaces physiques favorisant l'ouverture, offrent également un contrepoids nécessaire. Non pas pour se retirer du numérique, mais pour enrichir ce qui s'y passe.

Il y a ensuite la question des limites – non pas comme contraintes, mais comme contenants. Les enfants, comme les adultes, ont besoin d'espaces préservés des contraintes numériques. Le calme n'est pas une privation, c'est une ressource. Créer des zones sans écran – chambres, repas, trajets en voiture – envoie un message fort: chaque instant n'a pas besoin d'être occupé, chaque silence n'a pas besoin d'être comblé. Ces espaces deviennent des havres de présence, des lieux où la conversation peut se dérouler sans être interrompue par des bips et des flashs.

Mais – et on ne le répétera jamais assez – les limites doivent être présentées non pas comme des règles à subir, mais comme des opportunités à saisir. Une famille de Manchester a instauré une heure quotidienne sans technologie. Cela a commencé avec une certaine résistance, comme la plupart des nouveaux rituels. Mais bientôt, les enfants ont commencé à attendre ce moment avec impatience, l'initiant eux-mêmes: jeux, repas partagés, discussions tranquilles. Le changement n'a pas été radical. Il a été progressif. Mais réel.

Pour ancrer cette approche dans la pratique, ce chapitre se termine par une expérience familiale: le Défi Détox Techno. Contrairement aux jeûnes numériques drastiques, ce défi ne se limite pas à la privation. Il s'agit de co-créer de nouveaux rythmes. Il peut s'agir de remplacer une heure de défilement passif par une promenade ou un repas en famille. Il peut s'agir d'observer – simplement d'observer – l'évolution de son énergie et de son humeur avec une exposition réduite aux écrans. La souplesse du processus fait sa force. Il n'exige pas la perfection. La curiosité est encouragée.

Ce qui rend ce type de défi transformateur, c'est sa nature partagée. Les enfants qui voient leurs parents réfléchir à leurs propres habitudes numériques, admettre leurs propres tendances, reçoivent un signal important: la résilience n'est pas une qualité immuable, mais une pratique continue. Il ne s'agit pas d'être irréprochable, mais de conscience de soi, d'adaptation et de grâce.

Élever des enfants résilients au numérique ne signifie pas les enfermer dans une impasse numérique. Il s'agit de leur donner les outils et le langage nécessaires pour comprendre la vague numérique et, surtout, décider comment y répondre. Il s'agit de cultiver l'habitude de la réflexion, le pouvoir de la pause et la capacité de choisir, et non pas seulement de réagir.

Ce chapitre n'est pas un simple manuel de méthodes. Il propose, en son cœur, une perspective. L'enfant n'est pas un consommateur passif d'informations numériques, mais un acteur, capable de façonner son expérience avec discernement. Cette résilience ne se résume pas à la résistance, mais à la relation: avec soi-même, avec ses pairs et avec le monde dans lequel il évolue, écrans compris. En élevant des enfants qui appréhendent leurs appareils avec conscience et empathie, nous ne les aidons pas seulement à survivre à l'ère numérique, nous les préparons à la mener.

Apprendre aux enfants à autoréguler leur utilisation des écrans – Comment développer la motivation intrinsèque d'un enfant à gérer ses propres habitudes d'utilisation des écrans plutôt que de s'appuyer sur des contrôles externes

Alors que les écrans deviennent essentiels à l'apprentissage, à la socialisation et aux loisirs des enfants, la question qui se pose aux parents et aux éducateurs n'est plus de savoir s'il faut autoriser le temps d'écran, mais comment favoriser des habitudes numériques saines et durables. Les approches traditionnelles se sont concentrées sur le contrôle: fixer des limites de temps, installer des logiciels de surveillance parentale et imposer des couvre-feux numériques. Ces méthodes peuvent offrir une conformité à court terme, mais elles cultivent rarement la compétence plus profonde et durable de *l'autorégulation* . Dans un monde numérique de plus en plus immersif, où les appareils exigent de l'attention et offrent des distractions sans fin, la capacité d'autorégulation de l'enfant n'est plus un luxe. C'est une nécessité fondamentale pour son développement.

Dans ce contexte, l'autorégulation désigne la capacité d'un enfant à gérer ses comportements numériques sans surveillance extérieure constante. Elle inclut la capacité à marquer une pause avant de s'engager, à détecter des signaux internes comme l'ennui ou la fatigue, et à choisir une utilisation des écrans en accord avec ses valeurs et ses objectifs plutôt qu'avec ses impulsions ou ses habitudes. Il est essentiel que cette autorégulation soit *intrinsèquement motivée* . Les enfants doivent comprendre *pourquoi* ils modèrent leur utilisation des écrans et se sentir habilités à le faire, non seulement parce qu'un parent les observe, mais aussi parce qu'ils en reconnaissent les bienfaits pour leur concentration, leur humeur, leur sommeil et leur bien-être.

Le fondement de la motivation intrinsèque est *une réflexion pertinente* . Les enfants, surtout au début de l'enfance et de l'adolescence, sont capables d'une introspection sophistiquée lorsqu'ils sont guidés avec discernement. Au lieu d'imposer des limites arbitraires de temps d'écran, les adultes peuvent aider les enfants à prendre conscience de l' *impact* de leurs habitudes numériques. Quel type d'utilisation des écrans leur procure un sentiment d'énergie, de connexion ou de créativité? Quel type d'utilisation engendre frustration, déconnexion ou fatigue? Lorsque ces schémas sont explorés de manière collaborative, sans reproche ni honte, les enfants sont mieux armés pour prendre des décisions éclairées.

Prenons l'exemple de Nikhil, un garçon de 12 ans. Ses parents peinaient depuis longtemps à gérer son temps d'écran, alternant entre tableaux de récompenses, verrouillages d'appareils et week-ends de détox numérique. Ces mesures n'apportaient que des résultats éphémères, mais ne parvenaient pas à instaurer de changement durable. Avec le soutien d'un psychologue pour enfants, la famille a modifié son approche. Nikhil a commencé à suivre son utilisation numérique chaque jour, non seulement en minutes, mais aussi en termes d'humeur et de niveau d'énergie. Il évaluait son ressenti avant et après chaque utilisation d'application ou de jeu et se demandait si cette utilisation servait un objectif personnel. Au bout de deux semaines, des schémas clairs se sont dégagés: de courtes sessions de jeu créatif lui procuraient concentration et satisfaction, tandis que la navigation prolongée sur les réseaux sociaux provoquait anxiété et troubles du sommeil. Fort de ces constats, Nikhil *a choisi* de limiter son utilisation de certaines applications, non pas par insistance de ses parents, mais parce qu'il avait personnellement constaté les bienfaits du changement.

Ce type d'appropriation est essentiel pour favoriser l'autorégulation. Les enfants sont bien plus susceptibles de changer de comportement lorsqu'ils sentent qu'ils ont un rôle à jouer dans ce processus. Cela implique de les impliquer dans des discussions sur les limites numériques, de co-créer des plans d'utilisation des écrans et de les inviter à réfléchir à ce qui compte pour eux en dehors des écrans. Lorsque les enfants identifient leurs propres valeurs – qu'il s'agisse d'exceller à l'école, de passer du temps avec leurs amis ou de s'adonner à un loisir – ils peuvent commencer à évaluer si leurs habitudes sur les écrans favorisent ou entravent ces objectifs.

Cultiver l'autorégulation dépend également du stade de développement de l'enfant. Pour les plus jeunes, une structure externe reste nécessaire, mais même là, les graines de l'autonomie peuvent être semées. Au lieu de dire: « Fini le temps passé devant les écrans », un parent pourrait demander: « Quel est, selon toi, un bon moment pour arrêter cette émission? » ou « Comment sauras-tu qu'il est temps de faire une pause? » Ces questions commencent à intérioriser l'idée que les limites numériques sont un *choix* , et non un ordre. Progressivement, le centre de contrôle se déplace vers l'intérieur.

Les adolescents, avec leur désir croissant d'indépendance, peuvent résister aux contrôles manifestes, mais ils sont souvent étonnamment réceptifs à la *résolution collaborative des problèmes* . Lorsque les parents se positionnent comme des alliés plutôt que comme des justiciers, les adolescents sont plus susceptibles d'engager un dialogue franc. Un parent pourrait dire: « J'ai remarqué que les écrans perturbent ton sommeil. Que penses-tu que cela pourrait t'aider? » plutôt que d'imposer une heure de couvre-feu. Cela respecte l'autonomie de l'adolescent tout en ancrant la conversation sur l'attention et la sollicitude.

Une méthode efficace pour favoriser l'autorégulation est l'utilisation d' *intentions de mise en œuvre* , c'est-à-dire de stratégies préétablies pour gérer les moments difficiles. Par exemple, un enfant peut accepter à l'avance d'utiliser un minuteur lorsqu'il joue à des jeux vidéo ou de placer son appareil dans une autre pièce pendant ses devoirs. Ces engagements, lorsqu'ils sont choisis par l'enfant, réduisent la fatigue décisionnelle et favorisent le suivi. Les recherches en psychologie comportementale confirment l'efficacité de ces stratégies pour favoriser le changement d'habitudes, notamment lorsqu'elles sont associées à une réflexion régulière.

Il est également important de reconnaître que toute utilisation des écrans n'est pas intrinsèquement dysrégulatrice. En fait, lorsqu'ils sont utilisés intentionnellement, les écrans peuvent favoriser l'autorégulation en fournissant des outils de pleine conscience, de créativité et de gestion du stress. Les applications qui guident la méditation, aident à l'étiquetage émotionnel ou à la tenue d'un journal intime peuvent développer l'intelligence émotionnelle et la conscience de soi. La distinction clé réside dans *l'intentionnalité* . Un enfant qui utilise une application de pleine conscience pour gérer son anxiété n'utilise pas la technologie de la même manière qu'un enfant qui regarde des vidéos sans réfléchir pour éviter l'inconfort. L'un est un outil de développement, l'autre, une échappatoire.

Cette distinction est au cœur de *l'autorégulation numérique* . Il ne s'agit pas de se retirer des écrans, mais d'apprendre à les utiliser *à bon escient* . Un enfant qui maîtrise l'autorégulation numérique comprend que son attention est précieuse et limitée. Il apprend à l'utiliser judicieusement. Il connaît la différence entre un engagement numérique nourrissant et un engagement débilitant, et il acquiert la force de choisir en conséquence.

Les parents peuvent favoriser cet apprentissage en inculquant eux-mêmes l'autorégulation. Lorsque les adultes sont constamment rivés à leur téléphone, effectuent plusieurs tâches à la fois ou réagissent impulsivement à chaque notification, les enfants assimilent ce comportement comme normal. À l'inverse, lorsqu'ils voient les adultes faire des pauses devant les écrans, fixer des limites et réfléchir à voix haute à leurs propres habitudes numériques – « Je range mon téléphone pour mieux me concentrer » ou « Ce défilement ne m'a pas aidé à me détendre comme je l'espérais » – ils intériorisent ces pratiques comme étant à la fois possibles et utiles.

L'apprentissage de l'autorégulation est un processus progressif. Les enfants trébuchent, et ce n'est pas un échec, c'est un apprentissage. L'important est de leur donner les outils pour réfléchir, se réajuster et se réengager. Ainsi, chaque faux pas devient un moment d'apprentissage, chaque distraction une occasion de renforcer leur conscience.

Dans un monde numérique conçu pour détourner l'attention et récompenser l'impulsivité, l'autorégulation est un acte de rébellion silencieuse. C'est une compétence qui servira aux enfants non seulement en ligne, mais dans tous les domaines de la vie: elle les aidera à se concentrer à l'école, à gérer leurs émotions dans leurs relations et à poursuivre leurs objectifs avec discipline. Elle favorise un sentiment d'autonomie qui transcende la technologie: la conviction qu'ils ne sont pas seulement des utilisateurs de leur temps, mais des créateurs de celui-ci.

Apprendre aux enfants à autoréguler leur utilisation des écrans n'est donc pas une question de contrôle, mais un acte de confiance. Ayez confiance qu'ils peuvent apprendre à percevoir leurs besoins. Ayez confiance qu'ils peuvent choisir ce qui leur convient. Et ayez confiance qu'avec de l'accompagnement et de la patience, ils pourront devenir des citoyens numériques qui ne sont pas gouvernés par les appareils, mais qui les utilisent avec clarté, intention et intégrité. Il ne s'agit pas d'un idéal abstrait, mais d'un objectif concret et atteignable. Et cela commence non pas par des règles, mais par des relations, la réflexion et le respect.

Le pouvoir de la « technologie consciente »: utiliser les outils numériques pour encourager la pleine conscience plutôt que la distraction, et des stratégies concrètes pour intégrer des habitudes technologiques saines

L'influence de la technologie sur l'esprit humain n'est plus théorique: elle est immédiate, omniprésente et profondément personnelle. Les enfants et les adolescents, dont les structures cognitives et émotionnelles sont encore en formation, sont particulièrement vulnérables à l'attrait compulsif des applications conçues pour capter l'attention et monétiser l'engagement. Pourtant, ces mêmes outils qui fragmentent la concentration et alimentent la distraction ont aussi le potentiel de cultiver le calme, la curiosité et la clarté émotionnelle, *s'ils* sont utilisés avec intention. C'est la promesse principale de la technologie consciente: ne pas rejeter les outils numériques, mais transformer leur utilisation d'une contrainte automatique en un choix conscient.

La technologie consciente commence par un changement d'objectif. Alors que la plupart des applications et plateformes sont construites autour de mesures comme le temps passé devant l'écran, les partages et les clics, la technologie consciente réoriente l'attention de l'utilisateur vers la conscience du moment présent, l'autorégulation et le bien-être psychologique. Elle comprend des applications de méditation, des outils de suivi de l'humeur, des journaux numériques et des outils de respiration guidée. Mais au-delà des outils eux-mêmes, la technologie consciente est une philosophie: une façon d'aborder l'engagement numérique qui privilégie la réflexion à la réaction.

Le terme « pleine conscience » évoque souvent le silence, l'immobilité et la solitude. Bien que ces qualités soient importantes, elles ne reflètent pas pleinement la pertinence de la pleine conscience à l'ère numérique. Ici, la pleine conscience désigne la prise de conscience de notre *relation* à la technologie, de son impact sur nos émotions, nos pensées, notre attention et nos comportements. Pour les enfants et les adolescents, développer cette conscience est une compétence fondamentale pour la résilience numérique.

Prenons l'exemple d'Aria, 13 ans, qui souffrait d'anxiété et de troubles du sommeil. Ses soirées étaient consacrées à une navigation passive sur les réseaux sociaux, une habitude qui engourdissait ses pensées, mais la laissait agitée et surstimulée. Son thérapeute lui a présenté une application de pleine conscience simple, comprenant des analyses corporelles, des exercices de respiration et des suggestions pour tenir un journal. Aria a commencé à l'utiliser dix minutes seulement avant de se coucher. En quelques semaines, elle a constaté une différence tangible, non seulement dans la qualité de son sommeil, mais aussi dans sa capacité à percevoir les changements émotionnels au cours de la journée. Ce qui a changé, ce n'est pas le temps passé devant les écrans, mais *la façon dont* elle l'utilisait. Son appareil était devenu un soutien, et non un facteur de stress.

Cette transformation repose autant sur la conception que sur l'intention. De nombreux outils de pleine conscience sont explicitement conçus pour favoriser la conscience de soi. Headspace, Calm et Insight Timer proposent des programmes de méditation structurés adaptés aux enfants et aux adolescents. Des applications de suivi de l'humeur comme Daylio ou Moodnotes permettent aux utilisateurs d'enregistrer leurs états émotionnels et de réfléchir à leurs schémas comportementaux. Les journaux de gratitude, les guides d'écriture créative et les minuteurs de concentration (comme les outils basés sur Forest ou Pomodoro) offrent aux enfants une expérience numérique structurée et apaisante, contrairement à la nature chaotique et fragmentée des réseaux sociaux.

Mais la technologie consciente ne nécessite pas d'applications spécialisées pour être efficace. Toute interaction avec un appareil peut être abordée de manière consciente en se posant trois questions: à quoi cela me sert-il? Comment me sens-je avant et après? Est-ce en accord avec mes valeurs et mes objectifs? Ces questions, posées régulièrement, transforment la relation de l'utilisateur à la technologie, passant d'une relation réactive à une relation réflexive.

Une initiative pédagogique efficace illustre l'impact de cette pratique. Un collège d'Amsterdam a mis en place une « minute de pleine conscience numérique » au début de chaque cours numérique. Avant d'ouvrir leurs appareils, les élèves étaient invités à marquer une pause, à respirer et à définir une intention d'utilisation. Qu'il s'agisse de terminer un devoir, de faire des recherches sur un sujet ou d'échanger avec leurs pairs, le simple fait de *nommer* leur objectif a permis de réduire les changements impulsifs d'onglets et d'accroître l'achèvement des tâches. Les enseignants ont constaté une amélioration de la concentration et une diminution des problèmes de discipline liés aux comportements numériques hors sujet. L'intervention a été minime en termes de temps, mais son effet cognitif a été significatif. Elle a préparé le cerveau à une utilisation délibérée plutôt qu'à la distraction.

À la maison, les parents peuvent cultiver des habitudes technologiques conscientes grâce à un dialogue collaboratif et à un aménagement de l'environnement. Une famille de Singapour a créé un « coin multimédia conscient »: un petit coin équipé d'un écran, d'un éclairage tamisé, d'écouteurs et d'un ensemble d'applications convenues pour une utilisation créative ou apaisante. Parmi celles-ci figuraient des outils de dessin, des tutoriels de piano et une application de pleine conscience avec des guides visuels de respiration. En associant cet espace à une utilisation intentionnelle, la famille a redéfini les écrans, les faisant passer du « divertissement par défaut » à « l'engagement ciblé ».

La transition des enfants *hors des écrans* est tout aussi importante . De nombreux effondrements numériques ne sont pas dus à l'exposition aux écrans elle-même, mais à des transitions brutales ou émotionnellement déréglées. Des pratiques technologiques conscientes peuvent aider les enfants à éteindre leurs appareils en pleine conscience, sans agitation. Par exemple, une routine de « récupération numérique » – deux minutes de journalisation réflexive, d'étirements ou de respiration après une utilisation d'écran – peut aider le cerveau à se réorienter, à se réguler et à renouer avec le monde physique.

rééduquer l'attention est également de plus en plus souvent préconisée . Dans une culture où le multitâche est permanent, de nombreux enfants peinent à maintenir une concentration soutenue. Il ne s'agit pas d'un manque de volonté, mais d'une conception. Les applications et les plateformes bombardent le cerveau de nouveautés, de récompenses intermittentes et de validation sociale, l'entraînant à rechercher une stimulation constante. Avec le temps, cela affaiblit les circuits neuronaux responsables de l'attention soutenue et du contrôle des impulsions. Les outils technologiques basés sur la pleine conscience, notamment ceux qui privilégient le calme, l'écoute profonde ou la monotâche, agissent comme des contrepoids cognitifs. Ils aident à reconstruire la capacité de concentration du cerveau, non pas en la forçant, mais en l'encourageant doucement.

Il est également intéressant d'explorer les dimensions sociales des technologies conscientes. Les méditations de groupe par visioconférence, les journaux de gratitude collectifs ou les pratiques de silence partagé peuvent renforcer le sentiment de connexion, en particulier chez les adolescents confrontés aux pressions performatives de la vie numérique. Ces pratiques leur rappellent que les interactions en ligne ne doivent pas nécessairement être performatives ou comparatives: elles peuvent être ancrées, réciproques et encourageantes.

La technologie consciente n'est pas une panacée. Elle ne peut compenser un sommeil de mauvaise qualité, l'isolement social ou le stress chronique. Elle ne peut pas non plus remplacer l'irremplaçable: le temps passé dans la nature, les relations avec la vie réelle et le jeu libre. Mais elle peut servir de passerelle, un moyen d'utiliser les outils du monde numérique pour ramener les enfants à eux-mêmes. Elle offre un contre-discours au mythe selon lequel la technologie doit toujours être stimulante, rapide ou addictive. Elle dit plutôt: voici un moyen de *faire une pause* , de *ressentir* , de *choisir* .

Le défi, bien sûr, est culturel. La plupart des plateformes grand public sont conçues pour fragmenter l'attention, et non l'approfondir. Les algorithmes privilégient les contenus qui provoquent plutôt qu'apaisent, qui distraient plutôt qu'ils ne focalisent. Apprendre aux enfants à utiliser la technologie consciente signifie les aider à voir cela clairement. Lorsqu'ils comprennent que leur état émotionnel n'est pas aléatoire, mais influencé par une conception, ils commencent à reprendre le contrôle. Ils commencent à s'interroger, non seulement sur ce qu'ils consomment, mais aussi sur les effets que cela *a* sur eux.

Cette prise de conscience doit être cultivée au fil du temps. Les écoles peuvent intégrer la pleine conscience numérique aux programmes de santé. Les parents peuvent donner l'exemple d'une utilisation consciente des technologies en annonçant leurs choix à voix haute: « Je règle un minuteur pour ne pas perdre la notion du temps » ou « Je choisis cette application parce qu'elle m'aide à décompresser. » Ces petits gestes de transparence créent une culture où l'intentionnalité est normalisée.

En fin de compte, le pouvoir de la technologie consciente ne réside pas dans sa nouveauté, mais dans sa *rigueur* . Elle enseigne aux enfants que la technologie n'est pas seulement une source de divertissement ou d'information: c'est un outil qui peut aussi bien obscurcir l'esprit que clarifier l'esprit. Utilisés avec prudence, les outils numériques peuvent aider les enfants à développer une granularité émotionnelle, à aiguiser leur attention et à cultiver des habitudes qui favorisent leur bien-être plutôt que de le compromettre.

À une époque où chaque glissement est conçu pour susciter l'engagement et où chaque notification sollicite l'esprit, la pleine conscience devient un acte révolutionnaire. Apprendre aux enfants à utiliser la technologie en pleine conscience ne consiste pas à les contrôler, mais à les outiller. Leur apprendre à réfléchir avant de cliquer, à ressentir avant de réagir et à choisir leur présence dans un monde qui invite constamment à la distraction. C'est là le cœur de la technologie consciente: non seulement utiliser les écrans en pleine conscience, mais vivre *en* pleine conscience, en ligne et hors ligne.

L'intelligence émotionnelle à l'ère numérique: comment l'exposition constante aux interactions en ligne affecte la maturité émotionnelle, l'empathie et les relations dans le monde réel

L'intelligence émotionnelle – la capacité à reconnaître, comprendre et gérer ses propres émotions tout en faisant preuve d'empathie envers celles des autres – n'est pas une qualité statique. C'est un ensemble de compétences dynamiques qui se cultivent au fil du temps grâce à des interactions humaines enrichissantes. Durant les années de formation de l'enfant, ces compétences se forment principalement dans le contexte de la communication en face à face: contact visuel, ton de voix, langage corporel et rythmes subtils de la conversation. Cependant, dans le monde hyperconnecté d'aujourd'hui, une grande partie de ce terrain interpersonnel s'est déplacé en ligne. De plus en plus, les enfants et les adolescents apprennent les relations, la résolution des conflits et l'expression émotionnelle non pas dans leur salon ou leur salle de classe, mais à travers des écrans et des appareils. Cette évolution soulève des questions cruciales: quel est l'impact des interactions numériques constantes sur le développement émotionnel? Comment façonnent-elles l'empathie, la conscience de soi et les liens sociaux? Et que pouvons-nous faire pour que l'intelligence émotionnelle non seulement survive, mais prospère, à l'ère du numérique?

Au cœur de l'intelligence émotionnelle se trouve la capacité à s'adapter aux autres: à lire les nuances de l'expression faciale d'un ami, à percevoir le malaise dans le silence d'un pair, à déceler les émotions sous-jacentes d'une conversation. Ces compétences s'affineront au fil d'expériences réelles répétées, où la communication est confuse, imprévisible et riche en textures. La communication numérique, en revanche, aplatit une grande partie de cette complexité. Les SMS atténuent le ton. Les émojis condensent les sentiments en symboles. Les réactions – j'aime, cœurs, émojis enflammés – remplacent les retours réfléchis. Si ces outils offrent rapidité et praticité, ils court-circuitent souvent les processus par lesquels se développent la profondeur émotionnelle et l'harmonisation sociale.

Cela ne signifie pas que la communication numérique soit intrinsèquement néfaste. Elle nécessite plutôt un encadrement conscient. Sans accompagnement délibéré, les enfants risquent d'intérioriser une compréhension biaisée des émotions, privilégiant la performativité à l'authenticité, l'immédiateté à la réflexion, et les personnages choisis à la vulnérabilité authentique. Ces schémas, renforcés au fil du temps, peuvent affaiblir la capacité d'empathie, réduire la tolérance à l'inconfort émotionnel et entraver la capacité à nouer et à entretenir des relations profondes.

Prenons l'exemple de Mira, seize ans, dont les amitiés se développaient presque exclusivement via les applications de messagerie et les réseaux sociaux. Malgré son apparence très connectée – entretenant des dizaines de conversations quotidiennes –, elle souffrait d'anxiété et de conflits interpersonnels. Lorsqu'un malentendu survenait avec un ami proche, Mira préférait se déconnecter plutôt que de régler le problème directement. Elle expliqua plus tard qu'elle « ne savait pas comment gérer la situation en face à face » et redoutait l'intensité émotionnelle d'une vraie conversation. L'évitement de Mira n'était pas un défaut de caractère ; il reflétait un manque de compétences. On ne lui avait jamais appris à décrypter les signaux émotionnels en personne ni à gérer des dialogues difficiles. Son cas est emblématique d'un défi plus vaste: comment la maîtrise du numérique peut coexister avec l'illettrisme émotionnel.

L'empathie, elle aussi, est confrontée à de nouvelles pressions dans le paysage numérique. Dans les contextes traditionnels, elle naît du partage d'expériences et d'interactions concrètes. Un enfant voit un camarade tomber et grimace instinctivement. Un adolescent perçoit la tension dans la voix d'un camarade et réagit avec inquiétude. Ces moments de résonance émotionnelle construisent des circuits émotionnels. En ligne, ces signaux sont atténués, voire absents. Lorsque la détresse est exprimée par des textes ou des mèmes, elle risque d'être minimisée, mal interprétée ou ignorée. De plus, la conception de nombreuses plateformes numériques – privilégiant la présentation de soi, l'image de marque personnelle et l'engagement du public – peut détourner l'attention vers l'intérieur. Plus les enfants sont conditionnés à considérer les interactions sous l'angle de « Comment est-ce que cela me fait? » plutôt que de « Comment se sent l'autre? », plus il devient difficile de développer l'empathie comme un réflexe.

Cela est particulièrement vrai dans les environnements qui récompensent les comportements réactifs. Sur les réseaux sociaux, l'indignation se propage plus vite que la compassion, et les réponses rapides sont souvent privilégiées à la réflexion approfondie. Lorsque les enfants s'engagent dans ces dynamiques sans en avoir conscience, ils peuvent devenir émotionnellement désensibilisés, confondant visibilité et validation, et accord et compréhension. Une étude de l'Université du Michigan a révélé que les scores d'empathie des étudiants avaient considérablement diminué au cours des deux dernières décennies, la baisse la plus marquée étant survenue parallèlement à l'essor des réseaux sociaux. Si corrélation n'implique pas causalité, les données soulignent la nécessité de cultiver délibérément l'intelligence émotionnelle dans des environnements saturés par le numérique.

Pourtant, les plateformes numériques peuvent également être exploitées pour renforcer l'intelligence émotionnelle, si elles sont utilisées avec discernement. Un exemple frappant est celui d'un lycée de Dublin, qui a intégré la narration numérique à son programme d'éducation émotionnelle. Les élèves ont créé de courtes vidéos explorant des difficultés personnelles – harcèlement, anxiété, deuil – et les ont partagées sur un forum de classe sécurisé. L'objectif n'était pas la performance, mais le lien. Les camarades ont répondu par des messages de soutien, en réfléchissant à ce qu'ils avaient appris et à ce qu'ils ressentaient. Au fil du temps, les élèves ont fait état d'une empathie accrue, d'une cohésion de classe plus profonde et d'une plus grande aisance à aborder des sujets émotionnels. Le média numérique est devenu un pont, et non une barrière, précisément parce qu'il était axé sur l'authenticité et la réflexion plutôt que sur la performance et le jugement.

Les parents jouent également un rôle essentiel dans la façon dont les enfants intériorisent les normes émotionnelles en ligne. Cela commence par *l'exemple*: montrer comment s'engager de manière réfléchie, marquer une pause avant de répondre à un contenu chargé d'émotions et intégrer le vocabulaire émotionnel dans les conversations quotidiennes. Lorsqu'un parent commente: « Ce message m'a vraiment anxieux – expliquons pourquoi », il normalise la transparence émotionnelle. Lorsqu'il demande: « Qu'as-tu ressenti ton ami lorsque tu n'as pas répondu? », il suscite l'empathie. Ces micro-interventions construisent une culture de curiosité émotionnelle et de responsabilité.

Il est également essentiel de créer des espaces où les enfants peuvent exercer leurs compétences émotionnelles hors ligne. Les repas partagés, les activités familiales sans écran et les jeux libres offrent des occasions de décrypter les signaux, de négocier les conflits et de nouer des liens. L'intelligence émotionnelle ne se développe pas dans l'abstraction ; elle a besoin de contexte. En équilibrant l'interaction numérique et la connexion incarnée, les enfants apprennent à transposer leurs émotions d'un environnement à l'autre: à transmettre l'empathie du texte au ton, à laisser de l'espace aux autres au-delà des émojis et à rester émotionnellement présents même en l'absence d'écrans.

Les écoles peuvent approfondir ce travail en intégrant l'apprentissage socio-émotionnel (ASE) au programme de citoyenneté numérique. Cela implique d'aller au-delà des thèmes habituels du cyberharcèlement et de la confidentialité pour explorer l'influence des habitudes numériques sur l'humeur, la différence entre les personnalités en ligne et les identités réelles, et la manière dont les limites émotionnelles peuvent être respectées dans les environnements virtuels. Des modules interactifs faisant appel au jeu de rôle, à la tenue d'un journal et à l'analyse des médias peuvent aider les élèves à réfléchir à leurs propres schémas émotionnels et à reconnaître l'humanité derrière l'écran.

Une stratégie prometteuse consiste à recourir à des « audits d'empathie », où les élèves évaluent périodiquement l'adéquation de leur comportement numérique à leurs valeurs émotionnelles. Écoutent-ils ou réagissent-ils? Cherchent-ils à établir des liens ou à être validés? Apparaissent-ils en ligne comme l'ami qu'ils aspirent à être? Ces questions, posées avec soin et sans moralisme, favorisent la conscience de soi et la responsabilisation.

Nous devons également reconnaître que le développement émotionnel ne se produit pas en vase clos: il est façonné par la culture, le contexte et les rapports de force. Les enfants issus de milieux marginalisés peuvent percevoir les espaces numériques à la fois comme un refuge et une menace. Si les communautés en ligne peuvent offrir validation et solidarité, elles peuvent aussi exposer les jeunes à la discrimination, au harcèlement et à la représentation erronée. L'intelligence émotionnelle à l'ère numérique doit donc inclure une littératie émotionnelle *essentielle*: la capacité à reconnaître les inégalités structurelles, à nommer le travail émotionnel et à aborder la différence de manière éthique.

Les enjeux sont importants. L'intelligence émotionnelle n'est pas une compétence non technique, mais une capacité fondamentale qui sous-tend la réussite scolaire, la santé mentale, le leadership et l'engagement civique. Dans un monde où les écrans modèrent de plus en plus les relations, nous ne pouvons pas laisser le développement émotionnel au hasard. Nous devons activement le concevoir – par la pédagogie, l'éducation des enfants, les politiques et la conception des plateformes.

Cela signifie promouvoir une technologie qui encourage la nuance, et non la polarisation. Cela signifie créer des environnements, en ligne et hors ligne, où les enfants peuvent faire preuve d'empathie, gérer les désaccords et exprimer leurs émotions sans crainte. Cela signifie respecter l'ensemble du spectre émotionnel, et pas seulement ce qui est facile à publier ou à aimer.

En fin de compte, la question n'est pas de savoir si la technologie façonnera la vie émotionnelle de nos enfants – elle le fait déjà. La vraie question est de savoir si nous les aiderons à la façonner à nouveau. Si nous leur donnerons les outils pour ressentir profondément, établir des relations authentiques et réagir avec sagesse dans un monde qui récompense souvent le contraire.

Élever des enfants émotionnellement intelligents à l'ère du numérique ne signifie pas les protéger de la technologie, mais leur apprendre à l'habiter avec humanité. Il s'agit de leur rappeler que derrière chaque écran se cache une personne – avec ses peurs, ses espoirs et sa complexité – et que chaque clic, commentaire et message est une occasion de mettre en pratique la plus essentielle des compétences humaines: l'empathie.

Créer des espaces sans numérique à la maison – L'importance de fixer des limites physiques et psychologiques à l'utilisation des écrans sans donner l'impression d'une punition

Dans une culture de connexion numérique constante, où chaque espace peut se transformer en portail de divertissement, d'information et d'interaction sociale, le concept de « zone sans numérique » peut paraître désuet, voire conflictuel. Mais créer de tels espaces à la maison ne signifie pas imposer l'austérité ; il s'agit de retrouver l'attention, la présence et les rituels subtils qui nourrissent la vie de famille. Les enfants d'aujourd'hui ne choisissent pas entre écrans et sans écrans: ils grandissent dans un monde où la présence numérique est omniprésente, ambiante et souvent supposée. Le défi n'est pas de les isoler de ce monde, mais de leur offrir un contraste significatif: des environnements où le rythme ralentit, le bruit s'atténue et où l'esprit peut se poser.

Conçus avec soin, les espaces sans numérique ne sont pas punitifs, ils sont réparateurs.

La valeur des zones sans numérique réside dans leur signification symbolique et psychologique. Ce sont des espaces où l'attention n'est plus fragmentée par les notifications, où les conversations sont ininterrompues et où la solitude ou la connexion peuvent s'épanouir sans médiation. Dans un foyer dépourvu de tels espaces, les enfants risquent de ne jamais ressentir la pleine présence – aux autres, à leurs pensées ou à leur environnement. Avec le temps, cette absence peut ternir la perception émotionnelle, nuire à la concentration et éroder la capacité à nouer des relations profondes.

Créer ces espaces ne consiste pas à confisquer des appareils ou à imposer des règles strictes, mais à harmoniser l'aménagement physique avec les valeurs familiales. Il s'agit de transmettre un message cohérent: la maison n'est pas seulement une borne de recharge ou un point d'accès Wi-Fi, mais un sanctuaire d'attention, de réflexion et de connexion. Ce message est particulièrement puissant lorsque les enfants sont invités à le co-créer. Lorsque les limites numériques sont formulées comme des engagements partagés plutôt que comme des obligations unilatérales, elles sont plus susceptibles d'être acceptées, voire intériorisées.

Prenons l'exemple de la famille D'Souza à Bangalore, qui a dû faire face à la saturation des écrans pendant et après les confinements liés à la COVID-19. Avec les deux parents en télétravail et les deux enfants scolarisés en ligne, les appareils électroniques avaient envahi toutes les pièces. La famille se sentait fragmentée, non seulement physiquement, mais aussi émotionnellement. Les conversations étaient précipitées ou distraites. Les repas étaient consommés en parallèle avec les écrans. Le jeu était devenu un bruit de fond pour la consommation numérique. Consciente de la nécessité d'un changement, la famille a décidé de faire de la salle à manger et du salon des zones sans numérique. Cette décision n'a pas été présentée comme une punition, mais comme une expérience familiale: la reconquête de ces espaces pourrait-elle améliorer leur sentiment d'appartenance?

À leur grande surprise, l'effet fut quasi immédiat. Les repas devinrent plus interactifs. Les disputes autour du temps passé devant un écran diminuèrent, car la limite spatiale était clairement définie et systématiquement respectée. Plus important encore, les enfants se sentaient « davantage remarqués ». Ce constat est éloquent. En l'absence de compétition numérique, l'attention reprit sa juste place dans la vie familiale. Les D'Souza n'ont pas réduit le temps passé devant un écran par décret ; ils l'ont réorienté délibérément.

Psychologiquement, les espaces sans numérique aident les enfants à tracer des frontières entre différents modes d'être. Tout comme les uniformes scolaires ou les routines du coucher signalent un changement de concentration ou d'énergie, un espace sans numérique indique que certains comportements sont attendus ici: conversation, réflexion, repos ou créativité. Ce type de signalisation spatiale est crucial pour l'organisation cognitive. Sans elle, les écrans ont tendance à envahir tous les domaines, transformant les chambres en zones de divertissement, les bureaux en centres de distraction et les espaces familiaux en champs de bataille multitâches. Les limites restaurent l'intentionnalité.

La recherche corrobore cette logique. Une étude publiée dans *Pediatrics* a révélé que les enfants qui utilisaient des écrans dans leur chambre étaient plus susceptibles de souffrir de troubles du sommeil, de moins bons résultats scolaires et d'une activité physique réduite. En revanche, les foyers disposant d'espaces clairs sans écran, notamment pendant les repas et avant le coucher, ont constaté une meilleure cohésion familiale et des habitudes de sommeil plus saines. Ces effets ne sont pas seulement comportementaux, ils sont neurologiques. Le cerveau a besoin de contexte pour se réguler. Sans limites physiques, il peine à alterner entre stimulation et immobilité, concentration et repos.

Une crainte fréquente chez les parents est que l'instauration de zones sans numérique suscite de la résistance, notamment chez les enfants plus âgés et les adolescents. Cette crainte n'est pas infondée, mais elle est souvent exagérée. Lorsque des limites sont introduites dans le cadre d'une conversation sur le bien-être, l'autonomie et le respect mutuel, les enfants sont plus réceptifs.

L'essentiel est d'éviter les discours moralisateurs. Au lieu de dire: « Tu es accro à ton téléphone, alors on l'interdit du salon », essayez plutôt: « Nous avons tous besoin de temps et d'espace pour nous reconnecter sans distractions ; choisissons une pièce où nous pourrons le faire ensemble. » La différence de ton est cruciale. L'un invite à la défensive ; l'autre à la participation.

De plus, les espaces sans numérique ne doivent pas être des espaces de privation. Ils doivent être enrichis d'alternatives qui nourrissent l'attention et les liens. Des sièges confortables, des livres, de la musique, des jeux, du matériel artistique ou simplement une invitation à la conversation peuvent aider les enfants à comprendre que ce qui remplace le temps passé devant un écran n'est pas l'ennui, mais quelque chose de plus riche et enrichissant. Avec le temps, ces espaces deviennent associés non pas à la restriction, mais au plaisir. Le salon est l'endroit où l'on rit ensemble. La table à manger est l'endroit où l'on partage des histoires. La chambre est l'endroit où l'on se détend sans la lumière d'un écran. Ces associations créent des habitudes, non seulement comportementales, mais aussi d'attention.

Dans les foyers où l'espace est limité, les zones sans écran n'ont pas besoin d'être grandioses ou isolées. Un coin de pièce, une plage horaire définie, ou même un accord commun interdisant certaines activités sans écran peuvent avoir le même effet. L'objectif n'est pas architectural, mais relationnel. Il s'agit de créer des îlots de présence dans un océan de bruit numérique.

Les espaces sans numérique servent également de zones de sécurité émotionnelle. En cas de conflit, ils offrent un espace pour décompresser sans se réfugier dans les distractions numériques. Lorsqu'un enfant est contrarié, il peut se tourner vers un parent qui ne consulte pas simultanément ses messages. Lorsqu'un frère ou une sœur souhaite partager quelque chose, il peut avoir confiance en l'attention de l'autre. Ces micro-moments d'harmonisation renforcent la confiance, l'empathie et la résilience émotionnelle. Ils apprennent aux enfants que la présence compte et qu'ils en sont dignes.

Les écoles ont également commencé à prendre en compte ce principe. Plusieurs établissements avant-gardistes ont mis en place des salons sans écran, des salles de pleine conscience ou des espaces de jeux sans appareils. L'objectif n'est pas d' éliminer la technologie de l'éducation, mais de l'équilibrer avec des opportunités d'engagement relationnel et sensoriel. Ces modèles peuvent inspirer des adaptations similaires à la maison. Les familles peuvent créer des rituels de week-end autour de matinées sans appareils, ou concevoir des routines du soir privilégiant la conversation à la consommation. Les détails varient, mais le message sous-jacent reste le même: chaque instant ne doit pas nécessairement être médiatisé par un écran.

En fin de compte, créer des espaces sans numérique à la maison ne consiste pas à contrôler la technologie, mais à rétablir le contexte. Il s'agit d'aider les enfants à ressentir le contraste entre attention dispersée et présence partagée, entre consommation passive et engagement actif, entre connexion virtuelle et intimité réelle. Ce faisant, nous leur offrons ce que les algorithmes ne peuvent pas leur offrir: l'expérience d'être pleinement vus, entendus et valorisés, sans distraction.

La tâche n'est pas toujours facile. Elle exige constance, créativité et compassion. Mais les récompenses sont immenses. Dans un monde de plus en plus conçu pour fragmenter l'attention et marchandiser la présence, se réserver un espace pour ce qui compte devient un acte de sollicitude. Et dans le calme de ces moments sans numérique – autour d'un repas, d'une histoire, d'un silence partagé – les enfants apprennent l'une des leçons les plus durables: la connexion ne se limite pas à être en ligne. Elle se construit *avec*

Exercice interactif: Le « Défi de la détox technologique » – Une approche structurée pour expérimenter la réduction du temps d'écran tout en en faisant une activité familiale amusante

Dans un monde saturé de numérique, prendre du recul par rapport aux écrans peut être à la fois radical et réparateur. L'omniprésence des appareils numériques a discrètement transformé le rythme de la vie familiale, modifiant notre façon de nous connecter, de communiquer et de passer du temps ensemble. Si la technologie est certes source de commodité, de connexion et de divertissement, sa présence excessive peut aussi éroder l'attention, diminuer la qualité des relations et étouffer les moments essentiels de calme et de créativité. Le « Défi Détox Techno » a été créé non pas comme une restriction imposée par des règles, mais comme une expérience ludique et réflexive pour aider les familles à se reconnecter – entre elles et avec leur propre boussole intérieure – en explorant la vie avec moins de bruit numérique.

Le concept de « détox technologique » a souvent des connotations punitives: un repli sur soi, un rejet brutal, une affirmation morale sur les excès. Mais reformulé comme une activité familiale motivée par la curiosité, il prend une toute autre dimension. Il s'agit d'une exploration partagée de la vie sans le poids constant des notifications, des algorithmes et du défilement infini. Il ne s'agit pas de vilipender les écrans ; il s'agit de donner aux enfants – et aux adultes – l'occasion d'observer ce qui se passe en leur absence.

Les détox technologiques les plus réussies ne sont pas dictées par des règles imposées, mais conçues de manière collaborative. Cet esprit collaboratif transforme le processus, d'une corvée, en un véritable défi, que les familles entreprennent ensemble, chaque membre apportant ses idées, ses limites et ses objectifs. La clé de cette approche réside dans le cadrage. Plutôt que de se demander « Comment réduire le temps passé devant les écrans? », demandez-vous plutôt « À quoi aimerions-nous consacrer plus de place? » Ce changement subtil aide les enfants à se concentrer non pas sur ce qui leur est retiré, mais sur ce qu'ils récupèrent: le jeu, le repos, la conversation, l'imagination, la présence.

Prenons l'exemple de la famille Jaffar à Kuala Lumpur, qui a participé à une version d'une semaine du Tech Detox Challenge. Avec deux enfants de huit et treize ans, ils ont co-conçu la structure. Chaque membre de la famille a choisi une activité non numérique à privilégier. Le plus jeune a choisi de construire un village miniature ; l'aîné a choisi d'explorer la cuisine. Leurs parents souhaitaient davantage de repas en famille et de soirées tranquilles. Ensemble, ils ont décidé de supprimer les écrans après 18 h et de remplacer la télévision par des jeux de société ou de la musique en commun. Ils ont également pris l'engagement commun de consacrer une partie de chaque soirée à réfléchir au déroulement de la détox: ce qui était difficile, ce qui leur semblait différent et ce qu'ils appréciaient.

Les deux premiers jours furent, selon leurs propres termes, « embarrassants et un peu tendus ». Leurs routines habituelles furent perturbées. Le silence après le dîner leur parut inhabituel. Les enfants se plaignirent d'abord de s'ennuyer. Mais dès le troisième soir, un changement subtil s'opéra. Le village modèle prit forme. Les repas se prolongeaient par des rires. Les soirées ne se terminaient plus par des lectures parallèles, mais par des conversations partagées. À la fin de la semaine, les deux enfants se sentaient « moins pressés » et « plus remarqués ». Fait révélateur, ils demandèrent à la famille si elle pouvait poursuivre une forme de désintoxication. Les Jaffar n'imposèrent pas de discipline ; ils facilitèrent *la découverte* .

Fondamentalement, le Défi Détox Technologique est une invitation à mener une expérience sociale, ancrée dans l'observation, le jeu et un rééquilibrage en douceur. Sa durée et son intensité peuvent être adaptées. Certaines familles commencent par 24 heures ; d'autres étendent le processus sur les week-ends ou certains jours de la semaine. Certaines fixent des limites temporelles, comme l'interdiction d'utiliser des appareils après 19 h, tandis que d'autres désignent des espaces spécifiques sans écran. Ce qui compte, ce n'est pas la structure en elle-même, mais l'esprit dans lequel elle est menée: ouvert, collaboratif et curieux.

Pour être efficace, le défi doit inclure une réflexion régulière. Les enfants sont capables de discernement profond lorsqu'ils sont invités à explorer leurs propres comportements sans crainte de jugement. Les parents peuvent susciter cette réflexion par des questions ouvertes: Qu'avez-vous ressenti en ne consultant pas votre téléphone ce soir? Qu'avez-vous remarqué lorsque la télévision n'était pas allumée? Qu'avons-nous fait ensemble que nous ne prenons généralement pas le temps de faire? Ces questions ne visent pas à susciter de « bonnes » réponses, mais à développer la conscience de soi, fondement essentiel d'une autorégulation numérique durable.

Les familles découvrent souvent des émotions inattendues pendant la détox. Certains enfants peuvent ressentir un soulagement: la pression d'être constamment réactif, divertissant ou « actif » est momentanément levée. D'autres peuvent être confrontés à un inconfort: agitation, anxiété ou envie de combler chaque moment de calme. Ces réactions émotionnelles ne sont pas des signes d'échec ; elles témoignent de ce que la détox révèle. Ce défi fait apparaître ce que les routines numériques peuvent masquer – ennui, fatigue, solitude ou surstimulation – et offre un espace pour gérer ces émotions ensemble, plutôt que de les engourdir avec des appareils.

Cela permet également de redécouvrir les plaisirs analogiques: la satisfaction tactile du dessin, la joie tranquille des jeux de société, l'intimité de la lecture partagée. Ces activités ne sont pas de la nostalgie, mais un enrichissement neuronal. Elles favorisent la capacité d'attention, la créativité, la régulation émotionnelle et l'harmonisation interpersonnelle, d'une manière que l'engagement numérique, malgré tous ses bienfaits, n'offre souvent pas. Renouer avec ces formes de jeu et de repos offre aux enfants un répertoire plus large d'activités d'apaisement et d'expression personnelle, des outils auxquels ils peuvent revenir même après la fin du défi.

Il est important de noter que le Défi Détox Techno sert également de miroir au comportement des adultes. Les enfants imitent ce qu'ils voient. Si un parent insiste sur l'abstinence numérique tout en consultant ses e-mails professionnels à table, le message devient contradictoire. Mais lorsque les adultes participent pleinement – en admettant leurs propres habitudes et en partageant leurs difficultés – la dynamique familiale change. La détox devient un acte collectif de croissance, et non une correction imposée. Elle signifie: c'est un problème auquel nous sommes tous confrontés et que nous pouvons nous soutenir mutuellement pour améliorer.

Les enseignants ont également commencé à expérimenter des modèles similaires dans les écoles. Un établissement secondaire néo-zélandais a piloté une « Semaine de réflexion numérique », au cours de laquelle les élèves ont accepté de limiter l'utilisation de leurs appareils personnels et de tenir un journal quotidien de leurs expériences émotionnelles, cognitives et sociales. L'établissement a constaté une augmentation de l'engagement, des discussions en classe plus animées et une baisse notable des conflits sociaux. Bien que temporaire, cet exercice a entraîné des changements durables dans le comportement des élèves. Plusieurs élèves ont déclaré avoir supprimé des applications ou réorganisé leur écran d'accueil pour réduire les tentations. L'enseignement ici n'est pas une question de restriction, mais de *réinitialisation des paramètres par défaut* .

Le Défi Détox Techno peut également s'étendre au-delà du foyer. Les familles peuvent collaborer avec leurs proches, amis ou voisins pour organiser des journées ou des week-ends détox communautaires. Des activités de groupe – promenades dans la nature, repas collectifs, cercles de contes – amplifient l'expérience et réduisent le sentiment d'isolement. Elles rappellent aux enfants que la réduction du numérique n'est pas une privation, mais une forme d'abondance sociale et émotionnelle.

Bien sûr, l'objectif n'est pas de diaboliser la technologie ni de culpabiliser l'utilisation des écrans. Les enfants vivent dans un monde où les écrans sont des outils d'apprentissage, d'expression et de connexion. Mais comme tous les outils, ils nécessitent une utilisation réfléchie. Le Défi Détox Techno aide à développer l'habitude du discernement: la capacité à s'arrêter et à se demander: « Est-ce que cela m'aide ou me gêne en ce moment? » « Est-ce que cela répond à un besoin, ou est-ce que cela l'évite? » Il ne s'agit pas seulement de questions sur les appareils, mais de questions sur la conscience de soi, les limites et les valeurs.

Après le défi, les familles devraient réfléchir non seulement à ce qui a été difficile, mais aussi à ce qu'elles souhaitent poursuivre. Un petit-déjeuner sans écran pourrait devenir un rituel quotidien. Une seule soirée par semaine sans écran pourrait être consacrée. Une nouvelle activité partagée, découverte pendant la détox, pourrait devenir une tradition familiale durable. La détox deviendrait alors moins une pause qu'un pont vers des rythmes plus sains, des limites plus claires et des relations plus riches.

Dans une culture qui associe souvent stimulation et bonheur, et connectivité et valeur, le Tech Detox Challenge offre un contrepoint subtil. Il invite les familles à explorer la lenteur, à redécouvrir la profondeur et à cultiver l'attention comme un acte de bienveillance. Il démontre que s'éloigner des écrans n'est pas un retour en arrière, mais un *retour* au corps, à l'instant présent, à l'autre. Ce faisant, il offre aux enfants quelque chose de rare et de précieux à l'ère numérique: un sentiment de présence, indivisible et réel.

Chapitre 5
L'impact social et émotionnel de la culture de l'écran

Pour les enfants et les adolescents d'aujourd'hui, les espaces numériques ne se contentent pas de compléter leur vie sociale: ils *sont* leur vie sociale. Les amitiés naissent dans les discussions de groupe, les tensions couvent et débordent dans les fils de commentaires, les identités se façonnent à travers les bios et les photos de profil, et les états émotionnels s'expriment – souvent exagérément – dans les statistiques publiques que sont les « j'aime », les stories et les partages. Ces plateformes offrent des espaces remarquables d'expression personnelle, d'appartenance et de créativité. Mais ce n'est pas tout. À la promesse de connexion s'ajoute un courant sous-jacent plus troublant: l'anxiété, l'aliénation, la comparaison et une pression constante à la performance. Dans ce chapitre, nous explorons cette contradiction: comment la culture numérique construit des ponts tout en dressant parfois des murs, comment elle amplifie les voix des jeunes tout en déformant subtilement la façon dont ils se perçoivent.

Les réseaux sociaux ont été conçus, ostensiblement, pour nous connecter. Et pour les enfants, surtout pendant les années émotionnellement chargées de l'adolescence, ils tiennent souvent cette promesse. Pouvoir entretenir des amitiés en dehors des heures de classe, explorer des identités qui peuvent sembler insécurisées ou inacceptées hors ligne, ou retrouver ses proches aux confins d'Internet peut être non seulement enrichissant, mais aussi salvateur. C'est particulièrement vrai pour les jeunes qui se sentent marginalisés ou incompris dans leur environnement immédiat. Les espaces numériques, dans leur meilleur état, peuvent offrir un espace de répit.

Pourtant, c'est précisément dans ces espaces de connexion que quelque chose de plus calme – et de plus troublant – peut commencer à se développer. La nature omniprésente de la vie numérique crée l'illusion d'une saturation sociale, et pourtant de nombreux jeunes font état d'un profond sentiment d'isolement émotionnel. Il y a là une étrange contradiction: être constamment connecté et pourtant se sentir complètement seul. Pourquoi? En partie parce qu'une grande partie de ce qui se passe en ligne est organisée. La règle tacite est de montrer la meilleure version de soi-même, ou du moins la plus intéressante. L'authenticité devient un handicap. La vulnérabilité, un risque. La popularité, quant à elle, n'est plus seulement une mesure sociale ; c'est une mesure algorithmique. L'engagement est le moteur de la visibilité, et la visibilité devient souvent un indicateur de valeur.

Ce système n'est pas simplement le résultat du comportement des utilisateurs. Il est intégré à l'architecture même des plateformes. Les algorithmes privilégient ce qui est engageant, cliquable et partageable, et non pas nécessairement ce qui est sincère ou significatif. Et même si les enfants ne comprennent pas consciemment ces mécanismes, ils les ressentent. Ils s'y adaptent. Ils apprennent que l'attention se capte par l'esthétique, le volume, la vitesse – et que le silence, sur ces plateformes, peut être ressenti comme un effacement.

L'une des conséquences les plus insidieuses de cet écosystème est ce que les chercheurs ont commencé à nommer: *la solitude en réseau* . Malgré l'illusion d'une connexion infinie, de nombreux jeunes se disent émotionnellement déconnectés. Les données de l'Office for National Statistics du Royaume-Uni suggèrent que les enfants qui passent plus de temps sur les réseaux sociaux – en particulier lorsqu'ils passent du temps passif à faire défiler les réseaux plutôt qu'à interagir – sont plus susceptibles de se sentir seuls. L'ironie est cruelle. Plus ils observent les autres interagir, plus ils ressentent intensément leur propre exclusion. La fête à laquelle ils n'ont pas assisté. La blague à laquelle ils n'ont pas participé. Le fil de discussion qui s'est tu. Chaque défilement leur rappelle ce qui leur manque, même si rien n'a réellement changé.

Les réseaux sociaux ne sont pas directement *responsables* de la solitude. Mais ils redéfinissent indéniablement l'expérience de la jeunesse et de la conscience sociale. La comparaison, autrefois confinée aux rares moments difficiles de l'école ou aux réunions familiales, est désormais ambiante. Omniprésente. La popularité, la beauté ou les réussites d'un camarade ne sont pas seulement connues, elles sont affichées, souvent sans relâche. Ces micro-moments s'accumulent. Discrètement. Perpétuellement. Ils minent la confiance en soi d'une manière difficile à nommer, et encore moins à inverser.

Il y a aussi la pression numérique des pairs – une force aussi ancienne que l'adolescence, aujourd'hui intensifiée par la rapidité et l'ampleur du monde en ligne. Là où l'influence des pairs provenait autrefois du groupe d'amis, de la salle de classe, du quartier, elle provient désormais d'innombrables sources: influenceurs, tendances virales, modèles esthétiques. Les normes sont souvent tacites, mais rigoureusement appliquées. Participer ou disparaître. Se conformer ou risquer l'exclusion. Et comme le rythme effréné de la culture numérique est inexorable, il y a peu de place pour s'arrêter et se demander: « Est-ce que j'ai vraiment envie de faire ça? »

Ayaan, douze ans, l'a exprimé clairement lors d'un atelier scolaire: il ressentait *le besoin* de rejoindre chaque tendance TikTok, non par joie, mais par peur. « Si tu n'y es pas », disait-il, « tu n'es plus dans le groupe de discussion. » Son temps d'écran a explosé, non par plaisir, mais par une sorte de besoin anxieux. De l'extérieur, il est facile de mal interpréter cela comme frivole. Mais ce qui ressemble souvent à du scrolling sans but est, pour beaucoup d'enfants, une forme de gestion de la monnaie sociale. Une tactique de survie, dans un espace où l'attention est primordiale.

Naturellement, cela commence à façonner la perception que les enfants ont d'eux-mêmes. Les boucles de rétroaction des réseaux sociaux – mentions « J'aime », partages, reposts – incitent les jeunes utilisateurs à rechercher l'approbation extérieure. Une photo bien accueillie renforce la confiance, mais établit également une norme. La publication suivante doit désormais être aussi performante, voire meilleure. L'absence d'engagement peut être ressentie comme une désapprobation, voire une invisibilité. Très vite, les enfants cessent de se demander « Qu'est-ce que j'en pense? » et commencent à se demander, par réflexe, « Est-ce que ça va avoir des « J'aime »? L'identité, autrefois ancrée dans des valeurs intérieures, devient une mise en scène pour un public imaginaire.

Les parents ont souvent du mal à intervenir, non pas par manque d'intérêt, mais parce qu'ils vont à l'encontre de leur conception. Les plateformes sociales sont conçues pour être captivantes, pour attirer les utilisateurs, encore et encore. Pourtant, il existe des ouvertures. Douces. Encourager les enfants à observer leurs sentiments avant et après l'utilisation des réseaux sociaux – énergisés? épuisés? anxieux? – peut les aider à prendre conscience de leurs émotions. Les aider à créer des publications qui reflètent leurs centres d'intérêt plutôt que de chercher à impressionner peut subtilement modifier la relation. Et montrer un désengagement sain – montrer que l'estime de soi n'est pas liée à des indicateurs – peut être plus éloquent que n'importe quel sermon.

Le cyberharcèlement mérite ici son propre regard, non seulement comme une question de cruauté, mais aussi de contexte. Il ne s'agit pas toujours d'abus flagrants. Souvent, ce sont des blessures plus subtiles: l'exclusion d'un groupe de discussion, la douleur glaciale du ghosting, la douleur d'un commentaire sarcastique déguisé en plaisanterie. Ces formes de préjudice sont plus difficiles à détecter et plus faciles à ignorer. Mais pour l'enfant qui en est victime, l'impact est réel. Lorsque le conflit éclate dans des discussions publiques ou est capturé par des captures d'écran, le sentiment d'exposition peut être profondément humiliant. Le numérique laisse moins de place à la dissimulation, et plus de place à l'oubli.

Dans ce domaine, la véritable résilience ne se construit pas sur des avertissements fondés sur la peur. Elle repose sur *la compréhension relationnelle*: la capacité à décrypter les signaux émotionnels, à gérer les désaccords et à demander de l'aide en cas de besoin. Elle exige également une présence adulte non pas réactionnaire, mais réactive. Lorsque les enfants sentent qu'ils peuvent parler de leur monde en ligne sans être punis, rejetés ou pathologisés, ils sont plus susceptibles de s'ouvrir. La sécurité émotionnelle est le fondement. C'est à partir de là que la résilience peut prendre racine.

Ce chapitre laisse également la place aux témoignages – authentiques – de jeunes qui ont relevé ces défis avec courage et trouvé de nouvelles voies. Il y a Sara, 15 ans, qui a délaissé Instagram pendant trois mois après avoir réalisé à quel point cela déformait son image d'elle-même. Durant cette période, elle a renoué avec le dessin et a commencé à exposer ses œuvres dans des galeries locales. Ou encore Dev, 14 ans, qui a lancé un podcast scolaire sur l'éthique numérique, invitant ses camarades à parler ouvertement de leurs habitudes, de leurs peurs et de leurs petites victoires devant les écrans. Ces histoires ne sont pas celles d'abstinence, mais celles d'une prise de décision. Elles nous rappellent ce qui devient possible lorsqu'on donne aux enfants l'espace – et la confiance – pour réfléchir et se réorienter.

Le poids émotionnel de grandir en ligne n'est pas toujours visible. Il transparaît dans de petits gestes: la pause avant de parler, l'angoisse d'être ignoré, la fatigue de toujours performer. Il se manifeste dans la douleur de la comparaison, le choc des éloges numériques, la honte silencieuse de l'exclusion. Mais au cœur de cet enchevêtrement se cache une opportunité rare: aider les enfants non seulement *à survivre* à leur vie numérique, mais aussi à l'habiter plus pleinement, plus sagement et plus humainement.

Dans les pages qui suivent, nous approfondirons ces tensions et explorerons leur impact sur les relations, l'identité et le développement émotionnel. Non pas pour présenter la technologie comme un méchant ou un sauveur, mais pour nous rappeler que derrière chaque publication, chaque avatar, chaque main tenant un appareil, se cache un enfant qui tente de donner un sens à un monde qui semble à la fois étonnamment connecté et d'une complexité déconcertante. Et dans cet effort, il se tourne vers nous – avec urgence, silence et espoir – pour nous guider. Pour être écouté. Pour être rassuré sur le fait que sa valeur n'est pas mesurable. Qu'elle réside, toujours, dans ce qu'il est, et non dans le nombre de clics.

De la connexion à l'isolement – Le paradoxe social de la technologie

Les plateformes de médias sociaux ont, en un laps de temps remarquablement court, redéfini l'architecture de l'enfance et de l'adolescence. Autrefois limitée aux rencontres en face à face et aux appels téléphoniques, la vie sociale des jeunes se déroule désormais principalement par le biais d'intermédiaires numériques: sessions Snapchat, groupes WhatsApp, stories Instagram, discussions de jeux vidéo et fils de commentaires TikTok. Ces plateformes promettent la connexion et, de bien des manières, la tiennent. Les enfants peuvent rester en contact avec leurs pairs au-delà des fuseaux horaires, découvrir des communautés qui reflètent leurs centres d'intérêt ou leur identité, et trouver du réconfort dans le fait de ne pas être seuls dans leurs expériences. Pourtant, paradoxalement, cette connectivité perpétuelle engendre souvent un profond sentiment de déconnexion. Plus les enfants sont « connectés », plus ils peuvent être exposés à des sentiments d'exclusion, de comparaison et de solitude. C'est le paradoxe social de la technologie, que les parents et les éducateurs doivent d'urgence décortiquer avec nuance et attention.

La contradiction se comprend mieux en examinant la nature psychologique de la connexion elle-même. Les êtres humains sont programmés pour appartenir, mais pas seulement en termes de présence. Une véritable connexion implique une réciprocité émotionnelle, des signaux incarnés et une attention soutenue – des éléments souvent absents ou atténués dans les interactions numériques. Un « J'aime » sur une photo peut être un signe d'approbation, mais il ne traduit pas la profondeur d'un regard significatif ou d'une oreille attentive. Un émoji cœur peut représenter l'attention, mais il ne peut offrir la chaleur d'une véritable compagnie. Avec le temps, ces interactions superficielles, bien que nombreuses, peuvent finir par paraître creuses. L'enfant recevant des centaines de « J'aime » peut encore se sentir invisible ; l'adolescent constamment informé peut encore se sentir seul.

Cette expérience de *solitude en réseau* est de plus en plus documentée par la recherche psychologique. Une étude menée en 2023 par l'Université de Bath a révélé que les adolescents qui passaient plus de trois heures par jour sur les réseaux sociaux étaient significativement plus susceptibles de déclarer un sentiment d'isolement, en particulier lorsque leur utilisation était passive. Autrement dit, ils parcouraient les publications des autres, observaient les interactions sans participer ou se comparaient silencieusement aux représentations de leurs pairs. Ces résultats font écho à des recherches antérieures de l'Université de Pennsylvanie, qui avaient démontré qu'une utilisation des réseaux sociaux réduite à 30 minutes par jour entraînait des améliorations mesurables du bien-être, notamment une réduction de la solitude et de la dépression. Ce que ces travaux suggèrent, ce n'est pas que les réseaux sociaux soient intrinsèquement nocifs, mais que c'est la *qualité* de l'engagement en ligne qui compte réellement.

Les enfants, en particulier ceux qui traversent le contexte émotionnel chargé de l'adolescence, sont extrêmement sensibles aux signaux sociaux. Dans les espaces numériques, ces signaux sont non seulement réduits, mais aussi filtrés par des algorithmes. Ce qu'ils voient, et ce pour quoi ils sont vus, est façonné par des systèmes de conception optimisés non pas pour une connexion authentique, mais pour des indicateurs d'engagement. La visibilité d'un enfant est liée à sa réussite performative: sa capacité à publier du contenu captivant, à réagir rapidement, à maintenir sa « présence » numérique. Cela crée une anxiété subtile mais persistante: suis-je vu? Me répond-on? Suis-je exclu? L'absence de réponse ou l'oubli d'un tag peuvent avoir un poids émotionnel disproportionné par rapport à son équivalent hors ligne, précisément parce qu'ils sont interprétés à travers le prisme de cette visibilité persistante.

Prenons l'exemple de Mia, treize ans, dont les parents ont remarqué un net changement d'humeur après son inscription sur un réseau social populaire. Bien qu'elle soit plus « sociable » que jamais – en train de communiquer avec ses amis, de publier des nouvelles et de plaisanter en ligne – elle a commencé à exprimer un sentiment d'exclusion. Il s'est avéré qu'elle était obsédée par l'observation des interactions de ses amis sans toujours participer. Des photos de sorties de groupe auxquelles elle n'était pas invitée, des blagues internes dans des commentaires qu'elle ne comprenait pas, ou simplement l'absence de mentions « J'aime » sur ses propres publications, ont créé un récit silencieux de rejet. Ses parents, d'abord déconcertés par l'apparente contradiction entre son engagement social et sa tristesse grandissante, ont fini par comprendre que *présence numérique n'est pas synonyme d'inclusion émotionnelle* .

Le paradoxe est encore amplifié par la nature des amitiés numériques. De nombreux enfants entretiennent de vastes réseaux de pairs en ligne, mais ces relations sont souvent superficielles ou transactionnelles. Les frontières de l'amitié s'estompent lorsque la connexion se réduit à des réponses rapides, des mèmes ou des échanges de commentaires. Si ces formes de contact ne sont pas intrinsèquement mauvaises, elles permettent rarement le partage profond ou la vulnérabilité nécessaire pour se sentir véritablement connu. Pour les enfants déjà en difficulté sociale, cet environnement peut exacerber l'insécurité. La sécurité des écrans peut devenir un refuge contre le risque de rejet, mais elle devient aussi un obstacle à une véritable connexion.

Les parents qui cherchent à accompagner leurs enfants dans cette situation paradoxale sont confrontés à un défi délicat. Il est tentant de réagir par des restrictions: limiter l'utilisation des réseaux sociaux, confisquer les téléphones ou décréter une « détox numérique ». Dans certains cas, notamment en cas de détresse émotionnelle aiguë, cela peut être justifié. Mais sans un engagement plus profond, ces actions peuvent être perçues comme punitives ou déconnectées du vécu de l'enfant. La clé réside dans *la curiosité et la corégulation* . Plutôt que d'aborder la vie sociale numérique comme un problème à résoudre, les parents peuvent l'envisager comme un *monde à explorer* , avec leurs enfants.

Un dialogue ouvert est essentiel. Poser des questions comme « Comment te sens-tu en parcourant ton fil d'actualité? » ou « T'es-tu déjà senti exclu en ligne? » invite les enfants à réfléchir, sans honte ni attitude défensive. Les parents peuvent partager leurs propres expériences – qu'il s'agisse de fatigue numérique, de comparaison ou de déconnexion émotionnelle – pour normaliser ces sentiments et montrer leur vulnérabilité. L'objectif est de créer un climat où les enfants peuvent nommer leurs expériences avec honnêteté, sans crainte de jugement ou de réaction excessive.

Il est également utile d'aider les enfants à développer un vocabulaire nuancé autour des connexions numériques. Des termes comme *« connexion ambiante »* (être conscient des autres sans interagir), *« FOMO »* (peur de manquer quelque chose) et *« relations parasociales »* (relations unilatérales avec des influenceurs ou des personnalités en ligne) peuvent permettre aux enfants d'exprimer des expériences qu'ils n'auraient peut-être pas pu décrire avec des mots. Lorsque les enfants comprennent que leurs réactions émotionnelles ne sont pas des échecs, mais le reflet de dynamiques structurelles, ils sont plus susceptibles de se sentir responsables de leurs interactions.

Une intervention efficace consiste à aider les enfants à faire la distinction entre *connexion* et *contact*. Le contact désigne la fréquence ou le volume des interactions ; la connexion désigne leur profondeur et leur signification. Encourager les enfants à s'investir dans des relations moins nombreuses et plus intentionnelles, même en ligne, peut déplacer l'accent de la performance vers la présence. Les aider à créer des discussions en petits groupes pour des conversations plus approfondies, à faire des pauses sur les plateformes favorisant la comparaison ou à participer à des projets créatifs partagés en ligne (comme la narration collaborative ou la musique) peut améliorer la qualité des interactions numériques.

Il est tout aussi important de veiller à ce que les connexions numériques soient *équilibrées* par des interactions physiques. Le pouvoir des interactions dans le monde réel est inestimable. Les subtiles boucles de rétroaction que sont le contact visuel, le ton de la voix, les rires partagés ou la présence silencieuse fournissent aux enfants les données émotionnelles nécessaires pour développer l'empathie, la conscience de soi et la résilience. Les familles qui privilégient les rituels sans appareils électroniques – repas, promenades, jeux créatifs – créent des micro-environnements où ces signaux sont préservés et valorisés. L'école peut également jouer un rôle essentiel en favorisant le travail de groupe, l'apprentissage par la discussion et les programmes d'éducation numérique centrés sur l'intelligence émotionnelle.

Le paradoxe social de la technologie ne constitue pas une mise en accusation de la culture numérique. C'est une invitation à la réinventer. Les enfants n'ont pas besoin de moins de connexion, mais *de plus* de connexion. Ils ont besoin d'adultes qui comprennent que la vie en ligne n'est pas anodine, mais formatrice. Ils ont besoin d'espaces où la performance numérique n'est pas le prix de l'inclusion. Et ils ont besoin d'outils pour faire la distinction entre être visible et être valorisé.

La tâche qui nous attend n'est pas d'éliminer le monde numérique de l'enfance, mais de lui insuffler une *dimension humaine* . D'aider les enfants à reconnaître quand la connexion se transforme en comparaison, quand l'attention se mue en anxiété et quand la présence cède la place à la performance. Ce faisant, nous les préparons non seulement à survivre aux complexités de la vie en ligne, mais aussi à la façonner – avec empathie, conscience et un sentiment d' appartenance qui ne se mesure pas en chiffres, mais se ressent au rythme paisible et durable d'une relation authentique.

Pression numérique des pairs et tendances en ligne: pourquoi les défis viraux, la culture d'influence et l'intégration numérique peuvent être aussi puissants que l'influence des pairs dans le monde réel

La pression des pairs est reconnue depuis longtemps comme une force puissante durant l'enfance et l'adolescence – un point de pression développemental où le désir d'appartenance peut prendre le pas sur le jugement personnel. À l'ère du numérique, cette influence n'a pas diminué ; elle a simplement évolué. Les canaux d'influence des pairs se sont déplacés des cours de récréation et des salles de classe vers les réseaux sociaux et les plateformes algorithmiques, où l'approbation est quantifiée et la visibilité équivaut à une valeur sociale. Les défis viraux, les recommandations d'influenceurs, les tendances esthétiques et les normes numériques forment désormais un écosystème où la conformité est publique, immédiate et constamment renforcée. Il en résulte une sorte de théâtre social où les enfants non seulement incarnent leur identité, mais sont récompensés – ou pénalisés – selon leur adéquation aux scripts numériques dominants.

Contrairement à la pression sociale traditionnelle, souvent confinée à des groupes sociaux ou des environnements physiques spécifiques, la pression sociale numérique opère à une échelle plus large et plus insidieuse. Elle est ambiante, omniprésente et amplifiée par la portée des réseaux sociaux. L'enfant qui se comparait autrefois à une poignée de camarades se compare désormais à des centaines, voire des milliers, de pairs, d'influenceurs et de faiseurs de tendances anonymes. Ces comparaisons ne sont pas théoriques ; elles sont encodées dans des indicateurs: mentions J'aime, partages, vues et abonnés. Chaque publication devient un test potentiel d'acceptation, et chaque silence, un signe potentiel d'exclusion.

Cette dynamique est particulièrement puissante dans le contexte des défis viraux. Des numéros de danse et sketches comiques aux cascades plus controversées, ces défis se nourrissent de la reproduction. Leur structure même invite à la participation: imiter le comportement, publier le résultat et attendre l'approbation sociale. À première vue, nombre de ces tendances semblent anodines – une occasion de s'amuser, de créer ou de partager une expérience. Mais elles créent aussi un puissant scénario comportemental: si vous faites cela, vous appartenez ; si vous ne le faites pas, vous êtes invisible. La peur de manquer quelque chose devient non seulement émotionnelle, mais existentielle. Pour certains enfants, la pression de participer peut prendre le pas sur l'inconfort personnel ou l'hésitation éthique. Ils peuvent tenter des cascades physiquement risquées, répéter des blagues inappropriées ou parodier des comportements qu'ils ne comprennent pas, tout cela pour être vus.

Prenons par exemple le cas d'une fillette de douze ans à Delhi qui a participé à un défi populaire mais dangereux impliquant la consommation excessive de nourriture épicée. Bien qu'elle n'aimait pas la nourriture épicée et qu'elle ait ensuite souffert de graves troubles digestifs, elle a admis avoir participé parce que « tout le monde avait déjà posté ses vidéos ». Son aveu a révélé la force profonde en jeu: le défi n'était pas une question de plaisir, mais de *positionnement social* . S'abstenir aurait signifié l'exclusion ; participer, aussi désagréable fût-il, revenait à être visible.

La culture des influenceurs complexifie encore davantage ce terrain. Les influenceurs, notamment les micro-influenceurs et les créateurs de contenu adolescents, font souvent office de figures aspirationnelles, projetant des modes de vie soignés alliant authenticité et performance. Les enfants et les adolescents, encore en construction identitaire, sont particulièrement susceptibles d'intérioriser ces projections. Ils imitent les styles vestimentaires, les manières de parler, les standards de beauté et les habitudes de consommation, non seulement par admiration, mais aussi pour s'aligner sur les normes perçues. Cet alignement n'est pas passif, il est stratégique. Les enfants apprennent rapidement qu'imiter les archétypes numériques populaires peut accroître leur propre capital social, tandis que la divergence peut conduire au ridicule ou à l'invisibilité.

Les effets psychologiques de ce reflet constant sont profonds. Avec le temps, les enfants peuvent commencer à refouler les aspects de leur personnalité qui ne correspondent pas aux récits numériques dominants. Un enfant qui apprécie la musique classique peut minimiser son intérêt au profit de genres plus « tendance ». Un adolescent qui accorde de l'importance à sa vie privée peut se sentir obligé de trop se confier par peur de paraître distant. Cette érosion de l'authenticité peut entraîner une autosurveillance chronique, de l'anxiété et une dissonance émotionnelle. Ce qui était autrefois une estime de soi interne s'extériorise, conditionnée par le maintien d'une personnalité numérique qui suscite l'approbation.

De plus, la pression numérique exercée par les pairs ne se limite pas à la création de contenu. Elle s'étend également à *la* consommation. Les enfants sont très conscients de ce que leurs pairs regardent, écoutent ou commentent. Ne pas s'intéresser à une série virale, à un clip audio tendance ou à une publication controversée, c'est risquer d'être exclu des conversations. Cela crée une boucle compulsive où l'engagement est moins motivé par l'intérêt que par la peur d'être laissé pour compte. Pour les enfants neurodivergents, ou ceux qui ont des difficultés de communication sociale, cette pression peut être particulièrement écrasante. L'exigence de rester à jour culturellement, de maîtriser le numérique et d'être socialement réactif devient une source constante de stress.

Les parents se sentent souvent mal équipés pour contrer cette force. Les stratégies traditionnelles – limiter le temps passé devant les écrans, décourager l'utilisation d'applications spécifiques ou interdire certaines tendances – peuvent se retourner contre eux si elles sont mises en œuvre sans compréhension. Les enfants peuvent interpréter ces efforts comme punitifs ou déconnectés de la réalité, renforçant ainsi le secret ou la honte. Il est plutôt nécessaire de s'intéresser davantage à la *logique sociale* des tendances en ligne. Plutôt que de demander: « Pourquoi perds-tu ton temps avec ça? », les parents pourraient demander: « Qu'est-ce que tu aimes dans cette tendance? Quel effet cela te fait-il lorsque tu publies ou que les autres réagissent? » Ces questions ouvrent la voie à la réflexion plutôt qu'à la résistance.

Une stratégie efficace consiste à aider les enfants à développer un regard critique. Les programmes d'éducation aux médias qui décortiquent les mécanismes de la viralité, les incitations économiques derrière la culture d'influence et la conception psychologique des applications peuvent être transformateurs. Lorsque les enfants comprennent que les tendances sont souvent conçues pour maximiser l'engagement – et non le sens –, ils commencent à considérer la participation comme un choix plutôt qu'une obligation. Ils apprennent à se demander: est-ce quelque chose que j'ai *envie* de faire, ou quelque chose que je me *sens obligé* de faire?

Les enseignants peuvent également jouer un rôle essentiel. En intégrant l'éthique numérique en classe – non pas comme un avertissement, mais comme une question –, ils peuvent aider les élèves à appréhender les normes en ligne avec plus de confiance et d'autonomie. Des jeux de rôle, des discussions de groupe et l'analyse de cas concrets permettent aux enfants d'explorer des scénarios sans jugement. Par exemple, l'étude de l'origine, de l'évolution et des implications éthiques d'une tendance virale peut aider les élèves à comprendre comment elle se propage et quelles conséquences elle peut entraîner – sociales, émotionnelles, voire juridiques.

Il est crucial de dépasser la vision binaire entre « bonne » et « mauvaise » utilisation des écrans. Toutes les tendances numériques ne sont pas néfastes. Nombre d'entre elles encouragent la créativité, l'humour, la solidarité ou le militantisme. Le mouvement #BlackLivesMatter, les campagnes d'action climatique et les défis de sensibilisation à la santé mentale ont montré comment l'influence numérique des pairs peut être mise au service du bien commun. L'essentiel est d'aider les enfants à discerner quand ils agissent par libre arbitre et quand ils réagissent sous la pression. Ce discernement est la pierre angulaire de la résilience numérique.

Les familles peuvent favoriser ce discernement en créant un espace d' *appartenance hors ligne* . Lorsque les enfants vivent des liens significatifs à la maison – par la conversation, le jeu, les rituels partagés – ils deviennent moins dépendants de la performance numérique pour se valoriser. Lorsqu'ils se sentent vus et valorisés sans avoir besoin de publier, ils sont mieux armés pour résister aux aspects plus corrosifs de la pression des pairs. Et lorsqu'ils savent que leurs erreurs peuvent être évoquées ouvertement, sans honte, ils sont plus susceptibles de demander de l'aide lorsque la pression en ligne devient insurmontable.

En fin de compte, la pression numérique exercée par les pairs ne se limite pas à la technologie: c'est une question d' *appartenance* . Elle répond au besoin fondamental des enfants de se sentir inclus, respectés et affirmés. Les plateformes qui répondent à ce besoin évoluent rapidement, mais la psychologie sous-jacente reste constante. Ce qui change, c'est notre façon de réagir, en tant qu'adultes. Nous pouvons choisir de pathologiser le comportement numérique des enfants, ou de le comprendre. Nous pouvons imposer des règles d'en haut, ou co-créer des valeurs de l'intérieur. En choisissant cette dernière option, nous permettons aux enfants non seulement de naviguer dans la culture numérique, mais aussi de la façonner – de manière intelligente, éthique et en accord avec qui ils sont vraiment.

La pression numérique des pairs, dans toute sa complexité, reflète une vérité qui a toujours caractérisé l'enfance: l'importance de s'intégrer. Notre rôle n'est pas de nier cette vérité, mais d'en repousser les limites, afin que les enfants puissent s'intégrer sans se perdre. Et peut-être même, avec le temps, trouver le courage de se démarquer.

Médias sociaux et estime de soi: briser la boucle de validation

Les indicateurs de l'enfance ont changé. Alors qu'autrefois, l'affirmation se manifestait par un sourire, un mot d'encouragement ou un regard partagé, elle se manifeste désormais souvent par des likes, des partages, des vues et un nombre d'abonnés. Ces jetons numériques, apparemment inoffensifs, se sont discrètement ancrés dans la psychologie des jeunes utilisateurs, transformant la façon dont l'estime de soi est construite, mesurée et recherchée. Pour les enfants et les adolescents qui grandissent baignés dans les réseaux sociaux, les mécanismes de rétroaction de ces plateformes peuvent être à la fois addictifs et déterminants. Comprendre le fonctionnement de cette boucle de validation – et comment la perturber – est l'un des défis les plus urgents auxquels sont confrontés les parents, les éducateurs et les personnes en charge des enfants à l'ère du numérique.

Au cœur de la boucle de validation se trouve le circuit cérébral de la récompense. Les réseaux sociaux sont conçus pour exploiter les mêmes voies neurologiques déclenchées par les jeux d'argent, le sucre et d'autres formes de renforcement comportemental. Lorsqu'un enfant reçoit un « j'aime » ou un commentaire positif, le cerveau libère une petite décharge de dopamine, un neurotransmetteur associé au plaisir et à la motivation. Cela crée une boucle de rétroaction: le comportement (publier du contenu) entraîne une récompense (affirmation numérique), qui renforce le comportement. Avec le temps, le cerveau commence à anticiper la récompense, poussant l'enfant à la rechercher sans cesse. Ce qui peut commencer comme une simple interaction avec ses pairs peut rapidement dégénérer en une dépendance à la validation externe pour la régulation émotionnelle.

Ce processus est particulièrement efficace à l'adolescence, une période de développement caractérisée par une sensibilité accrue à l'évaluation sociale. Des études d'imagerie cérébrale, comme celles menées au Centre de cartographie cérébrale Ahmanson-Lovelace de l'UCLA, ont montré que les centres de récompense du cerveau des adolescents sont significativement plus actifs que ceux des adultes lorsqu'ils reçoivent une approbation sociale en ligne. Cette réactivité accrue signifie que l'affirmation numérique n'est pas seulement agréable, elle *compte* , parfois profondément. Une publication qui suscite un large engagement peut améliorer l'humeur et renforcer la confiance en soi ; une publication qui passe inaperçue peut susciter le doute, l'anxiété ou la honte.

Il est crucial de noter que la boucle de validation ne se limite pas à la publication active. Elle s'étend à l' *anticipation* des réactions et à la *comparaison* avec les autres. Les enfants n'évaluent pas seulement leur valeur en fonction de leurs propres critères: ils l'évaluent par rapport à leurs pairs. Combien de « J'aime » ont-ils reçus? Qui a commenté? L'article a-t-il été partagé? Quelqu'un qu'ils admirent l'a-t-il republié? Cette logique comparative transforme l'interaction sociale en une compétition silencieuse, privilégiant la popularité plutôt que l'authenticité et la visibilité plutôt que la profondeur. Dans un tel environnement, la pression de créer un soi numérique idéalisé devient écrasante.

Prenons l'exemple de Nia, quatorze ans, qui a raconté avoir passé plus d'une heure à retoucher chaque photo qu'elle publiait, à choisir soigneusement les filtres, à rédiger les légendes et à chronométrer les publications pour maximiser l'engagement. Lorsqu'une publication recevait moins de « j'aime » que d'habitude, elle la supprimait en quelques minutes. « J'avais l'impression que tout le monde s'en fichait », a-t-elle déclaré. Son expérience n'est pas rare. De nombreux adolescents expliquent lier leur estime de soi à la performance de leurs publications, interprétant chaque indicateur d'engagement comme un référendum sur leur valeur. Cette dépendance à l'affirmation numérique peut miner l'estime de soi intrinsèque – ce sentiment stable de valeur qui naît des valeurs personnelles, des efforts et des relations – et la remplacer par une forme d'estime de soi volatile et dépendante de l'extérieur.

Ce qui rend cette dynamique particulièrement troublante, c'est son invisibilité. Contrairement à l'intimidation ou au harcèlement manifeste, les dommages psychologiques causés par la boucle de validation passent souvent inaperçus. Les enfants peuvent ne pas exprimer leur détresse et les parents peuvent avoir du mal à la détecter. Après tout, ils ne font qu'« utiliser les réseaux sociaux »: ils interagissent, partagent, créent des liens. Mais sous cette surface se cache une forme subtile de conditionnement émotionnel, qui apprend aux enfants à confondre attention et affection, engagement et estime.

Rompre cette boucle nécessite une approche à plusieurs niveaux, qui s'attaque à la fois aux mécanismes psychologiques de la validation et aux récits culturels qui les sous-tendent. Premièrement, il faut accompagner les enfants dans leur développement *de conscience* . Ils doivent comprendre comment les plateformes sont conçues pour les maintenir engagés, comment les algorithmes amplifient certains comportements et comment les indicateurs sont utilisés pour façonner leur attention. Ce type d'éducation aux médias n'est pas une question de peur, mais d'autonomisation. Lorsque les enfants comprennent que le système est conçu pour provoquer certaines réactions, ils sont mieux placés pour observer leurs propres réactions avec curiosité plutôt que par contrainte.

Deuxièmement, il est essentiel de réorienter l'attention des enfants de *la performance* vers *l'expression* . Lorsque l'objectif de publication passe de la recherche d'approbation au partage de sens, les enjeux psychologiques diminuent. Les parents peuvent soutenir cette démarche en valorisant la créativité, l'authenticité et l'effort, plutôt que la popularité. Un enfant qui publie un dessin original ou partage une réflexion réfléchie mérite d'être reconnu non pas parce qu'il a été aimé par des centaines de personnes, mais parce qu'il représente quelque chose de réel. Renforcer ce message de manière constante, en ligne comme hors ligne, aide les enfants à intérioriser un sentiment de valeur qui n'est pas lié à la réaction du public.

Troisièmement, les conversations sur l'estime de soi doivent être normalisées. Les enfants ont besoin d'entendre, explicitement et souvent, que leur valeur ne dépend pas de la façon dont ils sont perçus. Cela implique de créer des espaces où ils peuvent parler de leur insécurité sans crainte du ridicule, où la déception liée à l'engagement numérique peut être accueillie avec empathie, et où des sources alternatives d'estime de soi sont cultivées. Parmi celles-ci figurent la maîtrise (développer des compétences), la contribution (aider les autres), le lien (être connu et accepté) et l'identité (s'aligner sur des valeurs). Lorsque ces piliers sont solides, l'attrait d'une validation superficielle s'affaiblit.

Des mesures concrètes peuvent renforcer ce fondement psychologique. Encourager des pauses numériques régulières, où les enfants prennent du recul par rapport aux plateformes en ligne et se livrent à des activités intrinsèquement satisfaisantes, peut les aider à rééquilibrer leurs émotions. Des rituels partagés sans écran – promenades, projets créatifs, jeux de société ou cuisine – restaurent l'attention et reconstruisent la profondeur relationnelle. Pour les enfants plus âgés, tenir un journal de leurs expériences numériques peut approfondir leur conscience de soi. Des questions comme « Qu'est-ce que je ressentais avant de publier ceci? » ou « Qu'espérais-je obtenir de ce commentaire? » peuvent révéler en douceur les motivations et les schémas.

Les écoles ont également un rôle essentiel à jouer. En intégrant des discussions sur l'identité numérique et la littératie émotionnelle dans les programmes scolaires, les enseignants peuvent favoriser des habitudes réflexives. Les échanges de groupe sur les expériences sur les réseaux sociaux, positives comme négatives, peuvent dénormaliser la quête de validation et valider l'ensemble des réactions émotionnelles. Lorsque les enfants réalisent que d'autres ressentent la même pression, la honte de l'inadéquation commence à s'atténuer. La réflexion collective devient un puissant antidote aux effets isolants de la comparaison individuelle.

Il est important de résister à la tentation de romancer un passé pré-numérique ou de faire de la technologie le méchant. Les réseaux sociaux, comme tous les outils, sont façonnés par la manière dont ils sont utilisés et compris. Certains enfants utilisent les plateformes pour défendre la justice, créer une communauté, exprimer leur créativité et approfondir leurs amitiés. L'objectif n'est pas de diaboliser les réseaux sociaux, mais d' *humaniser* leur utilisation – pour aider les enfants à rester ancrés dans leur valeur intrinsèque, même lorsqu'ils participent à la culture numérique.

La boucle de validation peut être rompue, non par l'interdiction, mais par *la reconnexion* . Une reconnexion à des valeurs intérieures, à des relations significatives et à des expériences qui affirment notre valeur indépendamment des réactions. Cela exige que nous, adultes, donnions l'exemple: que nous résistions à l'attrait des indicateurs externes, que nous parlions honnêtement de nos propres habitudes numériques et que nous montrions aux enfants ce que signifie vivre de l'intérieur.

En fin de compte, apprendre aux enfants à dissocier leur estime de soi des réseaux sociaux n'est pas seulement un défi d'alphabétisation numérique: c'est une nécessité développementale. Il s'agit de protéger l'essence même de leur identité de la volatilité des performances en ligne. Et de leur rappeler, encore et encore, qu'ils ne sont pas une marque, un numéro ou une personnalité. Ils sont une personne digne, entière et suffisante, exactement telle qu'elle est.

Cyberintimidation et conflits numériques: reconnaître les formes subtiles d'agression en ligne et donner aux enfants les moyens de gérer efficacement les interactions numériques négatives

À l'ère du numérique, les conflits ne se limitent plus aux cours de récréation, aux salles de classe ou aux conversations chuchotées à huis clos. Ils suivent les enfants jusque dans leur chambre, s'infiltrent dans leurs appareils et persistent bien après les heures de classe. Le cyberharcèlement est devenu l'une des menaces les plus répandues pour le bien-être psychologique des enfants, non seulement en raison de son intensité, mais aussi de son *invisibilité* . Il revêt souvent un voile subtil: exclusions silencieuses, commentaires passifs-agressifs, rumeurs insidieuses et sarcasmes voilés, le tout diffusé via des plateformes qui brouillent les frontières entre public et privé, plaisanterie et humiliation, réalité et performance. Comprendre cette complexité est essentiel pour tout adulte cherchant à protéger et à responsabiliser les enfants à une époque où les conflits sont amplifiés par les algorithmes et archivés en permanence.

Le cyberharcèlement est souvent perçu à tort comme une forme ouverte et agressive – menaces, insultes ou humiliation publique. Mais le plus souvent, il prend des formes plus subtiles, tout aussi néfastes. Un enfant systématiquement exclu des discussions de groupe, identifié sur des photos embarrassantes, désabonné en masse après un désaccord ou sujet de mèmes sarcastiques peut avoir du mal à exprimer clairement ce qui se passe. Contrairement au harcèlement traditionnel, où les déséquilibres de pouvoir sont souvent visibles, l'agression numérique est teintée de déni plausible. « Je plaisantais », « Ce n'était qu'un mème » ou « Tu es trop sensible » sont des refrains courants. Ces interactions peuvent être considérées comme anodines, mais leur impact psychologique cumulé peut être profond, érodant le sentiment d'appartenance, l'estime de soi et la confiance en soi de l'enfant.

Cette érosion se produit souvent en silence. Un enfant peut ne pas parler de ce qu'il vit, craignant que cela soit banalisé ou, pire, qu'il ne s'isole davantage. Il peut craindre que les adultes ne comprennent pas la dynamique sociale en jeu ou que son accès aux appareils soit restreint s'il s'exprime. Par conséquent, beaucoup subissent l'hostilité numérique en silence, intériorisant leur douleur et se culpabilisant souvent de leur inconfort social.

Des exemples concrets illustrent la diversité de ce phénomène. Dans un cas largement commenté, une élève de 13 ans d'un lycée britannique a été progressivement exclue de la présence en ligne de son groupe de camarades. Ils ont cessé de l'identifier dans leurs publications, l'ont retirée des playlists partagées et ont créé des groupes de discussion parallèles pour organiser des événements sans elle. Il n'y a pas eu d'insultes explicites, juste un retrait lent et calculé de la visibilité et de l'inclusion. Lorsqu'elle a tenté de confronter le groupe, leur réponse a été dédaigneuse: « On ne pensait plus que ça vous intéressait. » La jeune fille, en proie à la confusion et au rejet, a commencé à lutter contre l'anxiété et l'absentéisme scolaire. Ses parents n'ont pris conscience du problème que des mois plus tard, lorsqu'elle a craqué après avoir vu une photo de vacances de groupe en ligne dont elle avait été délibérément exclue.

Ce qui rend les conflits numériques particulièrement difficiles pour les enfants, c'est leur *persistance* . Contrairement aux disputes hors ligne qui peuvent s'estomper avec le temps, le cyberharcèlement est souvent enregistré, capturé par capture d'écran ou diffusé indéfiniment. Un commentaire blessant ou une photo embarrassante peuvent être revisités, revécus et partagés à nouveau, creusant les blessures émotionnelles à chaque rencontre. Cela crée un piège émotionnel: l'enfant se sent à la fois impuissant face à l'agression et incapable d'échapper à ses conséquences.

Donner aux enfants les moyens de s'y retrouver commence par *la reconnaissance* . Il faut leur apprendre que tous les comportements blessants en ligne ne ressemblent pas à du harcèlement traditionnel. Le sarcasme, l'exclusion, le ghosting numérique ou même l'utilisation stratégique des « J'aime » peuvent tous servir à affirmer sa domination ou à nuire. Aider les enfants à comprendre *l'intention et l'impact* – que même des actes apparemment anodins peuvent avoir un poids émotionnel – est essentiel pour développer leur éducation émotionnelle et leur confiance en soi.

Parents et éducateurs doivent créer un environnement où les enfants se sentent en sécurité pour évoquer leur inconfort numérique sans crainte de jugement ou de sanction. Cela nécessite une écoute active et une volonté de traiter les interactions en ligne avec le même sérieux que les comportements hors ligne. Lorsqu'un enfant signale avoir été exclu ou moqué en ligne, la réponse de l'adulte ne doit pas minimiser son expérience ni la qualifier de « dramatique ». Elle doit plutôt valider ses sentiments, explorer le contexte et collaborer pour aborder les dimensions émotionnelles et relationnelles du problème.

Une approche pratique consiste à apprendre aux enfants à identifier les signaux émotionnels qui signalent une détresse numérique. Ressentent-ils de l'anxiété lorsqu'ils consultent leur téléphone? Relisent-ils obsessionnellement un fil de commentaires? Hésitent-ils à publier par peur? Ces signaux corporels et émotionnels sont souvent plus fiables que le contenu lui-même. Aider les enfants à nommer ces sentiments, à consigner leurs expériences dans un journal ou à en parler à un adulte de confiance peut leur donner les outils internes nécessaires à la résilience.

Il est tout aussi important de doter les enfants de stratégies proactives pour gérer les conflits numériques. Celles-ci incluent la définition de limites (comme la désactivation ou le blocage des comptes toxiques), une communication assertive (« Je n'ai pas trouvé ça drôle, et j'apprécierais que tu ne publies pas de messages à mon sujet ») et le fait de savoir quand se désengager. Mettre en scène des situations difficiles, comme comment réagir à un commentaire blessant ou que faire en cas de cyberharcèlement, peut renforcer la confiance et la préparation.

Il est également crucial de responsabiliser *les témoins* . Les recherches démontrent systématiquement que l'intervention des pairs est l'un des moyens de dissuasion les plus efficaces contre le cyberharcèlement. Les enfants témoins d'agressions numériques mais gardant le silence peuvent le faire par incertitude ou par peur. Lorsque les écoles et les familles normalisent la prise de parole – que ce soit en soutenant un pair en privé, en signalant un contenu préjudiciable ou en contestant un humour toxique – elles favorisent une culture où l'empathie est active et non passive. Ce sentiment de responsabilité partagée peut transformer radicalement la dynamique des espaces en ligne.

Le rôle des écoles ne saurait être surestimé. L'éducation à la citoyenneté numérique doit aller au-delà de la confidentialité et de la sécurité des mots de passe. Elle doit approfondir les dynamiques relationnelles, la responsabilité éthique et l'impact émotionnel. Les écoles doivent établir des politiques claires concernant le comportement en ligne, former le personnel à reconnaître les signes de cyberharcèlement et créer des canaux permettant aux élèves de signaler les conflits numériques de manière anonyme et sécurisée. Mais la politique seule ne suffit pas ; la culture compte. Les écoles doivent favoriser des environnements où la bienveillance est un modèle, l'intelligence émotionnelle valorisée et où la technologie est utilisée pour valoriser plutôt que pour dénigrer.

Les entreprises technologiques ont également un rôle à jouer. Les plateformes qui dominent la vie des jeunes ne sont pas neutres. Leurs choix de conception – ce qui est prioritaire dans les flux, la modération du contenu, les comportements récompensés – façonnent les normes sociales des interactions numériques. Promouvoir des fonctionnalités permettant aux utilisateurs de gérer la visibilité, de contrôler les paramètres des commentaires ou de signaler le harcèlement subtil peut contribuer à rééquilibrer les rapports de force dans les espaces numériques. Parents et éducateurs devraient encourager les enfants à réfléchir de manière critique aux plateformes qu'ils utilisent et à plaider pour une conception numérique plus sûre et plus inclusive.

Enfin, les enfants ont besoin de modèles de réparation. Les conflits, numériques ou autres, sont inévitables. L'important n'est pas seulement d'éviter les préjudices, mais aussi de réagir lorsqu'ils surviennent, que ce soit en tant que victime, témoin ou même auteur. Apprendre aux enfants à présenter des excuses sincères, à rétablir la confiance ou à sortir dignement d'une dynamique néfaste leur donne des outils qui leur serviront toute leur vie. Cela renforce le message selon lequel le comportement numérique d'une personne n'est pas une projection abstraite, mais le reflet de valeurs et de relations réelles.

Le cyberharcèlement et les conflits numériques nous poussent à repenser la manière dont nous accompagnons les enfants dans leur développement social. Le monde numérique n'est pas un univers parallèle: c'est une extension de leur réalité émotionnelle. En aidant les enfants à comprendre cela, en validant leurs expériences numériques et en les dotant de langage, de stratégies et de soutien, nous faisons plus que les protéger. Nous leur donnons les moyens de façonner une culture numérique ancrée dans l'empathie, le respect et l'authenticité. Et cela, à une époque où l'agressivité se cache trop souvent derrière un écran, est un acte de profonde compassion.

Étude de cas: Histoires réelles d'enfants surmontant les difficultés des réseaux sociaux – Témoignages inspirants de jeunes qui ont appris à équilibrer leur présence en ligne avec leur bien-être

Dans un monde où l'identité numérique est souvent confondue avec l'identité personnelle, la pression exercée sur les enfants et les adolescents pour performer, se conformer et interagir sur les réseaux sociaux est immense. Pour beaucoup, la frontière entre expression personnelle et autosurveillance s'estompe. Les mentions

« J'aime » et les partages deviennent des indicateurs d'approbation, et la visibilité se transforme en un marqueur de valeur. Pourtant, dans ce paysage, on trouve des histoires captivantes et instructives: des récits de jeunes qui ont consciemment pris du recul, réévalué leur vie numérique et redéfini leur relation aux réseaux sociaux en privilégiant la clarté mentale, l'authenticité et le bien-être émotionnel. Ces histoires ne constituent ni une rupture naïve avec le monde numérique ni un rejet radical de la technologie. Elles illustrent plutôt un rééquilibrage mature: la reconnaissance que la vie en ligne doit être vécue avec limites, conscience et intentionnalité.

Prenons le cas de Jaya, une étudiante de quinze ans originaire de Bangalore, qui a commencé à utiliser Instagram à douze ans. D'abord attirée par le potentiel créatif de la photographie et des filtres, son compte s'est rapidement transformé en une représentation soigneusement organisée de son quotidien. À quatorze ans, Jaya publiait presque quotidiennement, retouchant méticuleusement chaque image et choisissant le moment optimal pour un engagement maximal. Son estime de soi était de plus en plus liée au nombre de « j'aime » que ses publications recevaient. Les jours où l'engagement était élevé, elle se sentait pleine d'énergie et connectée. Les jours où il était faible, elle sombrait dans le doute.

Ce qui a finalement déclenché le changement n'est pas l'intervention des adultes, mais une introspection provoquée par l'épuisement professionnel. Pendant la période des examens, Jaya s'est imposée une pause sur les réseaux sociaux pour se concentrer sur ses études. Ce qu'elle a découvert l'a surprise: elle a mieux dormi, s'est sentie moins anxieuse et a commencé à prendre conscience de l'énergie mentale qu'elle consacrait auparavant à maintenir sa présence numérique. Encouragée par cette lucidité, elle a prolongé sa pause et en a profité pour consigner ses réflexions sur l'estime de soi et l'identité. Elle est ensuite revenue sur Instagram avec une approche radicalement différente: elle a publié moins fréquemment, désactivé le nombre de « j'aime » visibles et utilisé la plateforme principalement pour suivre des artistes et des comptes éducatifs plutôt que ses pairs. La transformation de Jaya n'est pas venue d'une restriction extérieure, mais d'une *réflexion intérieure* – une prise de conscience du coût d'une performance en ligne constante.

Il y a aussi Luca, un jeune de treize ans de Manchester, qui s'est retrouvé pris dans une dynamique de discussion de groupe oscillant entre camaraderie et cruauté. Le groupe, composé de camarades de classe, était actif presque à toute heure de la journée. Au début, ces échanges incessants étaient exaltants: un sentiment d'inclusion, un terrain de jeu numérique. Mais ils sont vite devenus toxiques. Commentaires passifs-agressifs, exclusions silencieuses et captures d'écran cachées ont transformé la discussion en un champ de mines. Luca a commencé à ressentir des symptômes de stress chronique: irritabilité, maux de ventre, réticence à aller à l'école. Pourtant, il avait du mal à nommer la source de son malaise, car rien au sein du groupe n'était ouvertement abusif. C'étaient le *ton* , le contexte, la surveillance incessante qui le pesaient.

Avec l'aide d'un conseiller scolaire, Luca a commencé à cartographier la texture émotionnelle de ses interactions numériques. Il a tenu un journal simple de ses sentiments avant et après chaque participation au groupe de discussion. Au fil des semaines, des schémas sont apparus: il se sentait constamment plus mal après avoir participé, surtout tard le soir. Fort de cette constatation, il a choisi de quitter le groupe, une décision qui a d'abord suscité des réactions négatives, mais qui a finalement apporté un soulagement. Dans les mois qui ont suivi, Luca a réorienté son énergie sociale vers des amitiés hors ligne fondées sur des intérêts communs plutôt que sur des contacts constants. Il a également rejoint un forum en ligne modéré pour jeunes musiciens, où il se sentait plus en sécurité pour s'exprimer sans crainte de représailles sociales. Son histoire témoigne de l'importance de l'écoute émotionnelle et du pouvoir du soutien des adultes pour aider les enfants à identifier et à gérer les formes subtiles de préjudice numérique.

L'histoire de Zara, une Torontoise de dix-sept ans, est toute autre: son rapport aux médias sociaux a été façonné par son militantisme. Fervente défenseure de la justice climatique, Zara utilisait Twitter et TikTok pour sensibiliser et mobiliser ses pairs. Ses publications devenaient souvent virales, suscitant des éloges, mais aussi des réactions virulentes. Si elle se sentait valorisée par la portée de son message, elle se retrouvait également confrontée à un flot constant d'hostilité: menaces, moqueries et attaques personnelles. Cette exposition a progressivement érodé sa résilience émotionnelle. Elle a commencé à avoir du mal à dormir, à ruminer des commentaires négatifs et à remettre en question l'efficacité de son plaidoyer.

Le tournant de Zara est survenu après un épisode de harcèlement numérique qui l'a profondément bouleversée. Encadrée par un programme d'éducation aux médias pour les jeunes, elle a commencé à développer des stratégies pour établir des limites émotionnelles. Elle a appris à déléguer les responsabilités de modération à des alliés de confiance, à planifier des pauses dans ses publications et à pratiquer ce qu'elle appelle le « pare-feu émotionnel », reconnaissant que tous les commentaires ne méritaient pas son énergie. Surtout, elle n'a pas abandonné l'activisme numérique. Au contraire, elle a diversifié son expression, transférant une partie de son travail vers des zines communautaires, des ateliers en présentiel et des podcasts. Son parcours illustre une compréhension mature de *l'engagement durable* , une conscience que la visibilité ne doit pas se faire au détriment de la sécurité psychologique.

Ces études de cas révèlent plusieurs thèmes récurrents. Premièrement, la difficulté à maintenir un équilibre émotionnel face à des réactions sociales constantes est répandue, mais souvent sous-estimée. De nombreux enfants intériorisent le stress numérique comme un échec personnel plutôt que comme une pression systémique. Deuxièmement, la résolution de ces difficultés passe rarement par des restrictions punitives. Au contraire, des changements significatifs se produisent lorsque les enfants sont dotés de discernement, d'autonomie et d'alternatives. Que ce soit grâce à la tenue d'un journal réflexif, à des conseils guidés ou à l'exposition à des communautés en ligne plus saines, ces jeunes ont développé la capacité d'évaluer et d'ajuster leurs habitudes numériques.

Un exemple particulièrement convaincant provient d'un collège de Melbourne, qui a piloté un « projet d'équilibre numérique » auprès d'élèves ayant subi du stress en ligne. Les participants ont été invités à créer des « autobiographies numériques », relatant leur relation à la technologie depuis leurs plus jeunes souvenirs jusqu'à aujourd'hui. Par l'écriture, le dessin et la discussion, les élèves ont exprimé les hauts et les bas émotionnels de leurs expériences sur écran. Le processus s'est avéré révélateur. Un élève a écrit: « J'ai réalisé que je scrollais surtout quand je me sentais mal, mais cela ne me rassure jamais. » Un autre a déclaré: « Publier des selfies me donnait un sentiment de puissance jusqu'à ce que je commence à attendre les « j'aime ». Ces constats ont incité beaucoup d'entre eux à adopter de nouvelles habitudes, non par peur, mais par lucidité.

Ce qui unit ces histoires n'est pas un rejet de la culture numérique, mais une *réappropriation* de l'autonomie personnelle en son sein. Les enfants et adolescents qui ont réussi à rééquilibrer leur vie en ligne ne l'ont pas fait en se retirant du monde numérique, mais en apprenant à l'habiter plus consciemment. Ils ont remis en question ses schémas, observé ses effets sur leurs émotions et recherché des espaces qui affirmaient plutôt que de fragmenter leur identité. Leurs expériences soulignent une vérité profonde: la résilience à l'ère numérique n'est pas une question de déconnexion, mais de *discernement*.

Les parents, les éducateurs et les professionnels de la santé mentale peuvent tirer des enseignements clés de ces récits. Premièrement, le chemin vers le bien-être numérique est profondément individuel. Les stratégies qui fonctionnent pour un enfant peuvent ne pas convenir à un autre. L'important est de créer les conditions propices à l'émergence de la conscience de soi, par le dialogue, la réflexion et un soutien sans jugement. Deuxièmement, les jeunes ne manquent pas de capacité à interagir de manière critique avec les réseaux sociaux ; ils manquent souvent du *langage* et *de l'espace* nécessaires pour l'exprimer. Lorsqu'on leur en donne, ils font preuve d'une perspicacité et d'une adaptabilité remarquables.

Enfin, ces histoires sont porteuses d'espoir. Dans un discours souvent dominé par la peur – de l'addiction, de la comparaison, de l'exposition –, il est essentiel de reconnaître la capacité des jeunes à s'autocorriger, à trouver un équilibre et à s'épanouir. Ils ne sont ni des victimes passives de la culture numérique, ni des utilisateurs naïfs. Ils participent à un écosystème complexe, capables d'y naviguer avec réflexion et attention – à condition de leur donner les outils, la confiance et le temps nécessaires.

Chapitre 6
Quand la technologie devient un problème – Reconnaître la dépendance numérique

Dans les familles d'aujourd'hui, la technologie ne se contente pas de rester en arrière-plan: elle s'impose comme une sorte de cohabitant numérique. Elle nous réveille le matin, orchestre notre journée, remplit les silences de sons et de mouvements, et se faufile dans les conversations, proches ou lointaines. Pour les enfants, son rôle est encore plus complexe. C'est la salle de classe, le lieu de rencontre, le coin loisirs et, parfois, l'échappatoire émotionnelle. Utilisés avec précaution, les outils numériques peuvent éduquer, connecter et stimuler la créativité. Mais un changement plus discret se produit lorsque l'utilisation des écrans passe d'intentionnelle à automatique, d'engagée à captivée. C'est alors qu'elle commence à éroder les relations, le sommeil et l'autorégulation. Ce chapitre examine ce tournant – lorsque l'utilisation se transforme en dépendance – et comment les familles peuvent en repérer les signes, réagir avec intention et se réajuster en douceur avant que les schémas ne se durcissent.

L'utilisation intensive des écrans n'est pas en soi un ennemi. Un adolescent qui passe des heures à animer, à coder ou à échanger sur un forum d'histoire n'est pas forcément en danger. La question n'est pas de savoir combien de temps cela prend, mais quelle est son intensité et quel en est le coût. La dépendance numérique ne se manifeste pas avec fracas, mais par une lente érosion. On la constate dans les colères, les devoirs manqués, l'éloignement des cercles sociaux, les nuits épuisantes. Elle se définit par une compulsion face aux conséquences: l'utilisateur se sent incapable de s'arrêter, même lorsque les résultats le lui indiquent.

Comprendre où s'arrête l'immersion et où commence la compulsion n'est pas chose aisée. Il ne suffit pas d'observer les regards réticents ou de compter les heures passées devant un écran. Les neurosciences apportent des indices plus clairs. De nombreuses plateformes numériques, notamment les jeux et les réseaux sociaux, sont conçues pour exploiter les systèmes de récompense de notre cerveau. La dopamine, substance chimique essentielle au désir et à l'anticipation, augmente en quelques millisecondes avant qu'un « j'aime », qu'un niveau ne se charge ou qu'un « ping » ne signale une approbation. Avec le temps, ce circuit de récompense devient de plus en plus sensible. Pour les adolescents, dont le cerveau est encore en train de développer des compétences régulatrices vitales, ce cycle anticipation-récompense peut devenir un piège. Plus inquiétant encore, la stimulation constante laisse peu de place aux compétences plus discrètes et essentielles – patience, tolérance à l'ennui, réflexion – dont dépend la maturité émotionnelle.

Le secteur des jeux vidéo est particulièrement obscur, surtout lorsqu'il s'agit de microtransactions. Ce qui n'était au départ que des avantages optionnels – améliorations cosmétiques, nouvelles fonctionnalités – s'apparente désormais, dans de nombreux titres, à un appât financier. Les enfants sont attirés par des mécanismes astucieusement conçus: offres à durée limitée, « loot boxes » tape-à-l'œil ou paywalls déguisés en progrès. Il ne s'agit plus seulement de s'amuser ; il s'agit de suivre le rythme, de rester dans le jeu et d'éviter la honte imaginaire d'être à la traîne. Ces systèmes imitent les jeux d'argent à un degré déconcertant, incitant des pays comme la Belgique et les Pays-Bas à établir des limites juridiques strictes. Ailleurs, ils prospèrent, échappant facilement à l'attention des parents les plus vigilants.

Prenons un cas à Sydney: un enfant de douze ans a accumulé plus de 1 000 £ en achats intégrés sans que personne ne s'en aperçoive. Ses parents ne l'ont appris que lorsque leur banque a alerté. Interrogé sur les raisons de son geste, le garçon a admis ne pas en être sûr, se contentant de penser que « tout le monde l'avait » et que la peau disparaîtrait bientôt. Ses mots reflètent une urgence artificielle, une peur non pas de passer à côté, mais de devenir invisible. Pour de nombreux jeunes utilisateurs, les dépenses numériques ne sont pas seulement financières ; elles sont émotionnelles, sociales, voire existentielles.

Au-delà des pièges économiques, la dépendance numérique envahit également l'organisme, notamment par des troubles du sommeil. La lumière bleue émise par les écrans interfère avec la production de mélatonine, rendant physiologiquement plus difficile la décompression. Mais le problème le plus grave est peut-être comportemental: la compulsion à consulter un dernier message, à regarder une dernière vidéo, à répondre à un dernier commentaire. Le sommeil ne se fait pas seulement plus tard: il devient fragmenté, superficiel, peu réparateur. Avec le temps, cette perturbation chronique se répercute sur tout: l'humeur, la mémoire, l'attention, l'immunité. C'est le genre de dégradation que l'on ne remarque qu'une fois qu'on y est déjà.

Et pourtant, blâmer l'enfant qui a le regard rivé à l'écran risque de passer à côté de la situation dans son ensemble. La dépendance se développe rarement de manière isolée. Elle reflète et est renforcée par la dynamique familiale. Les enfants sont des observateurs perspicaces ; ils reflètent ce qu'ils voient. Lorsque les adultes passent leur temps à rafraîchir leur boîte mail ou à parcourir les fils d'actualité au milieu des repas, ils donnent le tempo. Lorsque les foyers adoptent des vies numériques parallèles – chaque visage éclairé par son propre écran –, ils enseignent la déconnexion comme une norme. Et lorsque les écrans sont offerts en cas de détresse ou d'ennui, ils transmettent, même involontairement, que les émotions sont des choses à éviter, à ne pas comprendre. Ce qui semble être un problème individuel est souvent un rythme collectif qui a déraillé.

C'est pourquoi la lutte contre la surconsommation numérique doit être un changement au sein de la famille. Non pas une punition, ni une abstinence, mais une réorientation – ce que l'on pourrait appeler une réinitialisation numérique. L'exercice présenté plus loin dans ce chapitre invite les familles à examiner non seulement comment elles utilisent la technologie, mais aussi pourquoi. Quel rôle a-t-elle joué dans votre foyer? Qu'avez-vous cessé de faire – ou de ressentir – depuis que les écrans ont commencé à combler ces lacunes? Cette réinitialisation n'est pas une grande déclaration, mais un réalignement concret. Cela peut signifier réintroduire les plaisirs analogiques, créer des zones sans écran, ou simplement parler plus ouvertement des émotions que la technologie suscite chez chacun.

Comme toute remise à zéro digne de ce nom, celle-ci n'est pas statique. C'est une pratique. Les familles évoluent, les habitudes reprennent, les routines s'essoufflent. Ce qui compte, c'est la volonté de reprendre le dialogue. Des points hebdomadaires, de petites expériences, des accords partagés: rien de magique, mais cela contribue à restaurer l'autonomie. Et c'est bien là l'essentiel. Une maison fondée sur la copropriété et la communication a bien plus de chances de cultiver la résilience numérique qu'une maison régie uniquement par des règles imposées par le pouvoir.

Il est également utile de reconnaître le rôle émotionnel que jouent les habitudes numériques. Pour certains enfants, les écrans sont un refuge contre le stress, la solitude ou des sentiments qu'ils ne peuvent nommer. Pour d'autres, ils sont sources de joie, d'identité, voire de compétences qui pourraient manquer ailleurs. Supprimer le temps d'écran sans s'attaquer à ces dépendances émotionnelles plus profondes peut être ressenti comme une punition, voire une cruauté. Mais en reconnaissant le pourquoi – en se demandant ce que l'écran représente – on a la possibilité de répondre au besoin plutôt qu'au simple comportement.

Ce chapitre explorera ces distinctions plus profondes: quand la surconsommation glisse vers la dépendance? Comment les dépenses ludiques créent des pièges psychologiques? Comment le sommeil est compromis non seulement par la lumière, mais aussi par l'engagement compulsif? Et comment le climat familial élargi peut renforcer ou atténuer ces tendances. Nous nous appuierons sur des preuves, des témoignages et des réflexions pratiques, mais nous reviendrons toujours à une vérité fondamentale: en matière de parentalité numérique, la connexion doit primer sur la correction. Les enfants ne réagissent pas aux sermons, mais à la relation. Ils n'ont pas tant besoin de contrôles plus stricts que de se sentir vus, entendus et partie prenante du processus.

La technologie est là pour rester. Et elle ne devrait pas l'être. Mais notre attitude à son égard est importante. En apprenant à reconnaître quand la technologie commence à prendre plus qu'elle ne donne – et en y répondant avec intention plutôt qu'avec inquiétude – nous créons un espace pour quelque chose de bien plus durable: une vie numérique qui soutient, plutôt que de perturber, la croissance de ceux qui la vivent.

Les signes de surconsommation numérique et de dépendance: comment différencier une utilisation intensive des technologies d'une dépendance problématique, grâce à des outils d'évaluation scientifiquement validés

Dans un monde hyperconnecté où les écrans sont devenus le cadre par défaut de la communication, du divertissement et de l'apprentissage, il peut être difficile, surtout pour les parents, de déterminer où s'arrête l'utilisation « normale » des technologies et où commence la dépendance problématique. Aujourd'hui, les enfants passent souvent une grande partie de leur journée à utiliser des appareils numériques, que ce soit pour leurs devoirs, leurs jeux vidéo, leurs conversations avec leurs amis ou leur navigation sur les réseaux sociaux. Pour beaucoup, ces plateformes offrent de réels avantages: créativité, connexion et même réconfort. Cependant, lorsque les comportements numériques commencent à interférer avec d'autres aspects du développement – performances scolaires, interactions sociales, régulation émotionnelle ou santé physique –, une question importante se pose: s'agit-il simplement d'une surutilisation ou d'un phénomène plus préoccupant?

La distinction entre usage intensif et addiction ne se limite pas au temps passé devant un écran. Le nombre d'heures passées en ligne, considéré isolément, peut servir de fausse piste. Un enfant qui passe cinq heures par jour à créer des œuvres numériques, à participer à des communautés de codeurs ou à nouer des amitiés significatives en ligne peut être profondément investi, mais pas nécessairement dépendant. À l'inverse, un enfant qui fait défiler compulsivement des vidéos courtes pendant des durées similaires, néglige ses devoirs, évite les relations hors ligne et devient irritable ou anxieux lorsqu'il est déconnecté peut présenter des signes précoces de dépendance. La différence ne réside pas dans la quantité, mais dans *la fonction et l'impact*.

Les psychologues définissent la dépendance comportementale comme un comportement d'engagement compulsif dans une activité gratifiante, entraînant une déficience ou une détresse significative. Dans le contexte des médias numériques, cela se traduit par un échec répété à contrôler l'utilisation des écrans malgré les conséquences néfastes. Ce cadre fait écho aux critères diagnostiques utilisés pour d'autres dépendances comportementales, telles que le jeu ou les achats compulsifs. Les indicateurs clés comprennent la préoccupation pour l'activité numérique, des symptômes de sevrage en cas d'inactivité, une tolérance accrue (nécessitant plus de temps d'écran pour se sentir satisfait) et une utilisation continue malgré la conscience des problèmes qu'elle engendre.

La science qui sous-tend ce phénomène trouve son origine dans le système de récompense du cerveau. Les plateformes numériques ne sont pas des outils passifs ; elles sont conçues avec une technologie persuasive qui exploite les réponses neurobiologiques. Les circuits dopaminergiques – les mêmes que ceux impliqués dans la toxicomanie – sont activés par les notifications, les mentions « J'aime », les messages et les récompenses en jeu. Chaque interaction numérique offre une microdose de plaisir, entraînant le cerveau à rechercher un engagement répété. Chez les enfants, dont les fonctions exécutives sont encore en développement, la capacité d'autorégulation face à cette sophistication de conception est limitée. Cette vulnérabilité neurobiologique rend un dépistage et un soutien précoces essentiels.

Plusieurs outils d'évaluation et modèles comportementaux ont été développés pour différencier la surconsommation de la dépendance. L'un des instruments les plus fréquemment cités est le test du trouble du jeu sur Internet (IGDT-10), adapté des critères du DSM-5 pour la dépendance comportementale. Bien que principalement ciblé sur les comportements de jeu, ses indicateurs – tels que la perte d'intérêt pour les activités hors ligne, la modification de l'humeur liée au jeu et la déception quant au temps passé en ligne – sont applicables à tous les domaines numériques. De même, la mesure de l'usage problématique des médias (PMUM) a été conçue pour permettre aux parents d'évaluer le comportement des enfants de quatre à onze ans devant les écrans, en évaluant des dimensions telles que le conflit, le repli sur soi et la préoccupation.

Bien que ces outils fournissent des cadres utiles, ils doivent être interprétés avec nuance. Le contexte est important. Un enfant qui devient irritable lorsqu'une session de jeu est interrompue n'est peut-être pas dépendant ; il peut simplement être frustré par une interruption lors d'une expérience compétitive ou immersive. Les questions cruciales sont: *à quelle fréquence ce comportement se produit-il? Quelle est la tonalité émotionnelle qui l'entoure? L'enfant revient-il aux écrans pour gérer ses émotions négatives?* La fonction du comportement – qu'il serve d'exutoire créatif ou de béquille émotionnelle – est bien plus révélatrice que sa seule fréquence.

Prenons l'exemple de Noah, dix ans, dont les parents s'inquiétaient initialement de son utilisation constante d'un jeu multijoueur populaire. Il jouait plusieurs heures chaque soir, perdant souvent la notion du temps et s'énervant lorsqu'on lui demandait de se déconnecter. Cependant, après une observation attentive et une conversation animée par un conseiller, il est apparu clairement que le comportement de Noah était lié à une anxiété sociale. Le jeu lui offrait un environnement à faibles enjeux où il pouvait interagir avec ses pairs selon ses propres conditions, sans la pression d'une conversation en face à face. Sa consommation, bien qu'élevée, répondait à un besoin psychologique légitime.

L'intervention ne visait donc pas à limiter le temps passé devant un écran, mais à renforcer la confiance sociale de Noah hors ligne. À mesure que sa résilience émotionnelle augmentait, sa dépendance au jeu diminuait naturellement. Ce cas souligne l'importance de *réponses fonctionnelles* plutôt que de solutions toutes faites. Comprendre *pourquoi* un enfant se tourne vers la technologie est une condition préalable pour l'orienter vers des habitudes plus saines.

Chez certains enfants, cependant, les signes sont plus marqués. Layla, 13 ans, par exemple, a commencé à sauter des repas, à éviter le contact visuel et à délaisser ses passe-temps favoris à mesure que sa consommation de TikTok augmentait. Elle a signalé des troubles du sommeil, une peur persistante de rater quelque chose (FOMO) et une détresse lorsque ses publications ne suscitaient pas d'intérêt. Son cas illustre le phénomène de *dépendance à la validation* , une forme de dysrégulation émotionnelle où l'estime de soi est liée aux indicateurs en ligne. Dans ce cas, le comportement numérique n'était pas seulement excessif, mais *compensatoire* , masquant des insécurités plus profondes.

L'intervention pour Layla a consisté en des stratégies de désintoxication numérique combinées à une thérapie visant à traiter les schémas émotionnels sous-jacents. Son rétablissement a été progressif, mais marqué par une amélioration significative de son humeur et de son engagement dans la vie hors ligne. Il a été démontré que, si la dépendance numérique peut ressembler à une dépendance aux substances par son impact neurologique, elle nécessite des interventions relationnelles et émotionnelles distinctes. Les enfants n'ont pas seulement besoin de contrôle ; ils ont besoin *de connexion* – avec des adultes qui les comprennent, les valident et les guident plutôt que de les humilier ou de les affoler.

La dynamique familiale joue également un rôle essentiel. Les enfants vivant dans des foyers où la technologie est omniprésente – téléphones à table, télévisions allumées en permanence, e-mails professionnels consultés au coucher – sont plus susceptibles de développer eux-mêmes des habitudes problématiques devant les écrans. L'exemple est un puissant outil pédagogique. Si les parents utilisent les écrans pour se rassurer, effectuent plusieurs tâches à la fois jusqu'à la distraction, ou privilégient le numérique à l'attention relationnelle, les enfants apprennent que cela est non seulement acceptable, mais attendu. Faire évoluer la culture technologique familiale implique souvent une réflexion autant intérieure qu'extérieure.

Une méthode pratique pour faciliter ce changement est le recours à un « audit technologique ». Les familles peuvent suivre l'utilisation des écrans sur une semaine: non seulement leur intensité, mais aussi le moment, la raison et l'impact sur l'humeur et le comportement. Des schémas récurrents apparaissent souvent: pics d'utilisation des écrans après une dispute, insomnie due au défilement nocturne, ou baisse de concentration après une partie prolongée. Ces informations permettent d'engager des conversations ciblées et empathiques, plutôt que de se limiter à des restrictions arbitraires. Elles ouvrent également la voie à la co-création de limites saines:

zones sans écran, activités technologiques partagées et alternatives constructives qui nourrissent l'attention et les liens.

Les enseignants ont eux aussi un rôle à jouer. Les salles de classe sont de plus en plus saturées de technologies, et si les outils numériques offrent de puissants avantages pédagogiques, ils doivent être utilisés avec discernement. Encourager la métacognition – en amenant les élèves à réfléchir à la façon dont ils utilisent et réagissent aux médias numériques – développe une conscience de soi propice à l'autonomie. Intégrer des modules sur le bien-être numérique aux programmes de santé ou de compétences essentielles peut donner aux élèves le langage et les cadres nécessaires pour exprimer leur expérience et demander de l'aide en cas de besoin.

Pour naviguer sur le spectre de la surconsommation à la dépendance, l'objectif n'est pas l'abstinence numérique, mais *la maîtrise du numérique* – la capacité à utiliser la technologie de manière à respecter ses valeurs, à soutenir sa santé mentale et à améliorer sa vie plutôt qu'à la dégrader. Les enfants commettront des erreurs. Ils abuseront, rechercheront la validation et se retrouveront parfois pris dans des cercles de consommation passive. Mais avec un accompagnement attentif, un dialogue ouvert et des outils fondés sur des données probantes, ils peuvent aussi apprendre à corriger le tir, à prendre du recul et à reprendre le contrôle.

Reconnaître les signes de surconsommation numérique est un acte de bienveillance. Les aborder avec compassion, perspicacité et intentionnalité est une forme d'éducation qui permet aux enfants non seulement de survivre dans un monde saturé de technologies, mais aussi de *s'y épanouir*.

Jeux, paris et psychologie des microtransactions: comment les mécanismes des jeux vidéo brouillent les frontières entre plaisir et risque financier, et ce à quoi les parents doivent prêter attention.

Ce qui était autrefois un simple passe-temps – brancher une cartouche, appuyer sur « start » et jouer jusqu'à ce que l'écran annonce « game over » – a évolué vers un écosystème immersif et monétisé où le jeu ne se termine jamais vraiment. Les jeux vidéo modernes ne se limitent plus à des récits statiques ou à une durée de jeu limitée ; ce sont des univers dynamiques et persistants, riches en interactions sociales, en incitations basées sur les récompenses et, de plus en plus, en pression commerciale. Au cœur de cette évolution se trouve un puissant mécanisme axé sur le profit: la microtransaction.

Les microtransactions désignent de petits achats, souvent effectués en jeu, avec de la monnaie réelle. Il peut s'agir d'objets cosmétiques, d'avantages de jeu, de loot boxes ou d'accès à du contenu exclusif. Bien qu'apparemment anodins – quelques euros dépensés ici et là pour un nouveau skin de personnage ou une amélioration d'arme – leur conception psychologique et leur impact cumulatif révèlent une réalité plus complexe. Pour les enfants et les adolescents, dont le contrôle des impulsions est encore en développement, ces mécanismes peuvent non seulement encourager les dépenses excessives, mais aussi imiter les schémas comportementaux associés au jeu. Il en résulte un environnement où le risque financier est intégré au divertissement et où le plaisir se confond avec la compulsion.

La frontière floue entre jeux vidéo et paris n'est pas passée inaperçue auprès des chercheurs. De nombreuses études ont mis en évidence des similitudes structurelles entre les loot boxes – une forme populaire de microtransaction – et les jeux d'argent. Tous deux impliquent de dépenser de l'argent en échange d'une chance d'obtenir un résultat souhaitable, souvent déterminé par des probabilités cachées. Dans un système de loot boxes, les joueurs paient pour une récompense aléatoire – par exemple un costume, un personnage ou un objet rare – sans savoir à l'avance ce qu'ils recevront. Cette incertitude, associée à un calendrier de récompenses intermittent, sollicite directement le système dopaminergique du cerveau, renforçant le comportement par un renforcement variable. Plus on s'engage, plus on anticipe – et plus il devient difficile de s'arrêter.

Une étude particulièrement révélatrice, publiée dans *Addictive Behaviors* (Zendle & Cairns, 2018), a démontré une corrélation significative entre les dépenses liées aux loot boxes et la gravité du jeu problématique. Les chercheurs ont conclu que l'expérience psychologique d'ouverture de loot boxes ressemblait beaucoup à celle de miser ou de jouer aux machines à sous, en particulier pour les jeunes utilisateurs. Cette association est plus que théorique. Les exemples concrets abondent. Au Royaume-Uni, plusieurs familles ont signalé que leurs enfants dépensaient des centaines, voire des milliers, de livres sterling en achats dans le jeu, souvent sans en saisir pleinement les conséquences financières. Un cas similaire concernait un garçon de onze ans qui, à la recherche d'objets rares lors d'un match de football, a dépensé plus de 1 300 livres sterling avec la carte de crédit liée à son père. Interrogé, il a exprimé des remords, mais aussi une certaine confusion. « On n'avait pas l'impression que c'était de l'argent réel », a-t-il déclaré. Le jeu, conçu avec des graphismes colorés et des effets sonores euphorisants, avait masqué le sérieux de la transaction.

C'est précisément ce masquage – de l'argent, des probabilités et des conséquences – qui rend les microtransactions si insidieuses. De nombreux jeux utilisent des monnaies virtuelles qui éloignent encore plus les joueurs de la notion de dépense réelle. Au lieu de payer 4,99 £ pour une épée, un enfant pourrait acheter 500 gemmes pour 4,99 £, puis utiliser 400 de ces gemmes pour ouvrir un coffre au trésor. Cette dissimulation est délibérée. Elle crée un décalage cognitif entre l'action et le résultat, réduisant la probabilité que les joueurs, et surtout les enfants, prennent conscience des implications financières en temps réel.

Le recours aux « offres à durée limitée » et autres techniques de persuasion empruntées à l'économie comportementale aggrave le problème. Ces tactiques sont conçues pour créer un sentiment d'urgence et de rareté. « Procurez-vous cet article exclusif avant qu'il ne soit plus disponible ! » ou « Disponible seulement pendant les 12 prochaines heures ! » De tels messages activent la peur de manquer quelque chose (FOMO), poussant à des achats impulsifs. Pour les enfants, particulièrement sensibles à l'influence de leurs pairs et à la gratification à court terme, ces techniques sont très efficaces. Le désir de suivre le rythme de ses amis, de ne pas être mis à l'écart ou de maintenir son statut dans le jeu peut prendre le pas sur le développement du jugement.

Les parents ignorent souvent cette dynamique jusqu'à ce qu'un problème survienne, qu'il s'agisse de frais imprévus, de troubles du sommeil ou de changements de comportement. Ce qui rend l'intervention si difficile, c'est que la frontière entre engagement et exploitation n'est pas toujours visible. De nombreux jeux commercialisés en free-to-play reposent sur un modèle « freemium »: le jeu de base est accessible, mais pour en profiter pleinement, il faut des achats répétés. Ce modèle, bien que rentable pour les développeurs, peut placer les enfants dans un état de tension constant: ils en veulent toujours plus mais doivent payer, recherchent le succès mais se heurtent à des barrières financières, apprécient le jeu mais doivent composer avec la pression.

L'impact psychologique de ces environnements devient de plus en plus évident. Au-delà des préoccupations financières, une utilisation excessive des systèmes de jeu basés sur la récompense peut impacter la régulation de l'humeur, la capacité d'attention et la socialisation dans le monde réel. Les enfants qui passent beaucoup de temps à rechercher des récompenses dans les jeux ressentent souvent une irritabilité accrue lorsqu'ils sont interrompus, des symptômes de sevrage lors de la déconnexion, et même une baisse de motivation pour les activités non numériques. Dans les cas extrêmes, notamment lorsque les microtransactions sont liées à un avantage concurrentiel, les enfants peuvent ressentir de l'anxiété, de la culpabilité ou des symptômes dépressifs après avoir dépensé trop ou n'avoir pas obtenu les objets désirés.

La solution ne consiste pas pour autant à diaboliser le jeu vidéo. Les jeux restent un élément central, souvent joyeux, de la vie de nombreux enfants. Ils offrent des défis de résolution de problèmes, un engagement communautaire et des récits créatifs. L'objectif n'est donc pas l'interdiction, mais *l'éducation et le discernement* . Les parents doivent comprendre les mécanismes à l'œuvre – non seulement le gameplay, mais aussi les stratégies commerciales intégrées – et aider leurs enfants à développer l'esprit critique nécessaire pour les maîtriser.

Un cadre utile pour les familles consiste à explorer l' *intention* derrière le jeu. L'enfant joue-t-il au jeu pour le plaisir, la créativité et le lien? Ou y revient-il compulsivement, poussé par l'espoir d'acquérir un nouvel objet ou de retrouver ses camarades? Si le jeu était dépourvu de récompenses ou de microtransactions, l'enfant continuerait-il à jouer? Ces questions peuvent ouvrir la voie à la réflexion, non pas comme des accusations, mais comme des invitations à examiner comment le jeu s'inscrit dans des schémas émotionnels et comportementaux plus larges.

L'exemple et les limites sont également essentiels. Lorsque les enfants voient leurs parents ou leurs aînés fixer des limites de dépenses, discuter ouvertement d'achats en ligne ou faire des pauses devant les écrans, ils assimilent ces comportements comme normaux. Les conversations sur la littératie financière – ce que représente l'argent, comment les plateformes numériques monétisent l'attention et pourquoi il est important de marquer une pause avant d'acheter – peuvent être enrichissantes, même pour les plus jeunes. Encadrer ces discussions dans le cadre de valeurs (« nous privilégions les expériences aux biens matériels » ou « nous réfléchissons bien avant de dépenser ») renforce la cohérence et la clarté éthique.

La réglementation pourrait également avoir un rôle à jouer. Des pays comme la Belgique et les Pays-Bas ont déjà restreint ou interdit les loot boxes dans les jeux, arguant que leurs mécanismes enfreignent la législation sur les jeux d'argent. Au Royaume-Uni, la pression publique croissante a conduit à des appels à un contrôle plus strict et à une vérification de l'âge des dépenses dans les jeux. Si les cadres juridiques évoluent lentement, la sensibilisation culturelle s'accélère. Les éducateurs, les décideurs politiques et les défenseurs des droits numériques reconnaissent de plus en plus que les enfants méritent d'être protégés contre les conceptions manipulatrices, tout comme contre d'autres influences commerciales.

La voie à suivre exige vigilance, transparence et collaboration. Les développeurs de jeux doivent être tenus responsables de l'architecture psychologique de leurs produits. Les parents doivent être dotés des connaissances nécessaires pour faire des choix éclairés et guider leurs enfants avec empathie. Les écoles peuvent intégrer des modules de littératie numérique qui enseignent aux élèves non seulement comment utiliser la technologie, mais aussi comment comprendre son impact sur leur pensée, leur comportement et leurs valeurs.

En fin de compte, les microtransactions ne sont pas intrinsèquement néfastes. Mais conçues sans garanties éthiques et rencontrées par de jeunes esprits sans soutien adéquat, elles peuvent poser les bases d'habitudes financièrement risquées et émotionnellement épuisantes. Reconnaître les subtiles convergences entre jeux d'argent et jeux d'argent nous permet d'intervenir, non pas avec peur, mais avec compréhension. Cela nous permet de protéger le plaisir du jeu tout en luttant contre l'exploitation. Et cela affirme notre responsabilité non seulement d'élever des joueurs, mais aussi de former des citoyens avisés et compétents en numérique.

Perturbations du sommeil induites par la technologie – Les effets cachés de la lumière bleue, du défilement nocturne et de la surstimulation due aux écrans sur les cycles de sommeil des enfants

Le sommeil est le pilier fondamental du développement de l'enfant, essentiel non seulement à la croissance physique, mais aussi à la régulation émotionnelle, aux performances cognitives et à la santé mentale à long terme. Pourtant, dans le paysage numérique actuel, le sommeil est souvent l'une des premières victimes d'une utilisation incontrôlée des écrans. À mesure que les écrans envahissent tous les aspects de la vie des enfants – de l'éducation et des loisirs aux liens sociaux et aux temps de repos –, les rythmes mêmes qui régissent le repos et la récupération s'érodent silencieusement. Ce qui marquait autrefois la fin naturelle de la journée est désormais retardé, perturbé, voire remplacé par le scintillement d'un écran et l'attrait de la stimulation numérique. Conséquence: une génération d'enfants et d'adolescents souffrant de manque chronique de sommeil, de dérèglement émotionnel et de plus en plus déconnectés de leurs propres rythmes circadiens.

Pour comprendre comment cette perturbation se produit, il faut commencer par examiner les fondements biologiques du sommeil. Le cycle veille-sommeil humain, ou rythme circadien, est régulé par l'exposition à la lumière, en particulier aux longueurs d'onde bleues naturellement présentes dans la lumière du jour. Ces longueurs d'onde inhibent la production de mélatonine – l'hormone responsable de la somnolence – et signalent au cerveau qu'il est temps de rester vigilant. À la tombée de la nuit et lorsque la lumière naturelle diminue, les niveaux de mélatonine augmentent, préparant le corps au repos. Ce système élégant a évolué au fil des millénaires. Mais en quelques décennies seulement, l'éclairage artificiel – notamment la lumière bleue concentrée émise par les écrans – a bouleversé cet équilibre fragile.

Les recherches démontrent systématiquement que l'exposition à la lumière bleue des téléphones, tablettes, ordinateurs portables et téléviseurs une à deux heures avant le coucher peut retarder significativement la production de mélatonine. Une étude phare de la Harvard Medical School a révélé que les personnes exposées à la lumière bleue avant le coucher présentaient un retard de 90 minutes dans la production de mélatonine par rapport à celles lisant des documents imprimés sous un éclairage tamisé. Chez les enfants, dont le système circadien est encore plus sensible que celui des adultes, les effets sont souvent amplifiés. Leur suppression de mélatonine est non seulement plus prononcée, mais aussi plus prolongée, ce qui entraîne un endormissement plus tardif, une réduction de la durée totale du sommeil et une qualité de sommeil dégradée.

Cependant, ce n'est pas seulement *la lumière* qui perturbe le sommeil, c'est *le contenu* . La nature de l'engagement numérique est importante. Des activités passives, comme regarder un film calme et adapté à l'âge, peuvent avoir un effet moins stimulant que des activités interactives comme les jeux vidéo, l'utilisation des réseaux sociaux ou le défilement incessant de courtes vidéos. Ces comportements interactifs stimulent le cerveau non seulement sur le plan cognitif, mais aussi émotionnel. Un jeu compétitif, un message chargé d'émotion ou une vidéo provocatrice peuvent déclencher des sécrétions d'adrénaline et de cortisol, les hormones du stress qui préparent le corps à l'action, et non au sommeil.

Prenons le cas d'Amir, onze ans, dont les parents ont constaté une irritabilité et des difficultés de concentration croissantes le matin à l'école. Bien qu'il se soit couché à une heure apparemment appropriée, il semblait fatigué et déconcentré. Un examen plus approfondi a révélé qu'Amir passait jusqu'à une heure à parcourir les plateformes de partage de vidéos après que ses parents l'aient cru endormi . Le contenu était léger, mais la nouveauté et l'imprévisibilité constantes maintenaient son cerveau alerte et lui donnaient envie de plus. « Ça m'aide à me détendre », a-t-il confié à un conseiller d'orientation. En réalité, cela avait l'effet inverse: cela retardait l'arrivée du sommeil profond et fragmentait son repos.

L'histoire d'Amir est loin d'être unique. Une enquête de Common Sense Media révèle que 68 % des adolescents emportent leur téléphone au lit, et près de 29 % déclarent dormir avec leur téléphone sous l'oreiller. Chez les préadolescents, des tendances similaires apparaissent, notamment dans les foyers où les appareils font également office de réveil ou servent à apaiser les angoisses du coucher. Si l'intention peut être innocente – regarder une vidéo pour se détendre ou utiliser une application apaisante –, le résultat est souvent inverse: le sommeil est plus léger, fragmenté et retardé, ce qui entraîne une cascade de difficultés diurnes.

Chez l'enfant, le manque de sommeil ne se manifeste pas toujours par de la somnolence. Il se manifeste souvent par une hyperactivité, des sautes d'humeur, un manque de contrôle des impulsions et de mauvais résultats scolaires. La privation chronique de sommeil a été associée à une augmentation des taux d'anxiété et de dépression chez les adolescents, à une altération des fonctions exécutives et même à un risque cardiovasculaire à long terme. Dans un cerveau en développement, où l'élagage neuronal et la consolidation de la mémoire se produisent principalement pendant le sommeil profond, ces perturbations ont des conséquences durables.

Ce problème est particulièrement insidieux car il passe souvent inaperçu. Les parents peuvent interpréter l'irritabilité comme un signe de défiance, l'inattention comme de la paresse ou la volatilité émotionnelle comme « une simple phase », sans relier ces symptômes à l'hygiène du sommeil. La présence d'écrans dans la chambre complique encore les choses. Une étude de l'Université de Californie a révélé que les enfants ayant accès à des écrans dans leur chambre dormaient en moyenne 30 minutes de moins par nuit que ceux qui n'en avaient pas. Cette différence, bien que minime en apparence, se traduit par un déficit de sommeil important au fil du temps.

Pour lutter contre les troubles du sommeil liés à la technologie, il faut commencer par prendre conscience, non seulement de la *quantité* de temps passé devant un écran, mais aussi de son *timing* , *de son contenu* et *de son contexte* . Il s'agit de poser des questions nuancées: que fait l'enfant pendant la dernière heure avant le coucher? L'écran est-il passif ou interactif? Le contenu est-il émotionnellement neutre ou stimulant? L' utilisation de l'écran est-elle solitaire ou sociale, énergisante ou apaisante? Ces distinctions sont importantes car elles permettent d'instaurer des changements personnalisés et durables plutôt que des restrictions générales.

Les familles qui effectuent des ajustements, même modestes, constatent souvent des améliorations immédiates. Créer un espace de 30 à 60 minutes entre le temps passé devant un écran et le coucher permet au taux de mélatonine d'augmenter naturellement. Remplacer les écrans par des routines analogiques de détente – lecture, journal intime, étirements ou conversations tranquilles – aide à préparer le corps et l'esprit au repos. Lorsque l'utilisation d'écrans est nécessaire, par exemple pour les livres numériques ou les applications de méditation, l'utilisation du mode nuit et de filtres anti-lumière bleue peut atténuer une partie de l'impact biologique. Il est important de noter que ces changements sont plus efficaces lorsqu'ils sont adoptés comme *des pratiques familiales* plutôt que comme *des règles imposées aux enfants* .

L'aménagement du domicile joue également un rôle. Charger ses appareils hors de la chambre, utiliser des réveils traditionnels plutôt que des alarmes de téléphone et créer des espaces de sommeil visuellement apaisants peuvent renforcer la primauté du repos. Pour les enfants plus âgés et les adolescents, les discussions sur la valeur du sommeil et l'impact du numérique sur celui-ci sont essentielles. Les adolescents réagissent mieux à la résolution collaborative de problèmes qu'aux injonctions imposées. Encadrer le problème autour de *la fonction* (« Qu'est-ce qui t'aide à te sentir mieux au réveil? ») plutôt que *du contrôle* (« Je te confisque ton téléphone ») favorise l'autonomie et la réflexion.

Les écoles peuvent soutenir ces efforts en intégrant l'éducation au sommeil dans les programmes de santé. Aider les élèves à comprendre les neurosciences du repos, le coût du manque de sommeil et le rôle de la technologie dans la perturbation des habitudes de sommeil favorise une culture de sensibilisation et d'autorégulation. Les professionnels de la santé mentale peuvent également intégrer les évaluations du sommeil aux évaluations de l'humeur, de l'attention et des problèmes scolaires, reconnaissant ainsi que les habitudes numériques et la qualité du sommeil sont souvent étroitement liées.

Ce débat révèle que les troubles du sommeil ne sont pas simplement une conséquence de la vie moderne: c'est une défaillance de nos écosystèmes numériques, aggravée par une sous-estimation culturelle du repos. Les enfants ne choisissent pas la surstimulation ; ils s'adaptent aux environnements créés pour eux. Lorsque ces environnements sont saturés de stimuli numériques – notifications constantes, contenus algorithmiques et accessibilité 24 h/24 et 7 j/7 – le repos devient un acte radical. Notre responsabilité est de protéger cet acte, non pas comme un retour nostalgique à une époque plus simple, mais comme un investissement conscient dans la santé et le potentiel de nos enfants.

La technologie n'est pas intrinsèquement l'ennemie du sommeil, mais sa présence incontrôlée dans les routines du coucher constitue un obstacle redoutable. Comprendre les dynamiques biologiques, comportementales et émotionnelles en jeu nous permet d'intervenir plus facilement, avec douceur, réflexion et efficacité. En réappropriant la nuit pour se reposer plutôt que de regarder des vidéos, nous offrons à nos enfants bien plus que du sommeil. Nous leur offrons la capacité d'apprendre, de s'adapter et de s'épanouir. Et cela commence, littéralement, par baisser la lumière – sur les écrans et dans leur tête.

Le rôle de la dynamique familiale dans la dépendance technologique – Pourquoi les enjeux numériques reflètent souvent des habitudes familiales plus larges

et comment les parents peuvent adopter un comportement technologique sain

L'inquiétude croissante concernant la dépendance des enfants à la technologie se concentre souvent sur le temps passé devant un écran, l'addiction aux applications ou les compulsions liées aux jeux vidéo. Mais derrière de nombreux problèmes numériques se cache une vérité plus complexe et révélatrice: les habitudes technologiques des enfants reflètent souvent celles de leurs familles. Loin d'être des natifs du numérique isolés naviguant seuls dans un monde technologique, les enfants absorbent, imitent et réagissent aux modèles de comportement numérique modélisés à la maison. La question n'est pas seulement *de savoir combien de* temps un enfant passe devant un écran, mais aussi *quel environnement façonne sa compréhension du rôle de cet écran dans la vie quotidienne* .

La dynamique familiale – climat émotionnel, styles de communication, routines et modèles – est un facteur essentiel, mais souvent négligé, qui façonne l'engagement numérique des enfants. Lorsqu'un enfant semble dépendant du numérique, on observe souvent le symptôme d'un modèle relationnel ou environnemental plus large. Plutôt que de se demander: « Pourquoi cet enfant est-il si accro à son téléphone? », il est souvent plus productif de se demander: « Que signifie cette utilisation des écrans? » ou « Quelles pratiques familiales renforcent cette dynamique? »

La science derrière l'apprentissage par observation le montre clairement. Les enfants apprennent non seulement par l'instruction, mais aussi par immersion. Ils observent leurs parents, non seulement pour assimiler les règles verbales, mais aussi pour interpréter *les valeurs vécues* . Si un parent prône la modération en faisant défiler son écran pendant les repas, les conversations ou les jeux, le message implicite est plus fort que le message explicite. Une étude de l'Université du Michigan a révélé que les enfants dont les parents sont fréquemment distraits par les appareils numériques – ce que l'on appelle la « technoférence » – sont plus susceptibles d'afficher des comportements de recherche d'attention, une dysrégulation émotionnelle et une dépendance accrue aux écrans. Cela suggère qu'il ne s'agit pas d'une causalité liée uniquement au contenu, mais d'une perturbation de la présence relationnelle.

Prenons le cas de Maya, huit ans, qui a connu des accès de colère lorsqu'on lui a demandé d'arrêter d'utiliser sa tablette. Ses parents, inquiets de sa dépendance croissante aux écrans, ont instauré des limites de temps strictes. Pourtant, ce schéma a persisté. Un examen plus approfondi, lors d'une thérapie familiale, a révélé que les deux parents utilisaient beaucoup leur téléphone pendant les moments de détente en famille, souvent en se relaxant dans la même pièce. Pour Maya, la tablette était devenue un substitut au lien. Lorsqu'on lui a demandé ce qu'elle aimait le plus dans le fait de jouer dessus, elle a répondu: « J'ai l'impression de faire quelque chose avec quelqu'un, même quand ce n'est pas le cas. » Sa déclaration a mis en lumière une vérité que de nombreuses familles mettent en pratique sans le vouloir: les enfants se tournent souvent vers les espaces numériques pour combler les vides émotionnels créés par la déconnexion avec les espaces physiques.

La dépendance numérique n'est donc pas toujours une question d'évasion. Il s'agit parfois d'une question *de communication* . Dans les foyers où la communication est difficile, où le niveau de stress est élevé ou où la disponibilité est limitée – que ce soit en raison des exigences professionnelles ou de l'épuisement émotionnel – les enfants se tournent souvent vers les écrans non seulement parce qu'ils sont captivants, mais aussi parce qu'ils sont toujours réactifs. Les jeux récompensent la réussite. Les plateformes sociales offrent une reconnaissance. Les vidéos offrent une certaine prévisibilité. Ces expériences peuvent sembler plus sécurisantes ou plus valorisantes qu'une attention inconstante ou distraite de la part des membres de la famille.

Il convient également de s'interroger sur la manière dont les routines familiales façonnent les normes numériques. Dans les familles sans limites structurées autour de l'utilisation des technologies – pas de zones sans appareils, horaires de sommeil irréguliers, présence d'écrans pendant les repas ou les trajets – les enfants intériorisent ces schémas par défaut. L'absence de limites n'est pas interprétée comme une liberté, mais comme une attente. À l'inverse, les foyers qui traitent la technologie comme un outil plutôt que comme un compagnon constant tendent à cultiver un engagement plus équilibré. Cela ne nécessite pas de règles draconiennes ni de vie déconnectée idéalisée. Cela exige *une intentionnalité* . Lorsque les familles expriment des valeurs communes concernant l'utilisation des technologies – à quoi elles servent, quand elles sont utiles et quand elles ne le sont pas – elles créent un cadre dans lequel les enfants peuvent s'autoréguler plus efficacement.

Le ton émotionnel des conversations numériques est également important. Lorsque l'utilisation des technologies devient un champ de bataille – une arène de contrôle, de punition et de dispute – elle conduit souvent au secret ou à la rébellion. Les enfants peuvent mentir sur le temps passé devant les écrans, utiliser les appareils de manière dissimulée ou résister à toute régulation. Mais lorsque la technologie est abordée dans le cadre d'un dialogue plus large sur le bien-être – sommeil, concentration, relations et santé mentale –, il devient plus facile pour les enfants de relier leur comportement à ses effets. Les parents qui disent: « Je remarque que tu sembles plus anxieux après une longue période sur YouTube. As-tu remarqué ça aussi? » ouvrent une porte à la réflexion. Ceux qui crient: « Ça suffit, éteins ça ! » la claquent souvent.

Il est important de noter que la conscience parentale est la pierre angulaire de toute intervention efficace. Les adultes aussi souffrent de vérifications compulsives, de navigation nocturne et de l'inconfort de la déconnexion. En parler honnêtement, plutôt que de viser la perfection, favorise la responsabilisation mutuelle. Un parent qui dit: « J'essaie d'arrêter de consulter mes e-mails au dîner ; c'est difficile, mais j'y travaille », est un modèle de vulnérabilité et de développement. Cela transmet le message que l'autorégulation n'est pas une règle pour les enfants, mais une pratique pour tous. Dans les familles où la réflexion numérique devient une activité partagée, les enfants sont plus susceptibles de la percevoir non pas comme une punition, mais comme un acte de bien-être.

Ce modèle s'étend à la régulation émotionnelle. Lorsque les parents utilisent les écrans pour gérer leur propre stress – en s'engourdissant avec les nouvelles, en se repliant sur les jeux ou en s'évadant avec le streaming –, ils enseignent involontairement que l'inconfort doit être évité plutôt que toléré. Les enfants apprennent que face aux difficultés, la solution est la fuite. À l'inverse, lorsque les parents acceptent d'affronter la frustration, l'ennui ou les conflits sans recourir aux écrans, ils enseignent que la résilience émotionnelle est possible – et préférable.

Le contexte socio-économique doit également être pris en compte. Pour certaines familles, notamment celles confrontées à la précarité économique, à de longues heures de travail ou à un accès limité aux espaces extérieurs et aux activités parascolaires, les écrans constituent un outil d'adaptation essentiel. Dans de tels contextes, blâmer les parents ou pathologiser le temps passé devant les écrans revient à ignorer les réalités structurelles auxquelles ils sont confrontés. Il faut plutôt privilégier le soutien: fournir des ressources, une éducation et des cadres communautaires qui favorisent une utilisation plus saine des technologies, sans moralisation ni jugement.

Les écoles et les organismes communautaires peuvent apporter une contribution significative à cet égard. Des ateliers familiaux sur la culture numérique, des événements de co-utilisation parents-enfants et des guides accessibles sur les bonnes habitudes technologiques offrent des outils concrets. Mais ces actions doivent s'accompagner d'un changement culturel, qui s'éloigne de la culpabilisation individuelle pour privilégier une compréhension systémique. La dépendance numérique n'est pas un défaut de caractère chez l'enfant ni un échec chez le parent. C'est un signal relationnel. Un signal qui nous invite à examiner non seulement ce que les enfants font en ligne, mais aussi ce que les familles font *ensemble* – et séparément – hors ligne.

En fin de compte, la technologie elle-même est neutre. C'est le *contexte de son utilisation* – les dynamiques émotionnelles, relationnelles et environnementales – qui détermine si elle améliore ou nuit au bien-être. En regardant au-delà du comportement et en nous concentrant sur les systèmes qui le soutiennent, nous pouvons passer de la correction à la connexion. Et en modélisant l'équilibre même que nous espérons instaurer, les parents deviennent non seulement des dictateurs de règles, mais aussi des co-régulateurs – des guides dans un paysage numérique qui, bien qu'en constante évolution, reste ancré dans les mêmes besoins humains: attention, présence et appartenance.

Exercice interactif: Un plan de réinitialisation numérique pour les familles – Un guide étape par étape pour recalibrer les habitudes technologiques avec des changements durables et réalistes

Redéfinir le rapport familial à la technologie ne consiste pas à imposer une cure de désintoxication numérique ponctuelle ou des restrictions générales. Il s'agit de construire un cadre d'intentionnalité partagé – un rééquilibrage continu qui concilie les réalités pratiques de la vie moderne avec le besoin psychologique de présence, de repos et de connexion. Dans de nombreux foyers, le désir d'améliorer les habitudes d'utilisation des écrans est présent, mais cette approche est soit réactionnaire, soit intenable. Les parents peuvent imposer des interdictions soudaines après un conflit, pour les assouplir quelques jours plus tard. Les enfants peuvent promettre la modération, mais revenir à leurs anciennes habitudes sans accompagnement ni soutien. Cet exercice offre une méthode structurée, collaborative et réflexive pour rééquilibrer la vie numérique, une méthode qui privilégie l'autonomie, la cohésion familiale et un changement de comportement réaliste.

Le point de départ de toute réinitialisation efficace est la prise de conscience de soi, et cela commence par les données. Avant d'établir des règles ou de tirer des conclusions, les familles sont encouragées à suivre leur comportement numérique pendant une semaine entière. Il ne s'agit pas simplement de compter les heures, mais d'examiner le contexte: quand les appareils sont utilisés, pourquoi, avec quel ton émotionnel et quelles conséquences. Un enfant de douze ans pourrait noter qu'il consulte les réseaux sociaux le matin par habitude, joue à des jeux en ligne l'après-midi pour se détendre et regarde des vidéos au lit pour s'endormir. Un parent pourrait noter qu'il consulte ses e-mails pendant le dîner ou utilise son téléphone pour décompresser après le travail. L'objectif est d'observer sans juger. Ces schémas constituent le fondement de la discussion, non pas comme motif de discipline, mais comme réflexions partagées sur les rythmes quotidiens.

Une fois les tendances observées, l'étape suivante consiste à engager une conversation familiale ouverte et animée. L'objectif n'est pas de critiquer les comportements individuels, mais de réfléchir collectivement à l'impact plus large de l'utilisation des écrans. Les familles peuvent se demander: quelles habitudes technologiques nous permettent de nous sentir plus connectés? Quelles sont celles qui nous donnent un sentiment de distance? À quel moment nous sentons-nous le plus présents les uns avec les autres? Quelles activités hors ligne nous manquent – ou nous échappent – à cause des écrans? Ces questions font passer le dialogue de la conformité à la réflexion, permettant à chaque membre de la famille d'exprimer son expérience et ses valeurs.

Le processus de réinitialisation devient transformateur lorsqu'il passe d'une réglementation imposée de l'extérieur à des limites co-créées. Les enfants sont beaucoup plus susceptibles d'intérioriser les limites des écrans lorsqu'ils sont invités à les définir. Une famille peut décider ensemble de ne pas utiliser d'appareils pendant les repas, d'éteindre les écrans une heure avant le coucher ou d'inclure des sorties sans écran le week-end. Les modalités varient d'un foyer à l'autre, mais ce qui compte, c'est la nature collaborative de l'accord. Cela encourage non seulement la responsabilité, mais prévient aussi le piège fréquent des luttes de pouvoir qui compromettent la réussite à long terme.

Il est crucial que la réinitialisation prenne également en compte *ce qui remplit l'espace laissé par les écrans* . Supprimer simplement les stimuli numériques sans proposer d'alternatives significatives ouvre la voie au ressentiment ou à la rechute. Les familles devraient explorer les activités hors ligne qui offrent un véritable sentiment de ressourcement et de connexion. Pour certains, il peut s'agir de lire, de cuisiner ensemble, de jeux de société ou de jeux en plein air. Pour d'autres, ce peut être la tenue d'un journal, des activités manuelles ou de la musique. Ces substitutions ne doivent pas être perçues comme punitives ou performatives ; elles doivent être sources de joie et d'identité partagées.

Pour ancrer cette réinitialisation dans la pratique quotidienne, les familles peuvent créer des accords visuels ou écrits – une « Charte du bien-être numérique » ou un « Pacte technologique familial » – qui définissent des normes convenues. Ce document n'est pas statique. Il peut être révisé toutes les quelques semaines pour évaluer ce qui fonctionne, ce qui nécessite des ajustements et le ressenti de chacun. La révision de la charte devient un rituel de responsabilisation et de développement, renforçant l'idée que les limites technologiques ne sont pas une question de contrôle, mais de bienveillance.

La réinitialisation bénéficie également de petits changements symboliques dans l'environnement domestique. Recharger ses appareils hors des chambres, réintroduire les horloges analogiques et créer des zones sans écran, comme la table à manger ou le salon, servent de repères physiques pour de nouveaux comportements. Ces changements contribuent à perturber les automatismes et à les remplacer par des moments de présence intentionnelle.

Des études de cas menées auprès de familles réelles permettent de mieux comprendre l'impact d'une telle remise à zéro. Dans un foyer, des parents et deux adolescents ont convenu d'éliminer les écrans de tous les repas partagés et d'observer un coucher de soleil numérique, en éteignant les appareils à 21 h. Après une période d'adaptation initiale, ils ont constaté des conversations plus approfondies au dîner et une amélioration de la qualité du sommeil des adolescents. Dans une autre famille, un parent et son enfant ont convenu d'allier le temps d'écran quotidien à une période équivalente d'activité en plein air. Cela a conduit à la découverte d'intérêts communs pour le vélo et le jardinage, recadrant le récit de la restriction à l'enrichissement.

La durabilité demeure le défi central. Une réinitialisation numérique n'est pas une solution ponctuelle ; c'est un état d'esprit. Des contretemps surviendront: pendant les vacances scolaires, les périodes de stress ou lorsque les routines sont perturbées. La clé n'est pas la perfection, mais *la résilience* . En cas de défaillance, les familles peuvent revenir au cadre, réfléchir aux changements et se réengager en douceur. Cette approche cultive la maîtrise du numérique plutôt que la peur, favorisant ainsi des habitudes d'autorégulation durables.

Les parents peuvent également trouver utile de partager leurs propres difficultés face à l'utilisation des écrans. Lorsque les adultes admettent qu'ils ont eux aussi du mal à se déconnecter des e-mails professionnels ou du défilement insensé, cela témoigne d'honnêteté et d'auto-compassion. Cela comble également le fossé générationnel en matière d'expérience numérique. Les enfants commencent à considérer leurs parents non pas comme des justiciers, mais comme des compagnons de route dans un monde numérique complexe. Cette compréhension mutuelle renforce la confiance et l'idée que la technologie n'est pas un champ de bataille, mais une responsabilité partagée.

De plus, la réinitialisation doit s'adapter aux stades de développement. Une stratégie efficace pour un enfant de huit ans sera différente de celle qui aide un adolescent de seize ans à préparer ses examens et à appréhender son identité sociale en ligne. À mesure que les enfants grandissent, l'approche familiale doit évoluer, offrant une autonomie croissante et un accompagnement réflexif. Les adolescents, en particulier, ont intérêt à explorer le *pourquoi* des habitudes numériques. Ils sont capables de réflexion critique et apprécient souvent les discussions qui les considèrent comme des acteurs de leur propre vie.

Enfin, il convient de prendre en compte le contexte culturel plus large. Les écrans ne sont pas seulement un enjeu familial ; ils sont indissociables de l'éducation, de la socialisation et même de l'image de soi. Ainsi, une réinitialisation numérique constitue une forme de résistance culturelle – non pas dans un sens réactionnaire, mais comme un refus conscient de se laisser influencer passivement par les algorithmes de conception, la pression publicitaire et les économies d'attention. Elle affirme que la famille demeure un espace vital d'action, de réflexion et de réorientation.

En élaborant un plan de renouveau numérique fondé sur la sensibilisation, la collaboration et la bienveillance, les familles peuvent dépasser les réactions de peur face à l'utilisation des écrans. Elles peuvent instaurer de nouvelles habitudes qui tiennent compte à la fois des bienfaits de la technologie et des besoins profonds de connexion humaine. Il ne s'agit pas d'un retour à un idéal pré-numérique, mais d'une progression réfléchie vers une coexistence plus saine: un écran, un moment, un choix à la fois.

Chapitre 7
La technologie comme outil de croissance et de créativité

Malgré toutes les inquiétudes entourant le rôle de la technologie dans l'enfance, il existe un discours plus discret et moins exploré qui mérite tout autant d'attention: lorsque les outils numériques sont abordés avec intention et un accompagnement guidé, ils peuvent devenir des moteurs de créativité, d'apprentissage et de contribution significative. Le discours dominant sur les enfants et les écrans tend à privilégier la prudence: réduire le temps passé devant les écrans, limiter l'exposition, prévenir les addictions. Mais ce chapitre renverse ce cadre. Au lieu de se demander comment éloigner les enfants de leurs appareils, la question plus pertinente est: comment les inviter à s'engager, non pas passivement, mais avec détermination, imagination et un sens de l'auteur?

Ce changement de perspective est important. Les enfants d'aujourd'hui ne grandissent pas seulement avec la technologie ; ils évoluent dans un écosystème numérique où la maîtrise des technologies n'est plus un avantage de niche, mais une compétence fondamentale. Elle façonne leur façon d'apprendre, de communiquer et d'imaginer leur avenir. Dans cette optique, la parentalité numérique n'est pas une question de repli sur soi, mais de préparation. Apprendre à coder ne se résume pas à ajouter une compétence professionnelle à son arsenal. Il cultive également une discipline mentale qui encourage le raisonnement logique, la créativité sous contrainte et une confiance sereine en sa capacité à résoudre des problèmes. De même, un adolescent qui crée des vidéos de sensibilisation au climat sur les réseaux sociaux ne perd pas son temps en ligne: il raconte des histoires avec intention, contribuant ainsi à un dialogue culturel plus large.

Mais une telle promesse ne se concrétise pas automatiquement. Elle nécessite une réorientation, de la consommation vers la création. Aujourd'hui, le temps passé par les enfants devant les écrans est trop souvent passif: scrolling, streaming, jeux conçus pour être addictifs plutôt qu'enrichissants. Ces plateformes sont conçues pour maintenir l'intérêt des utilisateurs, certes, mais dans un cercle vicieux de récompenses superficielles et de répétitions irréfléchies. La créativité, quant à elle, exige une relation numérique différente. Elle exige des outils qui invitent les enfants à façonner, à construire, à inventer: coder leurs propres jeux, concevoir des animations, composer de la musique numérique, monter des films, simuler des mondes. Ces activités stimulent le cerveau de manière productive, en stimulant l'imagination, la concentration et la volonté de mener une idée à terme.

Les recherches ne manquent pas pour étayer ce constat. Une étude du Joan Ganz Cooney Center, par exemple, a révélé des différences nettes entre les enfants qui utilisaient les médias numériques pour des projets créatifs (création d'applications, robotique) et ceux dont l'utilisation était plus passive. Les premiers ont démontré de meilleures compétences en résolution de problèmes, une plus grande persévérance et un plus grand sentiment d'appropriation de leur apprentissage. Ce qui ressortait n'était pas seulement ce qu'ils faisaient, mais ce qu'ils ressentaient en le faisant. Il s'avère que la capacité d'agir est le véritable facteur de différenciation.

Ce même principe gagne du terrain dans le secteur des EdTech. Bien conçues, les technologies éducatives peuvent ouvrir des parcours d'apprentissage personnalisés et réactifs. Les systèmes d'apprentissage adaptatifs, qui s'adaptent au rythme et aux capacités de chaque enfant, peuvent être transformateurs, en particulier pour ceux qui rencontrent des difficultés dans les classes traditionnelles. Les simulations et les environnements interactifs dans des matières comme la physique, l'histoire ou les mathématiques permettent aux élèves de visualiser et d'expérimenter comme aucun manuel ne le permettrait. Mais là aussi, il y a un hic: toutes les EdTech ne se valent pas. Parents et enseignants doivent faire preuve de discernement: quelles plateformes approfondissent véritablement la compréhension et lesquelles masquent simplement l'engagement passif sous un vernis de productivité?

Il y a aussi l'horizon plus large de l'innovation portée par les jeunes – preuve, s'il en était besoin, que les enfants peuvent utiliser la technologie non seulement pour grandir, mais aussi pour diriger. Partout dans le monde, des jeunes créent des outils pour résoudre des problèmes concrets dans leurs communautés. En Inde, des adolescents ont développé une application pour suivre et alerter les habitants des pénuries d'eau. Au Royaume-Uni, un enfant de douze ans a créé un outil de lecture destiné aux enfants dyslexiques. Ce ne sont pas que des histoires réconfortantes. Ce sont des signes de ce qui est possible lorsque les enfants sont équipés non seulement d'appareils, mais aussi de confiance en eux-mêmes et en l'importance de leurs idées.

Bien sûr, une telle conviction ne surgit pas de nulle part. Elle est nourrie, souvent discrètement, par des adultes prêts à se montrer présents – non pas en experts, mais en partenaires du parcours. Le rôle des parents est ici crucial. Les enfants n'ont pas seulement besoin d'un accès à des logiciels et au Wi-Fi ; ils ont besoin de la présence constante de quelqu'un qui pose des questions, qui les écoute et qui accepte le processus complexe des essais et erreurs. Trop souvent, les parents s'éloignent de la vie numérique de leurs enfants par peur, confusion ou désapprobation. Mais lorsqu'un parent se confie – qu'il examine un prototype de jeu, donne son avis sur la version préliminaire d'un podcast, réfléchisse avec son enfant à une nouvelle série vidéo – il envoie un message bien plus puissant que n'importe quelle règle concernant le temps passé devant un écran: vos idées comptent. Votre créativité mérite notre temps.

Cet encouragement devient d'autant plus essentiel lorsque les enfants découvrent les technologies émergentes – IA, robotique, réalité virtuelle. Ces frontières ne sont pas lointaines. Elles sont bien présentes, façonnant tout, du marché du travail aux cadres éthiques. Initier les enfants à ces concepts dès leur plus jeune âge, non par crainte, mais par curiosité, les prépare à bien plus qu'un simple emploi. Cela favorise un état d'esprit propice à l'engagement réfléchi. Un enfant qui comprend les bases du fonctionnement d'un algorithme est mieux placé pour remettre en question ses biais. Un adolescent qui s'intéresse à l'apprentissage automatique peut commencer à se poser des questions difficiles et importantes sur l'automatisation et la société. C'est là que l'éducation rejoint la philosophie, où apprendre à coder devient aussi une leçon de citoyenneté.

Pour donner vie à ces idées, ce chapitre mettra en lumière des histoires de jeunes qui utilisent la technologie non pas comme un bouclier contre le monde, mais comme un pont vers celui-ci. Il y a Anika, une jeune fille de quatorze ans à Nairobi, qui a commencé à coder pendant la pandémie grâce à des cours en ligne gratuits. Dix-huit mois plus tard, elle créait une application pour mettre en relation des résidents âgés avec des bénévoles. Ou encore Max, un adolescent neurodivers en Nouvelle-Zélande, qui a découvert l'animation numérique pour exprimer son expérience sensorielle, partageant finalement ses courts métrages lors d'un festival artistique local. Dans les deux cas, la technologie a amplifié quelque chose de profondément humain: l'empathie, l'imagination, la connexion.

Ces histoires nous poussent à repenser ce que signifie réellement être « technophile ». Il ne s'agit pas seulement de savoir dépanner un appareil ou maîtriser un logiciel rapidement. Il s'agit aussi d'une approche – curieuse, éthique, génératrice. Il s'agit de considérer l'écran non seulement comme une source de contenu, mais comme une toile. Car oui, la même plateforme qui engourdit peut aussi réveiller quelque chose. Le même outil qui distrait peut être redirigé vers la compréhension. Tout dépend de ce que nous en faisons – et pourquoi.

Ce chapitre offrira aux parents, aux éducateurs et aux aidants les outils et la perspective nécessaires pour cultiver cet engagement plus riche. Nous examinerons les obstacles courants – le temps limité, la peur de l'échec, la facilité des médias passifs – et explorerons les moyens de les contourner. Nous mettrons en lumière des ressources et des approches qui privilégient la création plutôt que la consommation, l'action active plutôt que le simple fait de regarder.

En fin de compte, réimaginer le rôle de la technologie dans la vie d'un enfant ne consiste pas à nier ses dangers, mais à se réapproprier ses possibilités. Il ne s'agit pas de se débarrasser des appareils, mais de leur donner un sens. Non pas d'en restreindre l'accès, mais d'en approfondir la finalité. Non pas de protéger les enfants de l'avenir, mais de les préparer à le façonner – avec réflexion, imagination et intégrité. Car, quelque part derrière chaque écran lumineux, se cache un jeune esprit capable non seulement d'assimiler le monde, mais de le remodeler.

Au-delà de la consommation – Encourager la création plutôt que l'usage passif

L'image d'un enfant rivé à un écran – agitant son pouce, le regard vide, faisant défiler sans fin – est désormais un cliché trop familier de l'enfance moderne. Pour de nombreux parents, la préoccupation majeure n'est pas simplement *le* temps que leurs enfants passent sur les appareils, mais *la manière dont* ils l'utilisent. La distinction entre engagement passif et engagement actif est au cœur de cette préoccupation. L'utilisation passive – caractérisée par une consommation aveugle de contenus, souvent dictée par des algorithmes – peut rapidement devenir habituelle, engourdissante et désintéressante. À l'inverse, l'activité numérique créative cultive l'autonomie, la curiosité et l'innovation. Passer du défilement passif à la création intentionnelle n'est pas seulement un ajustement comportemental: c'est un ajustement philosophique qui nécessite une réorientation des valeurs, de l'environnement et des attentes.

L'attrait d'une utilisation passive est, à bien des égards, inhérent à l'architecture des plateformes numériques. Défilement infini, lecture automatique, flux personnalisés: ces fonctionnalités sont conçues pour réduire les frictions cognitives et prolonger l'engagement sans demander d'effort aux utilisateurs. Pour les enfants et les adolescents, dont les capacités d'autorégulation sont encore en développement, ces interfaces sont particulièrement attrayantes. Ces plateformes ne sont pas neutres ; elles sont persuasives par nature. Ainsi, la passivité n'est pas un défaut de caractère chez les enfants, mais une réponse prévisible aux systèmes qui récompensent l'inertie.

Pourtant, les enfants ne sont pas des êtres intrinsèquement passifs. Du point de vue de leur développement, ils sont programmés pour l'exploration, l'expérimentation et l'expression. Avec les bons outils, le temps et les encouragements, la plupart des enfants gravitent naturellement vers la création, qu'il s'agisse de construire des forts, d'inventer des histoires ou d'inventer des jeux. Le monde numérique, loin de réprimer cet instinct, a le potentiel de l'amplifier. Mais cela nécessite un encadrement volontaire de la part des adultes: un environnement qui privilégie la création, valorise l'effort plutôt que la perfection et remet en question le discours omniprésent selon lequel la technologie est une source de distraction plutôt que d'autonomisation.

Un point de départ consiste à repenser les appareils numériques non pas comme des consoles de divertissement, mais comme des studios de création. Une tablette peut servir de carnet de croquis, d'appareil photo, de laboratoire musical, de plateforme d'édition. Un ordinateur portable peut servir d'espace d'animation, de narration, de codage ou d'architecture numérique. La différence ne réside pas dans l'outil, mais dans la manière dont il est présenté, contextualisé et pris en charge. Les enfants ont besoin d'autorisation – et souvent d'invitations directes – pour utiliser la technologie de manière créative. « Faisons quelque chose ensemble » peut être une invitation plus transformatrice que « Éteins ça ».

Prenons l'exemple de Léo, un enfant de dix ans qui passait des heures chaque soir à regarder des vidéos de jeux vidéo sur YouTube. Ses parents, inquiets de la passivité de cette routine, décidèrent de ne pas restreindre l'activité, mais de s'intéresser davantage à ses centres d'intérêt. Ils demandèrent à Léo de décrire ce qu'il aimait dans les vidéos, les stratégies qu'il admirait et s'il avait déjà pensé à créer les siennes. Cela donna naissance à un projet du week-end: écrire, enregistrer et monter un court tutoriel vidéo. Ce processus exigeait de Léo qu'il planifie, révise et communique clairement – des compétences qu'il n'avait jamais associées au temps passé devant un écran. Au fil du temps, il commença à consacrer davantage de son temps numérique *à la production* de contenu plutôt qu'à sa consommation. Ce qui changea, ce ne fut pas la plateforme, mais l'objectif.

Les exemples concrets de telles transformations abondent. À Singapour, un groupe d'élèves de primaire a utilisé une plateforme de design basique pour créer des bandes dessinées numériques sur la gentillesse et l'empathie, qui ont ensuite été partagées avec leurs camarades dans le cadre d'une initiative scolaire. Aux États-Unis, Ava, douze ans, a lancé un podcast sur le développement durable après avoir appris à enregistrer et à monter des fichiers audio grâce à des tutoriels en ligne gratuits. Au Royaume-Uni, un club de codage pour filles a aidé des centaines de jeunes participantes à créer des jeux reflétant leurs histoires et leurs valeurs personnelles, offrant un mélange rare de compétences techniques et d'expression personnelle.

Les bienfaits cognitifs et émotionnels de ces activités sont considérables. Une étude de l'Université du Wisconsin-Madison a révélé que les enfants qui s'adonnent à la création numérique affichent des niveaux de motivation intrinsèque, d'auto-efficacité et de satisfaction émotionnelle plus élevés que ceux qui s'adonnent principalement à la consommation. L'activité créative exige des compétences de prise de décision, de résolution de problèmes et de résilience, autant de compétences essentielles à la vie. De plus, elle procure aux enfants un sentiment d'auteur: ils ont le sentiment de ne pas se contenter de naviguer dans un monde créé par d'autres, mais d'y contribuer activement.

Parents et éducateurs expriment souvent leur inquiétude quant au fait qu'encourager la créativité numérique pourrait ouvrir la voie à une augmentation du temps passé devant un écran. Cette crainte est compréhensible, mais infondée. Le problème n'est pas le temps passé devant un écran en soi, mais sa *qualité* . Un enfant qui passe deux heures à créer un monde virtuel, à monter un documentaire ou à composer de la musique utilise les écrans de manière fondamentalement différente d'un enfant qui regarde des vidéos générées par des algorithmes. Le premier implique une attention soutenue, un apprentissage et une production ; le second, une consommation passive et une concentration fragmentée. Ce n'est pas la *durée* qui compte, mais la *profondeur et la direction* de l'engagement.

Accompagner ce changement exige également que les adultes dépassent la vision binaire de la technologie, perçue comme nuisible ou utile. Un enfant qui conçoit un film en stop-motion sur une tablette ne perd pas son temps simplement parce qu'il utilise un appareil. De même, la créativité n'est pas toujours percutante ou visiblement productive. Elle implique parfois de fixer un écran vide, d'expérimenter du code ou de réécrire un brouillon d'histoire

– des activités qui paraissent inactives de l'extérieur, mais qui reflètent un processus interne profond. Valoriser ces processus implique de résister à la tentation de juger l'engagement numérique uniquement à l'aune de critères externes.

Il existe cependant des obstacles structurels à cette évolution. De nombreux foyers sont confrontés à des difficultés d'accès à des logiciels créatifs de qualité, à une connexion internet stable ou à un accompagnement par des adultes. Les écoles, elles aussi, peuvent privilégier l'enseignement numérique passif – comme les fiches d'exercices numériques – au détriment de l'apprentissage exploratoire. Surmonter ces difficultés nécessite un soutien systémique: accès à des plateformes créatives par l'intermédiaire des bibliothèques publiques ou des écoles, formation des parents et des enseignants à la culture numérique, et cadres politiques favorisant des opportunités équitables d'expression numérique.

Le récit culturel entourant la réussite est tout aussi important. Une grande partie de l'expérience en ligne des enfants est façonnée par des influenceurs et des streamers dont la valeur se mesure en vues, en likes et en monétisation. Cela peut décourager l'expérimentation, en particulier lorsque les enfants craignent que leurs créations ne soient pas « assez bonnes » pour être partagées. Les adultes doivent contribuer à détourner l'attention de la validation externe et à la recentrer sur le plaisir intrinsèque de créer. Valoriser l'effort, l'amélioration et l'originalité, plutôt que la qualité et la popularité, favorise un écosystème créatif plus sain.

Une approche qui s'est avérée efficace, tant en classe qu'à la maison, consiste à instaurer des « temps de création » dédiés, des périodes structurées pour la créativité numérique, sans jugement ni comparaison. Durant ces séances, les enfants sont encouragés à explorer sans la pression de produire quelque chose de partageable. Cela réintroduit l'aspect ludique, une qualité souvent perdue lorsque la créativité est trop étroitement liée aux indicateurs de performance. Au fil du temps, les enfants développent non seulement leur confiance créative, mais aussi la capacité de réfléchir et d'affiner leur travail, une capacité qui favorise leur développement scolaire et émotionnel bien au-delà de l'écran.

En fin de compte, encourager la créativité numérique est une question d'agentivité. Il s'agit de donner aux enfants les outils, l'espace et la confiance nécessaires pour façonner intentionnellement leur vie numérique. Il s'agit également de reconnaître que le monde numérique n'est pas séparé du monde « réel »: il en est une extension. Lorsque les enfants utilisent la technologie pour raconter des histoires, résoudre des problèmes ou exprimer des idées, ils n'échappent pas à la réalité. Ils y participent, étendant leur influence à un média qui façonnera l'avenir dont ils hériteront.

Dans un environnement médiatique saturé de passivité, élever des créateurs est un acte de résistance. Cela confirme que les enfants ne sont pas de simples consommateurs de contenus, mais des porteurs d'imagination, capables de façonner leurs propres récits. Et cela nous rappelle que si le monde numérique peut souvent paraître écrasant, il recèle aussi un potentiel extraordinaire – pour ceux qui savent l'aborder non pas avec des pouces oisifs, mais avec un esprit curieux et un cœur créatif.

Le potentiel des technologies éducatives et de l'apprentissage interactif: comment les applications et plateformes adaptées peuvent améliorer l'apprentissage sans favoriser la dépendance

Les technologies éducatives, ou EdTech, sont devenues l'une des forces les plus transformatrices de l'apprentissage contemporain. Elles offrent une multitude de possibilités: enseignement personnalisé, simulations immersives, feedback en temps réel et accès à un univers de contenus dépassant les contraintes des salles de classe traditionnelles. Pourtant, à mesure que les plateformes numériques occupent une place de plus en plus centrale dans l'expérience éducative des enfants, elles soulèvent également des questions cruciales. La principale d'entre elles est la suivante: comment exploiter les avantages des EdTech sans cultiver la dépendance numérique ni éroder les composantes humaines profondes de l'apprentissage?

Dans le meilleur des cas, l'EdTech ne se contente pas de remplacer l'enseignement traditionnel: c'est un outil enrichissant. Elle peut amplifier l'engagement, approfondir la compréhension conceptuelle et offrir aux apprenants un accompagnement sur mesure, adapté à leur rythme, leurs préférences et leurs besoins. Mais lorsqu'elle est mal appliquée, ou lorsque la conception privilégie le temps passé devant un écran à l'engagement cognitif, elle risque de transformer l'apprentissage en une routine superficielle et ludique, favorisant l'observance plutôt que la curiosité. La différence ne réside pas dans l'utilisation de la technologie, mais dans *la manière* et *la raison* de son utilisation. La qualité, le contexte et l'intentionnalité comptent bien plus que la nouveauté ou le volume.

L'un des apports les plus convaincants des technologies éducatives réside dans leur capacité de *personnalisation* . Contrairement au modèle standardisé de nombreuses salles de classe traditionnelles, les plateformes d'apprentissage adaptatif permettent d'ajuster la difficulté du contenu en temps réel, en fonction des performances de chaque élève. Cela permet aux apprenants de progresser à leur rythme, de revoir les concepts qui leur posent problème et d'accélérer l'apprentissage des matières déjà maîtrisées. Des plateformes comme Khan Academy, DreamBox et CENTURY Tech utilisent des algorithmes pour guider ce processus, offrant un accompagnement juste-à-temps favorisant la maîtrise plutôt que l'apprentissage par cœur. Pour les élèves en retard ou dont l'apprentissage est non linéaire, cette adaptabilité peut être libératrice.

Il existe toutefois une mise en garde subtile, mais importante. La personnalisation ne doit jamais devenir un isolement. Si les algorithmes peuvent guider la diffusion du contenu, ils ne peuvent remplacer les aspects relationnels de l'apprentissage: les moments de confusion qui mènent à la compréhension, les discussions collaboratives qui élargissent les perspectives, les questions spontanées qui façonnent la pensée critique. Une EdTech efficace doit donc s'intégrer à des écosystèmes d'apprentissage plus larges, incluant le mentorat, le dialogue et la réflexion. Ainsi, la technologie devient un outil de différenciation, et non un silo de consommation individuelle.

Tout aussi transformatrice est la capacité des plateformes interactives à transformer des concepts abstraits en expériences concrètes. Dans des matières comme les sciences, les mathématiques et l'histoire, les simulations immersives et les environnements ludiques offrent aux enfants l'occasion d'expérimenter, d'observer et de s'engager dans un apprentissage basé sur des hypothèses. Un élève utilisant PhET Interactive Simulations pourrait explorer les lois du mouvement en manipulant des variables dans un laboratoire de physique virtuel. Un autre, utilisant Minecraft: Édition Éducation, pourrait recréer des monuments historiques ou concevoir des villes durables, alliant ainsi créativité et programme scolaire. Ces plateformes dépassent l'absorption passive pour passer à l'expérimentation active, une approche que la recherche associe systématiquement à une meilleure mémorisation et à une compréhension transférable.

Un cas remarquable vient de l'Estonie, pays devenu un leader mondial de l'intégration de l'apprentissage numérique dans l'éducation publique. Là-bas, les élèves utilisent des applications comme ALPA Kids et 99math non seulement pour développer leurs compétences, mais aussi pour s'engager dans la résolution de problèmes, la collaboration et la pensée créative. Il est important de noter que les enseignants sont formés non seulement aux mécanismes des plateformes, mais aussi à l'intégration pédagogique, c'est-à-dire à la manière d'intégrer les technologies éducatives dans des objectifs pédagogiques plus larges. L'objectif n'est pas de remplacer l'enseignant, mais d'accroître sa capacité à atteindre des apprenants diversifiés. Cette adéquation entre l'outil et l'intention est la marque d'une technologie éducative efficace.

Pourtant, la question de la dépendance est cruciale. De nombreuses plateformes EdTech sont conçues pour impliquer les utilisateurs, empruntant souvent des éléments de l'économie de l'attention: récompenses, séquences et boucles de rétroaction dopaminergiques. Si ces mécanismes peuvent motiver la participation à court terme, ils risquent également de cultiver une dépendance à la validation extrinsèque. Les enfants peuvent se concentrer davantage sur l'obtention de badges que sur la compréhension du contenu, et privilégier la progression plutôt que la réflexion approfondie. Cela est particulièrement problématique lorsque l'apprentissage dépend de fonctionnalités ludiques, ce qui compromet la motivation intrinsèque qui sous-tend la croissance éducative à long terme.

Pour contrer ce phénomène, la conception des technologies éducatives doit évoluer vers ce que les psychologues de l'éducation appellent *la lutte productive*: un espace où les apprenants sont mis au défi, soutenus et encouragés à appréhender la complexité. Au lieu de récompenser les réponses rapides ou les indicateurs superficiels, les plateformes peuvent privilégier la persévérance, la métacognition et la créativité. Certains outils émergents adoptent déjà ce modèle. Des plateformes comme Seesaw et Book Creator permettent aux élèves de documenter leurs apprentissages grâce à des portfolios, des récits multimédias et l'autoréflexion, privilégiant l'expression et l'appropriation plutôt que la répétition et la rapidité.

Les parents et les enseignants jouent également un rôle essentiel dans la médiation de l'utilisation des technologies éducatives. Plutôt que de se demander: « Cette application est-elle éducative? », une question plus pertinente est: « Comment cette plateforme favorise-t-elle l'apprentissage auquel nous tenons? » Présenter les technologies éducatives comme une expérience collaborative – utilisée conjointement par les parents et l'enfant, discutée en classe ou commentée dans un journal – favorise la métacognition. Les enfants commencent à comprendre non seulement *ce* qu'ils apprennent, mais aussi *comment* ils apprennent et pourquoi c'est important. Cela favorise l'autonomie, un rempart essentiel contre la dépendance.

Prenons l'exemple d'Amelia, une enfant de neuf ans qui éprouvait des difficultés de compréhension en lecture. Son école lui a présenté une plateforme d'IA qui adaptait les niveaux de lecture et lui offrait des supports visuels. Si ses compétences se sont améliorées, c'est la manière dont l'outil était conçu qui a fait la plus grande différence. Son enseignante a encouragé Amelia à se fixer ses propres objectifs de lecture, à réfléchir aux textes qu'elle appréciait et à partager ses réflexions avec ses camarades. Au fil du temps, Amelia a commencé à considérer la plateforme non pas comme une béquille, mais comme un compagnon dans sa vie de lecture. La technologie a soutenu son développement, mais l'accompagnement humain a guidé sa croissance.

Les technologies éducatives (EdTech) offrent également un potentiel pour réduire les inégalités éducatives, si elles sont déployées de manière réfléchie. Dans les communautés défavorisées, les applications d'apprentissage mobile peuvent donner accès à des contenus de qualité là où les ressources physiques sont rares. Des initiatives comme Kolibri et OneCourse ont permis aux élèves de zones reculées d'accéder à l'apprentissage numérique hors ligne grâce à des appareils peu coûteux et à des systèmes alimentés par l'énergie solaire. Cependant, l'accessibilité doit aller au-delà du matériel. Des contenus culturellement pertinents, l'inclusion linguistique et l'implication de la communauté sont essentiels pour que les technologies éducatives soient enrichissantes plutôt qu'aliénantes.

L'intégration de l'intelligence artificielle aux plateformes éducatives représente un autre défi. L'IA offre le potentiel de fournir un retour d'information précis, d'identifier les idées fausses et de personnaliser l'enseignement avec une précision sans précédent. Cependant, elle soulève également des inquiétudes quant à la confidentialité des données, aux biais algorithmiques et à l'érosion du jugement humain dans la prise de décision pédagogique. La mise en œuvre éthique de l'IA dans les technologies éducatives exige transparence, responsabilité et priorité absolue au bien-être des apprenants.

En fin de compte, la promesse des EdTech ne réside pas dans leur capacité à éblouir, mais dans leur capacité à *approfondir* . Elles ne doivent pas remplacer les enseignants, mais les responsabiliser. Elles ne doivent pas inciter les enfants à obéir, mais stimuler leur curiosité. Elles ne doivent pas favoriser la dépendance aux écrans, mais créer des passerelles vers les idées, les communautés et l'individu.

Pour concrétiser cette vision, les acteurs de l'écosystème – développeurs, éducateurs, parents, décideurs politiques – doivent s'engager à respecter une norme commune: les technologies éducatives doivent améliorer l'apprentissage sans compromettre l'indépendance, l'autonomie ou la pensée critique. La question n'est plus de savoir si la technologie a sa place dans l'éducation. Elle en a une. La question est: allons-nous l'utiliser pour développer l'intelligence de nos enfants ou pour l'automatiser?

La réponse ne réside pas dans le code, mais dans nos choix. Grâce à une conception soignée, une utilisation guidée et une vision claire de l'éducation comme un processus humain, relationnel et intellectuellement enrichissant, l'EdTech peut réaliser son potentiel – non pas comme un écran à regarder, mais comme une fenêtre ouverte sur un monde d'apprentissage plus vaste.

La technologie au service du bien – Former des acteurs du changement numérique

Le discours dominant sur les jeunes et la technologie est souvent teinté d'inquiétude: dépendance aux écrans, sécurité en ligne et diminution de la capacité d'attention. Pourtant, sous ce discours réactif se cache une vérité convaincante et transformatrice: les enfants et les adolescents d'aujourd'hui disposent d'un accès sans précédent à des outils qui peuvent favoriser le changement social, l'innovation et l'engagement mondial. Ils ne sont pas seulement des utilisateurs passifs de la technologie, mais, lorsqu'on leur en donne l'occasion et l'encouragement, ils deviennent de puissants acteurs de la transformation numérique. Former des acteurs du changement numérique signifie passer de la peur à la possibilité, passer d'une simple régulation des usages à une vocation valorisante.

Fondamentalement, la « technologie au service du bien » ne se limite pas à l'utilisation des outils numériques à des fins éducatives ou productives. Il s'agit d'exploiter le potentiel créatif et connectif de la technologie pour résoudre des problèmes concrets, bâtir des communautés inclusives et favoriser la participation citoyenne. Pour les enfants et les adolescents, cela commence par reconnaître que leur voix compte et que les plateformes numériques qu'ils fréquentent – qu'il s'agisse des réseaux sociaux, des espaces de création de contenu ou des environnements de programmation – peuvent être des vecteurs d'action et d'activisme.

Il ne s'agit pas d'un idéal spéculatif, mais d'un phénomène observable. Partout dans le monde, les jeunes utilisent la technologie pour sensibiliser, mobiliser et concevoir des solutions aux défis qui touchent à la durabilité environnementale, à la justice raciale, à la santé mentale, aux inégalités éducatives, et bien d'autres. Il ne s'agit pas d'activités extrascolaires, mais d'expressions d'une génération maîtrisant parfaitement la communication numérique et désireuse de contribuer concrètement au monde dont elle hérite.

Prenons l'histoire de Gitanjali Rao, une jeune scientifique et inventrice américaine qui, à l'âge de quinze ans, a développé un outil d'intelligence artificielle appelé Kindly pour détecter et prévenir le cyberharcèlement. Grâce au traitement du langage naturel, l'outil analyse les messages en temps réel et propose des alternatives, favorisant ainsi l'empathie plutôt que l'agression. L'innovation de Gitanjali est née non pas d'un laboratoire universitaire, mais de sa chambre et d'une profonde préoccupation face aux dynamiques hostiles qu'elle observait en ligne. Son succès témoigne non seulement de ses compétences techniques, mais aussi d'un état d'esprit: celui de considérer la technologie non pas comme une source de préjudice, mais comme un moyen de guérison.

Prenons l'exemple de Vinisha Umashankar, en Inde, qui a conçu un chariot de repassage à énergie solaire pour réduire les émissions de carbone des vendeurs ambulants au charbon de bois. Son innovation lui a valu une place de finaliste au prix Earthshot et l'a positionnée comme une jeune voix de la défense du climat mondial. Il est important de noter que le projet de Vinisha n'est pas né d'un engagement théorique, mais de l'observation de sa communauté locale, de l'identification d'un problème et de l'application de compétences pratiques en conception numérique pour élaborer une solution. C'est l'essence même du changement numérique: allier empathie, observation et action par des moyens technologiques.

Ce qui rend possible de telles histoires n'est pas le génie inné, mais l'accès, l'encouragement et la motivation. Les enfants et les adolescents ont besoin d'environnements qui normalisent la résolution de problèmes, valorisent l'expérimentation et cultivent la culture numérique, non seulement comme une compétence technique, mais aussi comme une compétence citoyenne. L'école, le foyer et les espaces communautaires jouent un rôle essentiel dans le développement de cette philosophie. Lorsque l'apprentissage numérique est présenté comme un moyen de « faire la différence » plutôt que comme un simple moyen de « progresser », la motivation passe de la récompense extrinsèque à la finalité intrinsèque.

Les implications éducatives sont profondes. Au lieu de considérer le codage, l'éducation aux médias ou la science des données comme des matières de niche, nous pourrions les considérer comme des littératies modernes essentielles à la participation démocratique. Savoir coder n'est pas seulement une compétence professionnelle: c'est un langage de création. Comprendre comment les algorithmes façonnent l'accès à l'information ne relève pas uniquement de l'étude des médias: c'est une question de souveraineté intellectuelle. Apprendre aux enfants à évaluer les données de manière critique, à questionner l'éthique du design et à analyser le discours en ligne n'est pas un complément: c'est fondamental pour former des citoyens réfléchis et autonomes dans un monde numérique.

Cela peut commencer à tout âge. Un enfant de neuf ans pourrait utiliser un simple outil de création de site web pour créer un magazine numérique défendant les droits des animaux. Un enfant de douze ans pourrait utiliser des applications de narration pour mettre en lumière les témoignages de travailleurs locaux en première ligne pendant une crise sanitaire. Un adolescent de quinze ans pourrait lancer une chaîne YouTube démystifiant les sciences pour ses plus jeunes. Les outils existent, les idées sont présentes et la motivation – lorsqu'elle n'est pas étouffée par la peur ou la surréglementation – est souvent intrinsèque. Il faut un accompagnement: des adultes solidaires, des espaces numériques sûrs et une culture qui valorise la contribution plutôt que la consommation.

Les parents et les personnes qui s'occupent d'eux ont un rôle particulièrement important à jouer. Trop souvent, l'univers numérique des jeunes est considéré comme trivial ou dangereux, surtout lorsque les adultes se sentent dépassés par les évolutions technologiques. Pourtant, la parentalité numérique ne requiert pas nécessairement une maîtrise technique. Elle exige curiosité, présence et dialogue. Demander à un enfant ce qui l'intéresse, les sujets qui lui tiennent à cœur et comment il pourrait utiliser ses applications ou plateformes préférées pour exprimer ces préoccupations peut ouvrir la voie à un engagement plus profond. L'encourager à partager ses créations numériques, à réfléchir à son empreinte numérique et à évaluer l'impact social de son comportement en ligne contribue à développer son esprit critique et son sens civique.

Il est tout aussi important de remettre en question les définitions étroites de « l'activisme » qui dominent le discours public. Tous les acteurs du changement ne mènent pas une manifestation ou ne publient pas de tweets viraux. Certains conçoivent des outils qui rendent le quotidien plus équitable. Certains créent des œuvres artistiques qui modifient les perceptions. Certains construisent des communautés où chacun se sent entendu. La technologie amplifie toutes ces contributions, permettant même aux enfants les plus réservés de s'exprimer avec clarté et portée. Un jeune qui anime un forum de soutien par les pairs, traduit des informations de santé dans des formats accessibles ou développe une application de communication neurodiverse agit comme un acteur du changement numérique, tout comme ceux qui agissent sur la scène internationale.

Le contexte sociétal plus large doit également être pris en compte. Le monde numérique est marqué par la désinformation, la polarisation et la manipulation commerciale. Pourtant, c'est aussi un espace où des histoires authentiques émergent, où des voix marginalisées trouvent une amplification et où l'innovation décentralisée se produit. Former des acteurs du changement numérique ne signifie pas protéger les enfants des failles d'Internet, mais les préparer à y naviguer et à le remodeler. Cela signifie les aider à se poser des questions cruciales: Qui conçoit les plateformes que j'utilise? Quelles histoires manquent ici? Quel type de culture numérique est-ce que je souhaite co-créer?

Cette réflexion, associée à l'action, définit l'acteur du changement numérique. Il ne s'agit pas d'une étiquette réservée à quelques privilégiés, mais d'un parcours de développement ouvert à tous, à condition d'être nourri avec soin, clarté et courage.

L'une des avancées les plus prometteuses dans ce domaine est l'émergence de réseaux mondiaux de jeunes qui soutiennent l'innovation sociale basée sur la technologie. Des initiatives comme Technovation Girls, GenZ Talks et Voices of Youth de l'UNICEF offrent des plateformes structurées où enfants et adolescents peuvent proposer des idées, accéder à des mentors et collaborer avec leurs pairs au-delà des frontières. Ces communautés offrent non seulement des ressources et de la visibilité, mais renforcent également un message crucial: vous n'êtes pas seul à vouloir faire la différence.

Pour les adultes qui conçoivent ces opportunités – enseignants, développeurs, décideurs politiques – la priorité doit être l'inclusion. Le changement ne doit pas être l'apanage des personnes aisées ou techniquement douées. Il doit être accessible aux jeunes d'horizons, de capacités et d'expériences divers. Cela implique de surmonter les obstacles tels que l'accès aux appareils, les limitations linguistiques et la représentation culturelle. Cela implique également de concevoir des outils qui privilégient la co-création, la flexibilité et la pertinence concrète plutôt que la ludification et les indicateurs superficiels.

Dans sa forme la plus puissante, la technologie au service du bien redéfinit l'enfance non pas comme une étape de préparation, mais comme une étape de contribution. Elle honore le fait que les enfants ne sont pas seulement de futurs citoyens, mais des citoyens présents, capables de perspicacité, d'action et de leadership. Dans un monde aux prises avec des crises complexes, cette reconnaissance est non seulement valorisante, mais essentielle.

Former des acteurs du changement numérique, c'est former des penseurs critiques, des bâtisseurs bienveillants et des technologues éthiques. C'est croire qu'un enfant équipé d'un appareil peut être une force d'équité, de durabilité et de vérité. Et c'est prendre conscience que, dans le tumulte de l'ère numérique, un signal se fait entendre: une génération prête à utiliser la technologie non seulement pour divertir ou consommer, mais aussi pour créer, élever et transformer.

Codage, robotique et IA: préparer les enfants à l'avenir

Dans un monde de plus en plus régi par les algorithmes et les systèmes automatisés, doter les enfants des connaissances nécessaires pour comprendre, façonner et même remettre en question ces technologies n'est plus une option, mais une nécessité. Le codage, la robotique et l'intelligence artificielle (IA) ne sont pas des curiosités futuristes ; ce sont des éléments fondamentaux de la société contemporaine. Ils influencent notre façon de travailler, de communiquer, d'apprendre et de relever les défis mondiaux. Pour la jeune génération d'aujourd'hui, la maîtrise du numérique dans ces domaines déterminera non seulement l'employabilité, mais aussi la participation citoyenne, l'innovation créative et le discernement éthique à l'ère de la technologie.

Pourtant, la perspective d'initier leurs enfants à ces domaines intimide souvent les parents. Nombre d'entre eux se sentent démunis par leur propre parcours scolaire ou craignent de les pousser trop tôt vers des compétences trop spécialisées. L'essentiel, cependant, n'est pas d'apprendre aux enfants à devenir ingénieurs logiciels du jour au lendemain, mais de cultiver *la pensée computationnelle* – un état d'esprit qui valorise la logique, la décomposition des problèmes, la reconnaissance des formes et la conception algorithmique. Ces outils cognitifs sont transférables entre disciplines et carrières, favorisant résilience et adaptabilité dans un contexte où les métiers sont en constante évolution.

La première étape de ce processus consiste à démystifier le codage. Souvent perçu comme réservé aux programmeurs adultes, le codage est de plus en plus accessible aux enfants grâce à des plateformes intuitives et ludiques qui ne nécessitent aucune connaissance préalable. Des outils comme Scratch, développé par le MIT Media Lab, permettent aux enfants dès sept ans de créer des histoires, des jeux et des animations interactifs à l'aide de blocs de code visuels. Ces expériences cultivent la créativité et le raisonnement séquentiel tout en offrant un retour immédiat – un point d'entrée idéal pour les jeunes apprenants. Il est important de noter que ces plateformes privilégient *la création* plutôt que la mémorisation, encourageant ainsi les enfants à exprimer leurs idées, à tester des hypothèses et à itérer.

Un exemple probant est celui de Zara, treize ans, originaire de Manchester, qui a commencé à utiliser Scratch lors d'un projet scolaire sur la narration. Au fil du temps, son intérêt pour la conception narrative s'est mêlé à la programmation interactive, et elle a créé un jeu inspiré du folklore de sa famille. Ce projet lui a non seulement permis d'approfondir ses compétences en codage, mais est également devenu un moyen d'exploration culturelle et d'expression numérique. Ces histoires illustrent comment le codage, considéré comme un outil de narration et de créativité, devient bien plus qu'un exercice technique: il devient une forme d'alphabétisation.

À mesure que les enfants grandissent, ils peuvent être initiés à des plateformes plus avancées comme Python, Arduino ou JavaScript, selon leurs centres d'intérêt et leurs capacités. L'objectif n'est pas de précipiter la complexité, mais de stimuler la curiosité. Des plateformes comme Tynker et Code.org proposent des progressions structurées, allant du niveau débutant au niveau avancé, souvent intégrées à des thèmes concrets comme l'action climatique, l'art ou l'exploration spatiale. Ces liens interdisciplinaires aident les enfants à appréhender le codage non pas comme une compétence isolée, mais comme un langage qui interagit avec tous les aspects de la vie.

La robotique offre une autre approche très stimulante, alliant apprentissage concret et pratique à la logique numérique. Des kits comme LEGO Mindstorms, VEX Robotics ou Micro:bit initient les enfants à la relation entre logiciel et matériel: comment les instructions se traduisent en mouvement, réaction ou adaptation. La robotique introduit également des principes d'ingénierie clés et encourage la collaboration, car les élèves travaillent souvent en équipe pour concevoir et dépanner des machines capables d'accomplir des tâches ou de réagir à des données environnementales.

Les écoles qui ont intégré la robotique à leur programme scolaire constatent souvent une augmentation de l'engagement des élèves auparavant peu intéressés par les matières STEM traditionnelles. Dans une école primaire de Nairobi, un club de robotique a conçu un système d'irrigation automatisé à faible coût utilisant des matériaux recyclés et des microcontrôleurs open source. Ce projet a fusionné les sciences de l'environnement avec le codage et l'ingénierie, démontrant ainsi comment la robotique peut favoriser la résolution de problèmes locaux et une prise de conscience mondiale. Il a également renforcé l'idée qu'un engagement technologique significatif ne se limite pas aux institutions d'élite ou aux communautés aisées: il peut être ancré localement et largement accessible.

L'intelligence artificielle représente une frontière plus complexe, mais de plus en plus nécessaire. L'IA est désormais intégrée à tous les domaines, des moteurs de recherche et systèmes de recommandation à la reconnaissance faciale et aux assistants vocaux. Pour les enfants, comprendre le fonctionnement de ces systèmes – comment ils apprennent, prennent des décisions et reflètent leurs biais – est essentiel au développement de leur capacité d'action numérique. Il ne s'agit pas d'enseigner les réseaux neuronaux à des enfants de huit ans, mais d'introduire les concepts de données, de modèles, d'entraînement et d'implications éthiques de manière adaptée à leur âge.

Plusieurs plateformes rendent désormais l'apprentissage de l'IA accessible aux jeunes apprenants. Teachable Machine de Google, par exemple, permet aux étudiants d'entraîner des modèles d'apprentissage automatique simples à l'aide d'images, de sons ou de postures. Le processus est visuel, interactif et intuitif, ouvrant la voie à une compréhension plus fine. Plus important encore, il suscite des questions: d'où proviennent les données d'entraînement? Que se passe-t-il lorsque le modèle commet une erreur? Pourquoi privilégie-t-il certains résultats par rapport à d'autres? Il ne s'agit pas seulement de questions techniques, mais de questions éthiques.

Aider les enfants à aborder ces questions pose les bases de leur responsabilité future. L'équité, la précision et l'inclusion des systèmes d'IA dépendent des données et des intentions qui les sous-tendent. Apprendre aux enfants à reconnaître les biais algorithmiques, les risques liés à la confidentialité des données et le potentiel d'amplification des inégalités de l'automatisation constitue une forme d'éducation civique. Cela leur permet de façonner consciemment la technologie plutôt que de l'accepter passivement.

Les parents jouent un rôle essentiel dans le développement de cet état d'esprit. Si tous ne se sentent pas à l'aise pour enseigner des compétences techniques, tous peuvent favoriser la curiosité. Poser des questions ouvertes sur les applications utilisées par les enfants, les jeux auxquels ils jouent ou le contenu qu'ils consultent en ligne favorise la réflexion critique. Encourager les enfants à se demander « comment cela a-t-il été fait? » ou « quels choix le concepteur a-t-il faits? » les transforme de consommateurs en analystes, puis en créateurs.

Il est tout aussi important de montrer l'exemple d'une relation saine avec la technologie. Les parents qui sont prêts à apprendre aux côtés de leurs enfants, à explorer de nouveaux outils, à admettre leurs ignorances et à expérimenter ouvertement démontrent que la maîtrise de la technologie n'est pas une question de perfection, mais de participation. Les enfants assimilent non seulement ce que les adultes leur enseignent, mais aussi leur approche de l'apprentissage.

Il est également essentiel de reconnaître et de soutenir la diversité des parcours d'accès aux technologies. Le codage et la robotique ne doivent pas être considérés comme des activités purement mathématiques ou scientifiques. Ils recoupent l'art, la musique, les langues et les sciences sociales. Un enfant intéressé par les histoires peut créer un jeu narratif interactif. Un enfant fasciné par la justice sociale peut concevoir un chatbot pour aider les utilisateurs à comprendre leurs droits. Un enfant attiré par l'environnement peut développer un modèle d'IA qui suit les tendances en matière de pollution. Ces croisements non seulement élargissent l'engagement, mais reflètent également la nature multidimensionnelle des carrières futures.

En effet, l'avenir du travail ne sera pas défini par une compétence unique, mais par la capacité à apprendre continuellement, à s'adapter rapidement et à réfléchir de manière critique dans différents domaines. Le Forum économique mondial prévoit que d'ici 2030, plus de la moitié des emplois occupés par les étudiants d'aujourd'hui n'existent pas encore. On peut toutefois prédire que la maîtrise du numérique, la résolution créative de problèmes et le raisonnement éthique seront au cœur de la quasi-totalité de ces compétences. Le codage, la robotique et l'IA ne sont pas des objectifs finaux: ce sont des perspectives à travers lesquelles les enfants peuvent comprendre et façonner le monde.

Il faut également garder à l'esprit que tous les enfants ne deviendront pas développeurs, ingénieurs ou data scientists – et c'est parfaitement normal. Mais chaque enfant vivra dans un monde profondément façonné par ces technologies. Qu'ils étudient la médecine, le droit, l'éducation, le design ou le service public, comprendre comment les machines traitent l'information, comment les systèmes peuvent être manipulés ou comment les outils numériques peuvent être utilisés pour avoir un impact social fera partie de leur boîte à outils intellectuelle et professionnelle.

Préparer les enfants à cet avenir implique de cultiver non seulement des compétences techniques, mais aussi la confiance, la curiosité et la conscience. Cela implique de créer des environnements où l'échec est banalisé, les questions valorisées et la créativité primordiale. Cela implique de traiter les enfants non pas comme des natifs du numérique par défaut, mais comme des citoyens numériques par nature, capables de façonner les technologies qui, à leur tour, les façonneront.

Ce faisant, nous préparons non seulement leur avenir professionnel, mais nous leur donnons également les moyens de participer pleinement au monde complexe, interconnecté et profondément humain qui nous attend. Le codage, la robotique et l'IA ne sont pas l'avenir. Ils sont le présent. Et les enfants qui les comprennent, les questionnent et innovent avec eux ne se contenteront pas de s'adapter, ils deviendront des leaders.

Étude de cas: Histoires d'enfants utilisant la technologie pour un impact positif – Exemples inspirants d'enfants et d'adolescents qui ont transformé l'engagement numérique en réussite concrète

Dans un paysage médiatique souvent dominé par des récits édifiants sur la dépendance aux écrans, le cyberharcèlement et les distractions numériques, il est à la fois rafraîchissant et essentiel de diffuser un contre-discours, révélant comment les enfants et les adolescents utilisent la technologie non seulement pour se divertir, mais aussi comme un moyen de transformation. Sur tous les continents, toutes les disciplines et toutes les plateformes, les jeunes démontrent comment la maîtrise du numérique, associée à la curiosité, à l'empathie et à la détermination, peut devenir un puissant moteur d'impact positif. Il ne s'agit pas de prodiges issus de laboratoires exclusifs ni d'individus privilégiés ; ce sont des enfants ordinaires qui réinventent le potentiel de leurs outils numériques pour résoudre des problèmes, exprimer leur identité et tisser des liens avec le monde réel.

Prenons l'histoire de Samaira Mehta, une enfant californienne qui, à l'âge de huit ans, a inventé *CoderBunnyz* , un jeu de société conçu pour enseigner les concepts de base de la programmation par le jeu. Ce qui a commencé comme un projet personnel, né de ses propres difficultés d'apprentissage du codage, est rapidement devenu un outil pédagogique mondial. Depuis, Samaira a animé plus d'une centaine d'ateliers, touchant plus de 15 000 élèves, et collaboré avec Google et Microsoft sur des initiatives d'alphabétisation numérique. L'impact de son travail ne réside pas seulement dans le jeu lui-même, mais dans la confiance qu'il a insufflée à d'autres enfants, en particulier les filles et les minorités sous-représentées, leur permettant de considérer le codage non pas comme une abstraction intimidante, mais comme un langage accessible et stimulant.

Au Kenya, Clinton Otieno, douze ans, a constaté les difficultés d'accès aux ressources éducatives rencontrées par de nombreux élèves locaux. Motivé par cette fracture numérique, il a commencé à utiliser une plateforme de codage open source pour créer une application éducative simple regroupant manuels, guides d'étude et sujets d'examen dans un format adapté aux appareils mobiles. Avec une formation formelle minimale et un accès internet intermittent, Clinton a incarné une innovation citoyenne qui remet en question l'idée selon laquelle la contribution technologique nécessite une infrastructure haut de gamme. Son application, soutenue par une association à but non lucratif basée à Nairobi, est désormais utilisée dans plusieurs écoles de sa région, illustrant comment l'innovation citoyenne peut prospérer même sous contraintes.

Ces histoires ne sont pas des anomalies. Elles sont le fruit d'un environnement numérique en pleine évolution, où les enfants sont de plus en plus exposés à des outils favorisant la création plutôt que la consommation. La démocratisation des plateformes de développement d'applications, du matériel à bas prix comme le Raspberry Pi et des ressources d'apprentissage en libre accès a éliminé nombre des barrières traditionnelles à l'innovation technologique. Pourtant, le catalyseur reste le même: une motivation intrinsèque alliée à un sens des responsabilités envers autrui.

Au Canada, Maria Keller, âgée de dix ans, a lancé *Read Indeed* , une plateforme initialement conçue pour distribuer des livres donnés via un système d'inventaire numérique. À mesure que le projet prenait de l'ampleur, elle a intégré l'analyse de données pour suivre les tendances de lecture, les points chauds de la demande et l'efficacité de la distribution. La plateforme sert désormais de pilier logistique à une campagne d'alphabétisation qui a distribué plus de 3 millions de livres. Ce qui est remarquable, c'est non seulement l'ampleur de l'initiative, mais aussi la perspicacité de Maria à utiliser les outils numériques non pas pour la nouveauté, mais pour résoudre un obstacle logistique aux dons de bienfaisance. Son histoire illustre comment l'engagement numérique, lorsqu'il est motivé par un objectif, peut renforcer l'impact dans le monde réel plutôt que de le remplacer.

Un exemple tout aussi convaincant nous vient du Bangladesh, où Tanzila Rahman, 16 ans, a utilisé les réseaux sociaux pour organiser des ateliers sur la sécurité numérique auprès des filles des communautés rurales. Après avoir vu sa cousine victime de harcèlement en ligne, Tanzila a commencé à créer de courtes vidéos éducatives en bengali, abordant des sujets tels que la sécurité des mots de passe, le consentement numérique et la reconnaissance des tentatives d'hameçonnage. Ses efforts ont touché des dizaines de milliers de jeunes via Facebook et YouTube, incitant des ONG locales à collaborer avec elle pour formaliser un programme d'éducation numérique. L'approche de Tanzila, combinant sensibilisation locale et communication sur les plateformes, révèle que les adolescents d'aujourd'hui ne sont pas seulement des citoyens numériques, mais *des technologues civiques* , utilisant les possibilités offertes par la technologie pour remettre en question les normes sociales et favoriser l'autonomisation.

Ces études de cas révèlent collectivement un changement de paradigme dans l'engagement numérique. Alors que les générations précédentes considéraient Internet principalement comme un répertoire d'informations ou un espace de loisirs, les jeunes d'aujourd'hui l'utilisent de plus en plus comme un terrain d'action, un outil d'innovation et une plateforme d'apprentissage autonome. Le dénominateur commun n'est pas l'accès à une éducation d'élite ou à des financements, mais *l'intentionnalité* . Ces enfants considèrent leur vie numérique non pas comme distincte de leur vie réelle, mais comme profondément imbriquée: chaque clic, code ou commentaire est porteur d'un impact potentiel.

Cela a des implications profondes sur la manière dont les parents, les éducateurs et les décideurs politiques abordent la littératie numérique. Plutôt que de se concentrer exclusivement sur la protection – blocage de sites, restriction d'utilisation, surveillance du temps – il est nécessaire d'investir dans *un engagement ciblé* . Cela implique de créer des environnements où les enfants sont encouragés à explorer des questions pertinentes: quel problème vous préoccupe? Comment pourriez-vous utiliser la technologie pour le résoudre? Qui d'autre travaille sur un sujet similaire? Ces cadres d'investigation cultivent à la fois l'action et la responsabilisation, transformant les utilisateurs passifs en contributeurs intentionnels.

Les programmes éducatifs concrets commencent à refléter cette évolution. Des initiatives comme Technovation Girls mettent les participantes au défi de développer des applications mobiles qui résolvent des problèmes communautaires, en combinant codage, entrepreneuriat et narration. De même, le Global Nomads Group utilise des plateformes d'échange virtuelles pour mettre en relation des étudiants d'horizons culturels différents dans le cadre de projets de dialogue numérique abordant des sujets allant de la justice climatique aux crises de réfugiés. Les participantes en ressortent non seulement dotées de compétences techniques, mais aussi d'une vision du monde élargie et d'un sens de l'empathie renforcé, des qualités essentielles pour tout futur leader.

Pourtant, ces succès révèlent également une réalité plus inconfortable: les opportunités d'impact technologique restent inégalement réparties. Les barrières socio-économiques, le manque d'infrastructures et la discrimination numérique continuent d'exclure de nombreux enfants de ces parcours. Combler ce fossé ne se limite pas aux dons d'appareils. Il faut une conception inclusive, des contenus culturellement pertinents et un investissement systémique dans l'accès au haut débit, la formation des enseignants et l'éducation technologique communautaire. De même, nous devons remettre en question les stéréotypes sexistes et raciaux qui façonnent subtilement la perception – et celle – des « innovateurs technologiques ».

Les parents peuvent jouer un rôle essentiel pour développer ce potentiel en validant les projets numériques de leurs enfants comme des activités légitimes. Un parent qui s'intéresse au projet de codage de son enfant, l'aide à rechercher des outils ou célèbre le lancement d'une petite application ou d'un blog témoigne de l'importance de ces efforts. Cette validation renforce non seulement la confiance en soi, mais aussi le sentiment chez l'enfant que son travail numérique n'est pas éphémère, mais porteur de conséquences. De plus, lorsque les adultes partagent leurs propres incertitudes, posent des questions et apprennent aux côtés de leurs enfants, ils incarnent une culture d'apprentissage continu, essentielle au monde technologique dont nos enfants hériteront.

Ce qui distingue l'engagement numérique le plus percutant n'est pas l'ampleur, la viralité ou le raffinement, mais *l'authenticité* . Un adolescent qui anime un groupe de soutien en ligne pour la santé mentale, un enfant de dix ans qui enseigne les bases du codage à ses camarades dans une bibliothèque locale, un enfant de douze ans qui conçoit une application d'accessibilité pour un frère ou une sœur malvoyant(e): ces initiatives, bien que modestes en termes de visibilité, représentent de profonds actes d'innovation et de bienveillance. Elles prouvent que les espaces numériques, lorsqu'ils sont utilisés avec réflexion et soutenus par la communauté, peuvent devenir des creusets de développement personnel.

À l'avenir, le défi n'est pas de former davantage de codeurs ou de créateurs de contenu pour le plaisir. Il s'agit d'élever des enfants curieux, consciencieux et créatifs, engagés dans le monde qui les entoure, en ligne comme hors ligne. Les histoires racontées dans ce chapitre ne sont pas des modèles à reproduire, mais des signaux de ce qui devient possible lorsque les jeunes disposent d'outils, sont soutenus dans leurs questionnements et invités à créer du sens plutôt que du bruit.

Entre les mains des enfants, la technologie n'est ni intrinsèquement problématique ni intrinsèquement prometteuse. Son orientation est façonnée par les conseils, les attentes et les valeurs des adultes qui les entourent. En encourageant les enfants non seulement à utiliser la technologie, mais aussi à la *développer* , non seulement à suivre les tendances, mais à les défier, et non pas à apprendre passivement, mais à diriger activement, nous faisons plus que façonner leurs habitudes numériques: nous formons une génération d'acteurs du changement prêts à laisser un monde meilleur.

Chapitre 8
Une approche équilibrée de la parentalité à l'ère numérique

La parentalité a toujours été ancrée dans son époque, façonnée par les pressions et les possibilités de chaque époque. Il y a un siècle, il s'agissait peut-être de guider les enfants à travers les turbulences de l'industrialisation ; plus récemment, il s'agissait des transformations culturelles engendrées par la mondialisation. Et aujourd'hui? C'est la présence incessante et bourdonnante de la technologie – rapide, fluide et impossible à ignorer – qui représente peut-être le défi le plus déroutant pour les parents modernes. Ce n'est pas un simple facteur à gérer. Pour beaucoup d'enfants, le numérique n'est pas une activité à part entière, c'est l'air qu'ils respirent. Et pour ceux qui les élèvent, cela nécessite une redéfinition de leur rôle: moins de gardien, plus de guide ; moins de législateur, plus de co-navigateur.

Pendant des années, la philosophie dominante en matière de parentalité numérique était, en un mot, le contrôle. Installer des filtres. Appliquer des limites. Écarter les mauvaises choses. À première vue, cela paraissait logique: les enfants étaient perçus comme vulnérables et Internet comme un territoire vaste et imprévisible. Mais cette approche comporte un problème: elle considère l'interaction numérique comme intrinsèquement dangereuse, qu'il vaut mieux gérer avec fermeté et une surveillance stricte. Et si de telles méthodes peuvent engendrer l'obéissance à court terme, elles favorisent rarement la compréhension. Le plus souvent, elles entretiennent le secret, une forme de conformité fragile qui s'effondre dès que l'œil vigilant se détourne.

Ce qu'il faut, ce n'est pas un contrôle plus strict, mais une approche totalement différente. L'avenir de la parentalité numérique ne réside pas dans le contrôle, mais dans la collaboration. Ce modèle ne part pas du principe que les enfants sont démunis face à la technologie ; il reconnaît qu'ils en sont, à bien des égards, les locuteurs natifs. L'invitation est donc d'interagir avec eux: de les questionner, de les écouter et de façonner ensemble la vie numérique. Lorsque les familles discutent des applications qui les nourrissent ou les engourdissent, lorsqu'elles décident ensemble quand et pourquoi se déconnecter, c'est là que les jeunes commencent à développer quelque chose de plus durable que l'obéissance: ils développent le discernement.

Ici, les accords technologiques co-créés s'avèrent bien plus efficaces que des horaires rigides ou des interdictions générales. Il ne s'agit pas de règles statiques collées sur la porte du réfrigérateur, mais de conversations vivantes qui évoluent avec la croissance de l'enfant et le rythme changeant de la famille. Peut-être est-il convenu de ranger les téléphones pendant les repas. Peut-être que le temps de jeu suit les devoirs – ou mieux encore, se gagne grâce à eux. Peut-être qu'un soir par semaine devient un espace sans écran pour tous, adultes compris. Ce qui compte le plus, ce ne sont pas les règles en elles-mêmes, mais le raisonnement partagé qui les sous-tend. Lorsque les enfants ont le sentiment d'avoir leur mot à dire, ils sont plus enclins à les prendre au sérieux, non par peur, mais parce qu'ils en comprennent l'utilité.

Ce travail préparatoire est d'autant plus crucial que nous évoluons en terrain inconnu. Intelligence artificielle, réalité étendue, retour biométrique: ce ne sont pas des hypothèses du futur. Elles sont déjà là, intégrées aux salles de classe, aux plateformes de jeu et même aux jouets des enfants. Un chatbot IA qui aide aux devoirs de français, un casque de réalité virtuelle qui plonge un enfant dans la Rome antique, un appareil portable qui mesure la concentration pendant les heures d'étude: chaque nouvel outil suscite ses propres questions. Pas seulement « Comment ça marche? », mais « Quels sont ses effets? »

Ces questions ne sont pas seulement techniques. Elles sont, au sens propre du terme, éthiques. Elles nous invitent à une réflexion: qui collecte les données de mon enfant et à quoi bon? Comment cette application influence-t-elle le comportement et à quelles fins? Sommes-nous en train d'éduquer les jeunes esprits ou de les enfermer? Les parents n'ont pas besoin d'être des experts en technologie pour répondre à ces questions ; ils doivent être des interlocuteurs. En explorant ces sujets ensemble, de manière adaptée à leur âge, ils aident les enfants à développer un esprit critique, capable non seulement de suivre les instructions, mais aussi de les interroger.

Prenons par exemple l'histoire d'une famille londonienne dont le fils adolescent s'était passionné pour les jeux de réalité virtuelle. Il passait de longues heures dans ces espaces alternatifs, devenant de plus en plus distant à la maison. Plutôt que de tout refermer, les parents ont opté pour une approche plus douce. Ils l'ont interrogé sur son expérience: ce qui l'attirait, ce qui lui procurait de la joie et, peut-être, ce qui le rebutait. Au fil du temps, ils ont trouvé des moyens de reconnecter ses intérêts numériques au monde physique. Ils ont co-créé un projet de réalité virtuelle, négocié de nouveaux rythmes et intégré des activités hors ligne à sa semaine. Le résultat? Un enfant plus équilibré, une famille plus soudée. Non par la force, mais par la curiosité et le respect partagés.

Bien sûr, pour que la collaboration s'épanouisse, les parents ont eux aussi besoin de soutien. Des ressources accessibles et pertinentes sont essentielles: des outils qui ne sont pas des leçons, mais des outils de responsabilisation. La Boîte à outils numérique pour les parents, par exemple, en est une: un assortiment de livres, de guides de conversation et de stratégies de bien-être conçus non pas pour imposer, mais pour éclairer. Ils offrent des pistes de compréhension, non seulement de ce que les enfants font en ligne, mais aussi de leurs motivations. À quels besoins cherchent-ils à répondre? Quels schémas familiaux sont reproduits ou amplifiés? Des applications comme Screen Time Genie ou des plateformes comme Common Sense Media offrent des points de départ concrets, mais le travail de fond réside dans la réflexion.

Et en réalité, une grande partie de ce travail commence par le ton donné par les parents. La technologie est-elle toujours perçue comme un champ de bataille? Ou est-elle un terrain d'exploration et d'apprentissage partagé? Les adultes modélisent-ils les comportements qu'ils recommandent à leurs enfants: choix de contenu réfléchis, temps de repos significatifs, présence à table? Les enfants le remarquent. Ils voient si nous rangeons nos téléphones lorsque nous leur parlons. Ils observent comment nous gérons nos propres frustrations technologiques. Ils captent non seulement les mots, mais aussi les messages non exprimés sur ce qui compte.

En fin de compte, élever un enfant capable de s'épanouir à l'ère numérique ne consiste pas tant à prononcer un monologue parfait sur le temps passé devant un écran qu'à développer trois qualités clés. Premièrement, le discernement – la capacité à décider ce qui mérite notre attention. Deuxièmement, la retenue – la capacité à résister à l'attrait compulsif des défilements et des bips incessants. Et enfin, la responsabilité – une conscience profonde de l'impact de nos actions sur l'extérieur, même dans un monde de uns et de zéros.

Ces qualités ne s'apprennent pas en un seul discours ou ne s'obtiennent pas via une application. Elles émergent lentement, par la pratique: essais et erreurs, réflexion, dialogue permanent. Elles s'épanouissent dans des foyers où le repos est respecté, où la présence est valorisée et où les limites sont perçues non comme une punition, mais comme une protection. Plus important encore, elles se développent dans des relations fondées sur la confiance mutuelle, où les questions sont bienvenues et la curiosité partagée.

Ce chapitre explore ce que signifie être parent non seulement de manière réactive, mais aussi créative et intentionnelle. Nous explorerons comment les familles peuvent passer de l'application des règles à une conception fondée sur les valeurs. Nous verrons comment elles peuvent préparer l'avenir non pas avec anxiété, mais avec flexibilité et prévoyance. Enfin, nous examinerons comment la technologie, intégrée aux soins, peut devenir un fil conducteur qui unit la vie familiale plutôt que de la défaire.

Car, au final, la parentalité numérique n'est pas un casse-tête à résoudre une fois pour toutes. C'est un art à perfectionner, un dialogue à poursuivre. Il s'agit de créer un foyer où la technologie n'est ni exaltée ni diabolisée, mais utilisée de manière à refléter le meilleur de ce que nous espérons pour nos enfants – et pour nous-mêmes. Ce faisant, nous élevons non seulement des enfants capables de naviguer dans le paysage numérique, mais aussi des jeunes capables de le façonner – avec éthique, imagination et détermination.

Passer du contrôle à la collaboration: pourquoi les règles technologiques autoritaires échouent souvent et comment la co-création de directives numériques conduit à de meilleurs résultats

Pendant des décennies, les modèles parentaux conventionnels se sont fortement appuyés sur un cadre de contrôle. Face à des comportements perturbateurs, à des environnements inconnus ou à de nouvelles influences culturelles, la réponse instinctive des parents a souvent été d'imposer une structure par le biais de règles imposées. À bien des égards, cette approche s'est avérée naturelle, voire nécessaire. Les enfants ont besoin d'être guidés. Les limites offrent une sécurité. La structure favorise le développement. Mais lorsqu'il s'agit de la vie numérique – un domaine en constante évolution, marqué par des usages individualisés et des plateformes hautement immersives –, le modèle traditionnel de commandement et de contrôle s'avère de plus en plus inefficace, voire contre-productif.

Les réglementations technologiques autoritaires, bien que bien intentionnées, échouent souvent car elles reposent sur des hypothèses aujourd'hui obsolètes. Parmi celles-ci figure notamment la croyance selon laquelle les parents peuvent surveiller ou gérer chaque aspect de l'engagement numérique de leurs enfants. En réalité, l'omniprésence des appareils connectés, la sophistication des algorithmes et la rapidité d'évolution des plateformes font que la plupart des enfants disposent de multiples points d'accès au monde numérique, souvent hors de portée des parents. Les stratégies de surveillance, comme les logiciels de surveillance des appareils ou les quotas de temps d'écran stricts, peuvent procurer un sentiment de contrôle passager, mais elles développent rarement les compétences ou les valeurs nécessaires à une responsabilité numérique durable. Pire encore, elles peuvent saper la confiance et inciter les enfants à contourner les contrôles plutôt qu'à intérioriser les principes.

Le défaut le plus profond de la parentalité numérique autoritaire réside dans sa méconnaissance de la nature même de la culture numérique. Les environnements en ligne sont participatifs, personnalisables et axés sur l'utilisateur. Les enfants grandissent en s'attendant à participer à l'expérience, et non pas seulement à en être les bénéficiaires. Dans un tel contexte, une parentalité qui reflète ce modèle participatif – fondé sur la collaboration, la conversation et la co-création – est bien plus efficace. Plutôt que de considérer la technologie comme une menace à gérer, cette approche la considère comme un contexte propice à l'apprentissage mutuel, à la négociation et au partage de valeurs.

Collaborer ne signifie pas abandonner les limites ni la responsabilité parentale. Il s'agit de changer de mode d'engagement: de l'imposition des règles à leur co-conception. Ce changement subtil mais puissant favorise l'appropriation. Lorsque les enfants participent à l'élaboration des règles qui régissent leur vie numérique, ils sont plus susceptibles d'en comprendre la logique, de se sentir respectés et de les respecter volontairement.

Un exemple frappant de cette dynamique est l'histoire d'une famille de Melbourne qui gérait l'intérêt croissant de leur fille pour TikTok. Initialement alarmés par le contenu de la plateforme et les risques potentiels, les parents ont envisagé de l'interdire complètement. Mais au lieu d'agir unilatéralement, ils ont invité leur fille à expliquer ce qu'elle appréciait sur la plateforme. Cela a donné lieu à une discussion plus large sur le contenu approprié, la gestion des commentaires négatifs et les situations où une utilisation jugée excessive était ressentie. Ensemble, ils ont convenu d'un ensemble d'attentes communes: pauses écran, limites de temps, discussions sur le contenu et même visionnages occasionnels en groupe. Non seulement cela a réduit les conflits et amélioré la compréhension mutuelle, mais la fille a également commencé à s'autoréguler plus efficacement: elle s'arrêtait seule lorsqu'elle sentait une utilisation excessive et demandait des avis en cas de doute sur le contenu.

Cet exemple illustre que les enfants ne sont pas intrinsèquement réfractaires aux règles ; ils résistent à celles qui leur semblent arbitraires, contrôlantes ou déconnectées de leur réalité. Lorsque les parents écoutent leurs enfants, valident leurs expériences et les impliquent dans les prises de décision, ils construisent un climat de respect propice à l'autorégulation. Cette approche offre également un contexte émotionnel crucial: les enfants se sentent observés, et non surveillés. Et lorsqu'ils commettent des erreurs, ils sont plus susceptibles de rechercher du soutien plutôt que de dissimuler leur comportement.

La recherche psychologique soutient ce changement d'approche. Les études en psychologie du développement, notamment celles des Drs Laurence Steinberg et Diana Baumrind, ont constamment démontré qu'une parentalité autoritaire – un équilibre entre chaleur humaine et structure – conduit à de meilleurs résultats que les modèles autoritaires ou permissifs. Dans le contexte numérique, cela se traduit par des attentes claires, accompagnées de dialogue, de flexibilité et d'empathie. Cela implique de reconnaître que les enfants développent leur autonomie et que l'encadrement doit évoluer vers un accompagnement plutôt qu'un commandement.

La parentalité collaborative et technologique incarne également les valeurs démocratiques. Elle enseigne aux enfants que les règles ne sont pas imposées d'en haut, mais naissent de la négociation, de la réflexion et du partage des responsabilités. Ce sont des compétences essentielles non seulement pour gérer les appareils, mais aussi pour évoluer dans un monde complexe et interconnecté. Lorsque les enfants participent à l'élaboration des normes numériques au sein de la famille, ils pratiquent l'engagement civique dans sa forme la plus immédiate: ils apprennent à équilibrer droits et responsabilités, à exprimer leurs désaccords de manière constructive et à prendre en compte l'impact de leurs actions sur les autres.

La co-création de règles numériques peut prendre de nombreuses formes et n'a pas besoin d'être élaborée. Certaines familles utilisent des contrats écrits, tandis que d'autres privilégient des échanges informels et continus. Les éléments les plus importants sont la cohérence, la transparence et le respect mutuel. Les parents peuvent commencer par partager leurs propres difficultés (difficultés face aux distractions, à la surcharge d'informations ou à la fatigue des écrans), démontrant ainsi vulnérabilité et ouverture d'esprit. Cela invite les enfants à réfléchir honnêtement à leurs propres habitudes numériques, sans crainte de punition ni de honte.

Une autre stratégie efficace consiste à créer des points de contrôle réguliers: des conversations hebdomadaires ou mensuelles où l'on peut passer en revue ensemble le temps passé devant les écrans, les choix d'applications et les dilemmes numériques. Ces points de contrôle ne sont pas des interrogations, mais des espaces de résolution collaborative des problèmes. Ils renforcent l'idée que le bien-être numérique n'est pas une règle statique à appliquer, mais un processus dynamique à gérer. Les enfants sont encouragés à réfléchir à l'impact de leur utilisation des technologies sur leur humeur, leur productivité et leurs relations, et à s'adapter en conséquence.

Il est important de noter que collaboration ne signifie pas équivalence. Les parents demeurent responsables de la protection de l'enfant, et il y aura des moments où des limites non négociables seront nécessaires, notamment avec les jeunes enfants ou dans des situations à haut risque. Mais même dans ce cas, expliquer les raisons d'une décision et la réexaminer au fil du temps est un signe de respect et favorise la résilience. L'objectif n'est pas de contrôler pour soi, mais *de guider vers l'autonomie* .

Le contexte culturel est également important ici. Dans les sociétés qui valorisent l'autonomie individuelle, la parentalité collaborative peut être plus naturelle. Dans d'autres, où les structures familiales hiérarchiques sont la norme, cette approche peut paraître inhabituelle, voire menaçante. Pourtant, le principe d'adéquation au développement transcende la culture: à mesure que les enfants grandissent, ils recherchent une plus grande capacité d'action. La parentalité numérique collaborative ne consiste pas à importer les idéaux libéraux occidentaux, mais à aligner les orientations sur les besoins de développement. Il s'agit de reconnaître que les enfants d'aujourd'hui sont des citoyens numériques dès leur plus jeune âge et qu'ils doivent être équipés non seulement pour suivre les règles, mais aussi pour les remettre en question, les façonner et les respecter.

À cet égard, les lignes directrices co-créées remplissent une double fonction. Elles régulent les comportements, mais renforcent également les capacités. Les enfants qui participent à ces échanges apprennent à exprimer leurs valeurs, à envisager les conséquences et à appréhender la complexité. Ce sont précisément les compétences dont ils auront besoin pour s'épanouir dans un monde où le numérique et l'éthique sont de plus en plus étroitement liés.

Les parents bénéficient également de ce modèle. Ils comprennent mieux les centres d'intérêt, les inquiétudes et les processus de pensée de leurs enfants. Ils sont moins susceptibles de se sentir hostiles ou réactifs, et plus susceptibles de se sentir connectés et confiants. La collaboration transforme la parentalité d'un champ de bataille en une exploration partagée, où les deux générations apprennent, s'adaptent et grandissent.

À mesure que les technologies numériques évoluent, générant de nouveaux risques, opportunités et dilemmes éthiques, cette philosophie collaborative ne fera que gagner en importance. Les outils que nos enfants utilisent aujourd'hui façonneront leur identité, leurs relations et leur vision du monde. Mais la manière dont ils les utiliseront – et s'ils le feront avec conscience, intégrité et détermination – dépend non seulement de ce que nous leur enseignons, mais aussi de la manière dont nous les engageons.

Passer du contrôle à la collaboration ne signifie pas une perte d'autorité ; c'est un investissement en influence. C'est reconnaître que les repères les plus durables ne sont pas ceux que nous imposons d'en haut, mais ceux que nous construisons ensemble, par la confiance, le dialogue et un engagement commun à naviguer dans le monde numérique avec intelligence et prudence.

Élaboration d'un accord technologique familial: un contrat personnalisable permettant aux parents et aux enfants d'établir des valeurs et des attentes communes en matière de temps d'écran

La notion d'« accord familial sur les technologies » peut, à première vue, sembler une approche trop formelle de la gestion du temps d'écran – relevant davantage de la salle de réunion que de la chambre à coucher, du droit des contrats que de la parentalité. Mais cette impression masque la valeur profonde de tels accords: ils ne visent pas à une application juridique, mais à une compréhension mutuelle. À une époque où les expériences numériques touchent presque toutes les dimensions de la vie d'un enfant – éducation, divertissement, communication et même expression personnelle –, le besoin de clarté, de cohérence et de collaboration autour des attentes numériques n'a jamais été aussi grand. Un accord familial sur les technologies, bien conçu, n'est pas seulement un outil comportemental, c'est un outil relationnel.

Contrairement aux règles rigides imposées par les autorités concernant le temps passé devant les écrans, un accord co-rédigé représente un dialogue intentionnel entre parents et enfants sur les valeurs, les limites et les responsabilités dans l'espace numérique. Son pouvoir ne réside pas dans le document lui-même, mais dans son processus de création. Ce processus invite à la réflexion: quel rôle la technologie joue-t-elle dans nos vies? Quels sont nos incontournables? Où pouvons-nous faire preuve de flexibilité? Et comment nous soutenons-nous mutuellement pour maintenir un environnement numérique équilibré et sain?

Le contexte psychologique de cette approche est clair. Les recherches sur le développement des adolescents montrent systématiquement que les enfants sont plus susceptibles d'intérioriser les règles et de se comporter de manière responsable lorsqu'ils se sentent impliqués dans le processus décisionnel. La co-construction d'accords autour de l'utilisation du numérique cultive l'appropriation, l'empathie et le raisonnement éthique. Elle transforme la technologie, source de tension, en un espace de développement, d'autonomie et de responsabilité partagée.

Pour apprécier les avantages pratiques d'un accord familial sur les technologies, envisagez l'alternative: un foyer où les règles relatives au temps d'écran sont soit inexistantes, soit arbitraires, soit imposées par des conflits. Dans de tels environnements, les enfants peuvent ne pas comprendre pleinement le raisonnement derrière les restrictions. Cela peut engendrer du ressentiment, des transgressions et des luttes de pouvoir réactives qui érodent la confiance. En revanche, lorsque les attentes sont élaborées de manière collaborative, les enfants apprennent à anticiper les conséquences, à négocier avec respect et à réfléchir à leurs choix.

Ils voient également leurs parents incarner les comportements mêmes – autorégulation, définition des limites et communication claire – qu'on leur demande de développer.

Un cas illustratif est celui d'une famille de Bristol, où les tensions liées à l'utilisation des appareils avaient atteint un point de rupture. Les parents, tous deux actifs, étaient frustrés par les demandes persistantes de leur fils de dix ans pour jouer et par l'attachement constant de leur adolescent aux réseaux sociaux. Plutôt que de recourir à des ultimatums, ils ont décidé d'organiser un « sommet technologique » familial. Chaque membre de la famille a été invité à partager ses habitudes numériques, ses valeurs concernant le temps passé devant les écrans et ses difficultés. Cela a posé les bases d'un accord mutuel concernant les repas sans écran, les heures limites d'utilisation des appareils au coucher, les limites de jeu le week-end et même les heures programmées de « sabbat technologique ». Le changement le plus marquant n'a pas été seulement comportemental, il a été relationnel. Leurs enfants se sont sentis écoutés et les parents ont compris comment et pourquoi leurs enfants utilisaient la technologie au départ.

Les accords technologiques familiaux les plus efficaces sont ceux qui allient clarté et flexibilité. Ils reposent sur des valeurs telles que le respect, l'équilibre et la responsabilité, plutôt que sur des chiffres arbitraires. Si une limite quotidienne de temps d'écran peut être utile, il est tout aussi important de tenir compte du contexte: l'écran est-il utilisé pour les devoirs, l'expression créative, les liens sociaux ou la consommation passive? Le même appareil qui permet de faire défiler les écrans sans réfléchir peut également servir de portail pour la narration collaborative, le codage ou le montage vidéo. Reconnaître cette nuance aide les familles à dépasser les indicateurs simplistes pour une évaluation plus qualitative de l'engagement numérique.

Un accord peut également inclure des engagements mutuels. Les enfants peuvent convenir de débrancher leurs appareils pendant les repas ou d'éviter d'utiliser les réseaux sociaux pendant les devoirs. Les parents, quant à eux, peuvent s'engager à ne pas consulter leurs e-mails professionnels pendant les activités familiales ou à adopter des moments de détente numérique sains. Cette réciprocité renforce l'idée que chacun est responsable des mêmes principes, quels que soient son âge et son rôle. Elle humanise également le processus, montrant aux enfants que même les adultes sont confrontés aux distractions, à la surconsommation et aux tentations d'une connexion constante.

Il est important de noter que la création d'un accord technologique ne doit pas être un événement ponctuel. À mesure que les enfants grandissent et que leurs intérêts numériques évoluent, l'accord doit évoluer. Un enfant de dix ans qui explore des applications éducatives a des besoins et des risques différents de ceux d'un enfant de quinze ans qui gère des discussions de groupe, des jeux en ligne et une présence sur les réseaux sociaux. Revoir l'accord régulièrement – peut-être une fois par trimestre ou pendant les vacances scolaires – permet de réévaluer ce qui fonctionne, ce qui ne fonctionne pas et ce qui pourrait nécessiter des modifications. Ce processus itératif apprend aux enfants que l'autonomie ne se résume pas à une adhésion stricte à des règles, mais à une auto-évaluation et une adaptation continues.

De plus, l'accord sert de base pour gérer les difficultés imprévues. Lorsqu'un enfant est confronté à des contenus perturbants, est victime de cyberintimidation ou a des difficultés avec une utilisation excessive des écrans, l'existence d'un cadre commun facilite les échanges. L'accord fonctionne non seulement comme un guide comportemental, mais aussi comme un contrat relationnel, qui suppose une bonne volonté, des valeurs partagées et une attention mutuelle. Les enfants sont plus susceptibles de révéler leurs difficultés lorsqu'ils sentent que leurs parents sont des alliés, et non des adversaires.

Dans l'écosystème numérique actuel en constante évolution, cette agilité est essentielle. De nouvelles plateformes, fonctionnalités et risques émergent à une vitesse fulgurante. Les parents ne peuvent anticiper toutes les évolutions, mais ils peuvent préparer leurs enfants à adopter un comportement critique face aux nouvelles technologies. Le contrat technologique familial devient un document vivant, un modèle de citoyenneté numérique qui encourage la curiosité, la prudence et l'intentionnalité.

Ce principe est également mis en œuvre dans un nombre croissant d'écoles et de collectivités. Les programmes de citoyenneté numérique encouragent de plus en plus les familles à participer activement à l'élaboration des accords technologiques, reconnaissant que la maison et l'école doivent travailler en synergie pour promouvoir de saines habitudes numériques. Des initiatives telles que la boîte à outils du commissaire à la sécurité électronique en Australie et les contrats familiaux de Common Sense Media proposent des modèles et des pistes de discussion qui contribuent à démystifier le processus et à le rendre accessible, même aux familles ayant des connaissances technologiques limitées.

Cela dit, il est essentiel d'adapter l'accord aux rythmes, aux valeurs et à la dynamique propres à chaque famille. Un modèle unique est rarement efficace. Ce qui fonctionne pour une famille rurale avec une connectivité limitée peut être très différent de celui d'un foyer urbain entouré d'appareils. Les normes culturelles, la configuration de la fratrie, les horaires de travail des parents et la neurodiversité sont autant de variables importantes. C'est pourquoi la personnalisation est un atout, et non une complication. Elle permet à l'accord de refléter la réalité de la vie familiale, et non une version idéalisée de celle-ci.

De plus, l'élaboration d'un accord familial sur les technologies favorise un résultat plus profond et durable: la normalisation du dialogue numérique. Cela indique aux enfants que les conversations sur les technologies sont bienvenues, continues et importantes, et pas seulement en cas de problème ou de non-respect d'une règle. Cela crée une culture d'ouverture, où les dilemmes numériques ne sont pas cachés par peur, mais évoqués pour obtenir du soutien.

À mesure que les enfants entrent dans l'adolescence, puis dans l'âge adulte, l'échafaudage intériorisé construit grâce à ces accords s'avère souvent plus durable que n'importe quel contrôle logiciel. Ils ont appris à dire non, à fixer des limites et à faire des choix numériques fondés sur des valeurs plutôt que sur la contrainte. Dans un monde qui récompense de plus en plus la réactivité, ces compétences sont radicales et vitales.

En fin de compte, un accord technologique familial ne vise pas à imposer une conformité. Il s'agit de co-créer une éthique numérique. C'est une pratique de respect mutuel, un outil d'apprentissage du discernement et un symbole de responsabilité partagée dans un monde où les frontières entre choix personnel et influence algorithmique sont souvent floues. Lorsque les familles s'engagent ensemble dans ce processus – avec clarté, attention et humilité – elles créent non seulement un environnement numérique plus sûr, mais aussi une culture familiale plus connectée, plus réfléchie et plus résiliente.

L'avenir de la parentalité dans un monde dominé par l'IA – Se préparer à la prochaine vague de technologies émergentes, notamment la réalité virtuelle, le tutorat par l'IA et les interfaces cerveau-ordinateur

La parentalité a toujours été une activité en constante évolution, mais jamais le rythme d'adaptation requis n'a été aussi rapide, ni les mutations technologiques aussi profondes. Alors que l'intelligence artificielle imprègne de plus en plus le quotidien des enfants – s'intégrant à l'éducation, à la communication, aux loisirs et même à la cognition – les parents modernes sont confrontés à une tâche sans précédent: élever des enfants dotés d'une intelligence émotionnelle, d'un esprit critique et d'un sens éthique, dans un monde où les interactions humaines sont de plus en plus façonnées, médiatisées et parfois remplacées par des machines.

L'avènement d'un monde axé sur l'IA n'est pas à l'horizon, il est déjà là. Les enfants utilisent déjà l'apprentissage automatique au quotidien: algorithmes de recommandation guidant leurs choix de divertissement, chatbots pilotés par l'IA proposant de l'aide aux devoirs et assistants vocaux interprétant questions, commandes et préférences. L'avenir, cependant, promet d'être encore plus transformateur. Les systèmes de tutorat basés sur l'IA deviennent plus adaptatifs, capables de reconnaître les schémas d'apprentissage et les états émotionnels pour personnaliser les contenus éducatifs. La réalité virtuelle est sur le point de reconfigurer la façon dont les enfants vivent les histoires, les leçons et même les interactions sociales. Les interfaces cerveau-ordinateur, autrefois réservées à la fiction spéculative, émergent comme une technologie tangible, quoique naissante, qui redéfinira la frontière entre pensée et action.

Dans ce nouveau paysage technologique, l'éducation des enfants ne peut se fier à des schémas hérités. Elle exige une sensibilité tournée vers l'avenir, à la fois technologique et philosophique. Cela ne signifie pas que les parents doivent devenir experts en codage ou en neurosciences, mais qu'ils doivent maîtriser les implications éthiques, cognitives et émotionnelles de la vie au sein de systèmes de plus en plus intelligents.

Prenons l'exemple du tutorat par IA: des plateformes qui prétendent offrir un enseignement hyper-personnalisé et riche en données. Ces outils promettent de s'adapter au rythme, au style et aux lacunes de compréhension de chaque enfant. À première vue, ils semblent utopiques: des éducateurs ciblés, efficaces et infatigables, disponibles à la demande. Pourtant, derrière cette promesse se cachent des questions cruciales. Comment ces systèmes collectent-ils et interprètent-ils les données? Renforcent-ils les biais pédagogiques ou linguistiques existants? Qu'advient-il des composantes humaines de l'apprentissage – la curiosité, l'empathie et la capacité à appréhender l'ambiguïté – lorsque l'éducation devient un problème d'optimisation en boucle fermée?

Les parents devront guider leurs enfants non seulement dans l'utilisation de ces outils, mais aussi dans la compréhension de leurs limites. Cela implique de leur apprendre à se demander: « *Qui a créé cet outil?* » « *De quelles données tire-t-il des leçons?* » « *Qu'est-ce qu'il ne comprend pas de moi en tant qu'apprenant?* » Ainsi, une culture critique de l'IA devient aussi essentielle que la culture numérique. L'objectif n'est pas d'instiller la peur de la technologie, mais de cultiver le discernement – un état d'esprit qui considère l'IA non pas comme un arbitre neutre de la vérité, mais comme un système construit par l'homme, porteur d'hypothèses, de valeurs et de failles potentielles.

La réalité virtuelle présente des défis et des opportunités différents. Des simulations immersives sont déjà utilisées en classe pour enseigner l'histoire en parcourant des cités anciennes, ou la biologie en explorant l'intérieur d'une cellule. Pour les enfants en situation de handicap, la RV peut offrir un accès sans précédent à des expériences autrement inaccessibles. Mais la RV modifie également la frontière entre réalité et représentation de manières neurologiquement et psychologiquement puissantes. Une immersion prolongée peut affecter la perception spatiale, la régulation émotionnelle et le traitement social. Plus subtilement, les récits intégrés aux environnements de RV façonnent la perception, la mémoire et les croyances, souvent à l'insu de l'utilisateur.

Le rôle des parents est double. Premièrement, il s'agit d'établir des limites pratiques à l'utilisation de la RV, notamment en termes de durée, de sécurité et de contenu adapté à l'âge. Deuxièmement, et surtout, de développer une conscience médiatique. Cela implique d'aider les enfants à réfléchir à leurs expériences dans les espaces virtuels: *à quoi ce monde accordait-il la priorité? À qui étaient racontées les histoires? Qu'avez-vous ressenti et pourquoi?* À mesure que la RV se généralise dans les domaines du divertissement, de la thérapie et de l'éducation, les enfants auront besoin d'outils pour distinguer l'apprentissage immersif du conditionnement idéologique, et pour conserver un esprit critique dans les environnements virtuels et en dehors.

Le domaine le plus complexe sur le plan éthique et le plus déroutant sur le plan philosophique est peut-être celui des interfaces cerveau-ordinateur (ICO). Bien qu'encore balbutiantes, les technologies ICO progressent rapidement, des casques de neurofeedback externes aux dispositifs implantables qui traduisent les signaux neuronaux en commandes numériques. Initialement développées à des fins médicales, notamment pour aider les personnes paralysées à retrouver la communication, les ICO sont aujourd'hui explorées comme outils pour améliorer les performances cognitives, accélérer l'apprentissage, voire permettre une interaction « silencieuse » avec les appareils numériques.

Cette évolution force les parents et la société dans son ensemble à se confronter à de profondes questions sur l'identité, l'autonomie et les limites de soi. Si un enfant parvient à mieux se concentrer grâce à un dispositif d'amélioration neurologique, faut-il l'encourager? Si les états émotionnels peuvent être suivis et optimisés grâce au neurofeedback en temps réel, où se situe la frontière entre soutien et surveillance? Ces questions ne sont pas théoriques. Elles deviennent rapidement pertinentes dans les salles de classe, où des entreprises testent des bandeaux EEG pour surveiller l'engagement des élèves, et dans les foyers où des applications de bien-être prétendent apporter une clarté mentale grâce à la régulation des ondes cérébrales.

Dans ce contexte, l'éducation des enfants exige une éthique anticipatrice: une volonté de s'attaquer aux dilemmes avant qu'ils ne soient pleinement posés. Elle exige également de cultiver chez les enfants une conscience de soi résiliente, indépendante des influences extérieures. Cela implique de les ancrer dans des valeurs qui transcendent les tendances technologiques: l'empathie, la réflexion, la patience et la capacité à gérer l'inconfort. Alors que les ICM et autres outils d'augmentation promettent d'améliorer l'efficacité cognitive, les parents devront défendre la valeur de *l'inefficacité*: la lenteur de la pensée, les conversations sinueuses et les questions non résolues. Ce ne sont pas des faiblesses à optimiser, mais des dimensions essentielles de l'être humain.

Au cœur de ce nouveau paradigme parental se trouve un changement de posture. Les adultes ne peuvent plus se positionner comme des gardiens autoritaires comprenant le monde mieux que leurs enfants. Dans de nombreux cas, les enfants surpasseront leurs parents en maîtrise du numérique dès leur plus jeune âge. Cela peut être source d'anxiété ou une opportunité d'apprentissage mutuel. Les familles qui s'épanouiront à l'ère de l'IA seront celles qui favoriseront la curiosité intergénérationnelle: les enfants apprendront à leurs parents à utiliser les nouveaux outils, et les parents apprendront aux enfants à les interpréter avec discernement.

Cette mutualité est particulièrement importante face aux conséquences émotionnelles et relationnelles des nouvelles technologies. À mesure que les systèmes d'IA deviennent plus capables de simuler la compagnie – par le biais de robots conversationnels, d'animaux de compagnie virtuels, voire d'« amis » IA – les enfants peuvent nouer des liens avec des entités qui semblent les comprendre, les réconforter ou les divertir. Ces relations, parfois bénéfiques, peuvent aussi brouiller les frontières entre authenticité et simulation. Les parents devront aider leurs enfants à gérer ces liens, en distinguant soutien émotionnel et manipulation émotionnelle, relation et imitation de réponse.

Concrètement, cela peut impliquer de repenser notre façon d'aborder les sentiments, les relations et les besoins interpersonnels à la maison. Si un enfant se tourne vers un chatbot IA pour trouver du réconfort, quels besoins non satisfaits ce comportement signale-t-il? Existe-t-il une disponibilité émotionnelle, une écoute active et une sécurité psychologique au sein du contexte familial? La technologie révèle souvent les carences des systèmes humains. Une parentalité avisée considère cela non pas comme une menace, mais comme une incitation à une connexion plus profonde.

L'avenir de la parentalité dans un monde dominé par l'IA ne sera pas défini par des règles ou des listes de contrôle. Il sera façonné par des valeurs, des échanges et une capacité d'adaptation réfléchie. Les parents doivent devenir les gardiens du contexte, en offrant un espace de réflexion où la technologie peut être questionnée, explorée et humanisée. Cela implique de résister au fatalisme comme à l'idéalisme. L'IA ne ruinera pas nos enfants, ni ne les sauvera. Mais la façon dont ils la traiteront – qu'elle soit passive ou autonome, dépendante ou curieuse – sera profondément façonnée par les récits et les normes qu'ils assimileront à la maison.

En fin de compte, les technologies émergentes nous poussent à revenir à nos principes fondamentaux: quel type d'adultes souhaitons-nous former? Que signifie s'épanouir à l'ère numérique? Et comment pouvons-nous préparer nos enfants non seulement à survivre aux changements rapides, mais aussi à les façonner avec sagesse, intégrité et bienveillance?

Dans ce contexte, être parent ne se limite plus à préparer les enfants au marché du travail ou à les protéger des dangers. Il s'agit de les accompagner vers une gestion réfléchie d'un monde où l'intelligence artificielle est de plus en plus intégrée à l'identité, à la cognition et à la vie sociale. Ce rôle exige vigilance, humilité et un engagement profond pour préserver ce qui fait notre humanité dans un monde de plus en plus dominé par les machines.

Réflexions finales: Élever des enfants indépendants et férus de technologie – L'objectif à long terme de la parentalité numérique

Au cœur de la parentalité numérique moderne se trouve une aspiration fondamentale: élever des enfants qui ne soient pas de simples utilisateurs dociles des technologies, mais des citoyens numériques indépendants, dotés d'un esprit critique et respectueux de l'éthique. Il s'agit d'un changement de vision et de responsabilité. L'objectif n'est plus de protéger les enfants des écrans ni de contrôler leur exposition en ligne par des moyens restrictifs. Il s'agit plutôt de former une génération capable d'explorer le monde numérique avec discernement, intégrité et confiance, capable d'aborder les technologies émergentes non pas comme des consommateurs passifs, mais comme des acteurs réfléchis et responsables.

Cet objectif à long terme requiert un accompagnement plus approfondi, qui dépasse largement les règles superficielles concernant le temps d'écran ou l'approbation des applications. Il appelle à des discussions soutenues sur l'éthique numérique, l'éducation aux médias, la régulation émotionnelle et les forces invisibles qui façonnent l'expérience en ligne. Il exige également des parents une nouvelle forme d'humilité: reconnaître qu'ils ne sont pas l'autorité absolue en matière de technologie, mais des co-apprenants évoluant aux côtés de leurs enfants dans un environnement en constante évolution. Le pouvoir de la parentalité numérique au XXIe siècle ne réside pas dans la certitude, mais dans l'ouverture, l'adaptabilité et un leadership fondé sur des valeurs.

L'idée de former des penseurs indépendants et technophiles repose sur un principe fondamental: il faut apprendre aux enfants à réfléchir *à* la technologie, et pas seulement *à l'aide* d'elle. À une époque où les algorithmes influencent tout, des flux de médias sociaux aux contenus éducatifs, la capacité à prendre du recul et à se poser des questions critiques – *Qui a conçu cela? À quoi cela sert-il? Comment cela façonne-t-il mon comportement ou mes croyances?* – est aussi importante que n'importe quelle compétence technique. Cette forme de métacognition est ce qui distingue la véritable littératie numérique de la maîtrise fonctionnelle.

Prenons l'exemple de la consommation médiatique. Un adolescent qui consulte une plateforme de partage de vidéos peut facilement passer des heures immergé dans un contenu soigneusement sélectionné qui renforce subtilement un biais de confirmation ou des modes de vie idéalisés. Sans les outils pour analyser ce qui lui est montré – et surtout, *pourquoi* –, il risque d'absorber des messages qui déforment son image de soi, ses valeurs ou sa vision du monde. Mais avec le soutien de ses parents et une pratique de l'éducation aux médias, ce même adolescent peut apprendre à déconstruire le contenu de manière critique: en remarquant les schémas, en identifiant les manipulations et en choisissant intentionnellement plutôt que par contrainte.

Ces compétences doivent être développées progressivement, en tenant compte de l'âge et du stade de développement de l'enfant. Pour les plus jeunes, cela peut prendre la forme de conversations guidées après avoir regardé un dessin animé ou joué à un jeu. Qu'ont fait les personnages? Était-ce réaliste? Qu'avez-vous ressenti? Pour les adolescents, la discussion devient plus nuancée, explorant des sujets tels que l'identité numérique, la désinformation, l'activisme en ligne et la confidentialité des données. L'essentiel, à chaque étape, est que le foyer devienne un lieu où la technologie est abordée comme faisant partie intégrante de la vie, et non comme une sphère séparée ou secrète.

Les familles qui adoptent ce type de dialogue numérique font systématiquement état d'une communication plus ouverte, d'une confiance renforcée et de moins de conflits liés à l'utilisation des technologies. Dans une étude de cas largement menée aux Pays-Bas, des chercheurs ont suivi des familles pratiquant la « médiation active » (discussions régulières sur le contenu et les expériences en ligne) par rapport à celles qui s'appuyaient sur un contrôle restrictif. Les résultats étaient clairs: les enfants du premier groupe ont développé une meilleure pensée critique, ont déclaré moins d'anxiété numérique et étaient plus susceptibles de demander de l'aide lorsqu'ils rencontraient des problèmes en ligne. Ce sont précisément les marqueurs de l'indépendance numérique.

Pour soutenir cette croissance, les parents doivent également être prêts à abandonner une partie du contrôle. Cela peut paraître paradoxal, surtout compte tenu des préoccupations légitimes concernant le cyberharcèlement, les contenus inappropriés ou les conceptions addictives. Mais la surprotection peut freiner le développement tout autant que la surexposition. Les enfants qui ne sont jamais autorisés à commettre des erreurs avec la technologie n'apprennent pas à s'en remettre. Ils ne développent pas la résilience nécessaire pour affronter seuls les défis numériques. L'indépendance doit se construire par une prise de risque progressive, étayée par la confiance et la responsabilisation.

Une application pratique de ce principe se trouve dans la gestion du temps d'écran en famille. Plutôt que d'imposer des limites imposées, les parents peuvent encourager leurs enfants à réfléchir à leur propre rythme numérique: *quand est-ce que je me sens dynamisé par l'utilisation des technologies? quand est-ce que je me sens épuisé? qu'est-ce qui m'aide à déconnecter?* Ces pratiques réflexives développent la conscience de soi et favorisent la régulation interne, bien plus durables que les minuteries parentales ou les interdictions numériques.

Il est tout aussi important d'aider les enfants à comprendre leur empreinte numérique. Alors que les systèmes d'IA prennent de plus en plus de décisions en fonction de modèles de données – qu'il s'agisse de publicité ciblée, de notation prédictive ou de recommandations de contenu – les jeunes doivent être en mesure d'évaluer leurs propres traces numériques. Que partagent-ils? À quoi consentent-ils? Qui a accès à leurs informations et comment pourraient-elles être utilisées? Ces préoccupations ne sont plus abstraites. Ce sont des compétences pratiques qui influencent les opportunités éducatives, les perspectives d'emploi et même la participation citoyenne.

Les parents peuvent favoriser cette prise de conscience en faisant preuve de transparence. Plutôt que de dissimuler leurs propres difficultés numériques, ils peuvent parler ouvertement de leurs habitudes, de leurs erreurs et de l'évolution de leurs stratégies pour trouver un équilibre. Un parent qui dit: « J'ai remarqué que je consulte trop mes e-mails le soir ; j'essaie de fixer des limites » normalise l'idée que l'autogestion numérique est continue, imparfaite et utile. Ce type d'exemple renforce la confiance relationnelle et montre aux enfants que la maîtrise du numérique n'est pas une question de perfection, mais d'engagement volontaire.

De plus, l'indépendance numérique ne se limite pas à un usage *individuel* ; elle relève également de la responsabilité *sociale* . Les penseurs férus de technologie doivent comprendre leur rôle au sein d'écosystèmes plus vastes: comment leurs commentaires, leurs partages ou leur silence peuvent amplifier ou atténuer les préjudices. Apprendre aux enfants à s'engager en ligne, à remettre en question les normes néfastes ou à soutenir leurs pairs victimes de harcèlement est aussi essentiel que leur apprendre à repérer les fausses informations ou à sécuriser leurs mots de passe.

C'est là que l'empathie devient un pilier de la parentalité numérique. Dans un monde qui encourage de plus en plus les interactions transactionnelles ou performatives, les familles doivent créer un espace de profondeur relationnelle. Cela implique de favoriser l'éducation émotionnelle, d'encourager un dialogue ouvert et de résister à la culture de l'immédiateté. Les meilleurs penseurs numériques sont également des auditeurs attentifs, des acteurs éthiques et des contributeurs bienveillants.

L'objectif à long terme de la parentalité numérique ne se limite donc pas à la conformité comportementale, mais à *la formation du caractère* . Il s'agit de cultiver l'intégrité dans les comportements en ligne, la résilience face aux difficultés numériques et la clarté d'esprit dans un monde où les distractions sont infinies. Ces qualités ne s'apprennent pas lors d'une seule conversation ni ne se concrétisent dans un accord ponctuel. Elles se cultivent au fil de mille petites interactions: questions posées à table, débats autour d'articles d'actualité, comptes rendus après des conflits et expériences partagées hors technologie.

Alors que l'intelligence artificielle, la réalité virtuelle et les technologies biométriques continuent de remodeler le paysage numérique, il est tentant de se sentir dépassé. Mais cette complexité recèle des opportunités. Les parents n'ont pas besoin de toutes les réponses. Ce dont ils ont besoin, c'est d'une attitude d'engagement: une volonté de poser des questions, d'écouter, de s'adapter et de poursuivre la conversation. Lorsque les enfants voient leurs parents non pas comme des juges, mais comme des compagnons d'exploration engagés dans un développement mutuel, ils sont beaucoup plus susceptibles d'intérioriser les valeurs qui favorisent une véritable indépendance.

En formant des penseurs indépendants et férus de technologie, nous ne préparons pas seulement les enfants à la prochaine vague d'innovation: nous développons les capacités morales et cognitives qui détermineront l'utilisation de cette innovation. Nous les invitons à se demander non seulement: « Que puis-je faire avec cet outil? », mais aussi « Quel genre de personne est-ce que je veux devenir en l'utilisant? »

L'avenir numérique n'est ni intrinsèquement libérateur ni intrinsèquement néfaste. C'est un miroir qui magnifie le meilleur et le pire des intentions humaines. Nos enfants hériteront des outils que nous créons, mais aussi des questions que nous leur apprenons à poser. Que ces questions soient réfléchies, courageuses et bienveillantes. Qu'elles mènent non pas vers le contrôle, mais vers la connexion. Et que l'héritage de la parentalité numérique ne soit pas les règles que nous avons imposées, mais la sagesse que nous avons transmise.

Bien sûr. Veuillez patienter un instant, je générerai l'article complet selon vos spécifications. Il apparaîtra ci-dessous une fois terminé.

Ressource interactive: La boîte à outils numérique des parents – Une collection de livres, d'outils et de programmes de bien-être numérique recommandés pour un apprentissage continu

À mesure que les technologies numériques évoluent à un rythme effréné, les stratégies et les cadres que nous utilisons pour élever nos enfants avec sagesse doivent évoluer. Élever des enfants dans un monde connecté exige plus que l'instinct ou la sagesse parentale traditionnelle: cela exige des approches intentionnelles, éclairées et adaptatives, fondées sur les recherches les plus récentes et appuyées par des ressources fiables. L'idée d'une « boîte à outils numérique pour les parents » n'est pas une simple commodité métaphorique ;

c'est une nécessité. De même qu'on ne tenterait pas de construire une maison à mains nues, on ne devrait pas non plus tenter d'accompagner le développement numérique d'un enfant sans les outils appropriés de compréhension, de communication et d'action.

La boîte à outils numérique n'est pas une simple liste d'outils. C'est un véritable réservoir de connaissances et de soutien: elle comprend des livres qui favorisent une réflexion nuancée, des applications qui encouragent une utilisation réfléchie des technologies, des programmes qui dotent parents et enfants de compétences numériques, et des plateformes qui offrent un soutien émotionnel face aux nouveaux défis en ligne. Ces ressources, soigneusement sélectionnées et utilisées régulièrement, permettent aux parents d'aborder la parentalité numérique non pas par peur ou réaction, mais avec clarté, collaboration et confiance.

Parmi les outils les plus précieux de l'arsenal parental moderne figurent les livres, ceux qui allient théorie et pratique, offrant un éclairage sans condescendance. Des ouvrages comme « *The Tech-Wise Family* » d'Andy Crouch et *« Screenwise »* de Devorah Heitner sont plus que de simples manuels de conseils. Ils invitent les parents à réfléchir au rôle de la technologie dans le façonnement de la culture, des valeurs et de l'identité familiales. Crouch, par exemple, remet en question l'intégration passive des écrans dans la vie domestique, exhortant les familles à reprendre le contrôle en concevant des foyers et des habitudes qui favorisent la profondeur relationnelle et la créativité. Le travail de Heitner, fondé sur la recherche ethnographique, vise à élever des enfants « empathiques au numérique » en passant de la surveillance au mentorat, aidant ainsi les parents à passer de la simple gestion du temps passé devant les écrans à l'exemple de l'intégrité dans les espaces numériques.

Ces textes sont particulièrement efficaces car ils ne considèrent pas les enfants comme des problèmes à résoudre, mais comme des penseurs à cultiver. Ils suscitent des questions telles que: Que signifie bien vivre avec la technologie? Comment les familles peuvent-elles cultiver une éthique numérique plutôt que d'imposer des règles arbitraires? À quoi ressemble la maturité numérique à différents stades de développement? Ces pistes de réflexion sont essentielles pour les parents qui souhaitent dépasser les stratégies réactives et commencer à cultiver la résilience et l'intentionnalité à long terme.

Au-delà de la bibliothèque, des outils et applications pratiques offrent un soutien quotidien à l'adoption d'habitudes numériques. Des applications comme *Forest* , qui gamifie l'attention focalisée en faisant pousser un arbre virtuel lorsque l'utilisateur s'abstient d'utiliser son téléphone, ont été utilisées avec succès par les familles pour encourager la présence lors des moments partagés. De même, *Moment* et *Screen Time* fournissent des analyses détaillées de l'engagement numérique, aidant les familles à évaluer les tendances et à co-élaborer des stratégies pour trouver un équilibre. L'intérêt de ces outils ne réside pas dans la surveillance qu'ils offrent, mais dans les conversations qu'ils suscitent. Un rapport d'utilisation des écrans devient une opportunité, non pas de jugement, mais de réétalonnage collaboratif.

Pour les plus jeunes, des plateformes comme *GoNoodle* et *Headspace for Kids* intègrent la pleine conscience, le mouvement et l'utilisation des écrans de manière à favoriser la conscience corporelle et la régulation émotionnelle. Contrairement à de nombreux jeux hyperstimulants conçus pour la rétention dopaminergique, ces applications offrent un antidote à la surcharge numérique. Elles démontrent que la technologie ne doit pas être l'ennemie du bien-être: elle peut, lorsqu'elle est judicieusement choisie, devenir une alliée pour le développement émotionnel et le contrôle attentionnel.

Les programmes éducatifs qui développent les bases de la culture numérique sont tout aussi importants. Des organisations telles que *Common Sense Media* , *Internet Matters* et *Be Internet Awesome* by Google proposent des programmes et des ressources familiales adaptés à chaque âge pour aider les enfants à comprendre la vie privée, l'identité, le cyberharcèlement, la désinformation et l'éthique en ligne. Ces initiatives vont au-delà des avertissements et des interdictions, et visent plutôt à doter les enfants des compétences analytiques nécessaires pour appréhender la complexité. Pour les parents, elles proposent des scénarios, des guides et des activités structurées qui facilitent une approche constructive des sujets difficiles.

Ce qui rend ces programmes particulièrement efficaces, c'est l'accent mis sur l'autonomisation plutôt que sur la peur. Par exemple, le cadre de citoyenneté numérique *de Common Sense Media* comprend des modules sur l'équilibre médiatique, l'empreinte numérique et la crédibilité de l'information. Les parents qui utilisent ces modules à la maison apprennent souvent aux côtés de leurs enfants: ils explorent les biais des algorithmes de recherche, décodent les concepts persuasifs ou réfléchissent à leurs propres habitudes d'utilisation des écrans. Ce type de co-apprentissage repositionne le parent non plus comme un gardien, mais comme un guide, un modèle de curiosité et d'esprit critique.

Mais une véritable boîte à outils numérique robuste comprend également des plateformes qui favorisent le bien-être émotionnel dans le contexte numérique. Alors que les enfants passent plus de temps en ligne, leur développement émotionnel est de plus en plus influencé par les interactions numériques, certaines encourageantes, d'autres néfastes. Des programmes comme *Bark* et *Circle* proposent une surveillance assistée par l'IA des messages texte et des réseaux sociaux pour détecter les signes de détresse, de harcèlement ou de comportements à risque. Si certains parents peuvent considérer ces outils comme intrusifs, utilisés de manière transparente et en conjonction avec une communication ouverte, ils peuvent servir de systèmes de détection précoce: des signaux qui suscitent des conversations plutôt que des punitions.

De plus, les plateformes de pleine conscience adaptées aux jeunes, comme *Smiling Mind* ou *Calm Schools Initiative* , aident les enfants et les adolescents à développer des compétences de régulation émotionnelle dans des contextes numériques et non numériques. Ces ressources sont particulièrement précieuses pour les familles confrontées à l'anxiété, à la surstimulation ou aux troubles du sommeil liés à la surutilisation des technologies. Plutôt que de s'appuyer uniquement sur le contrôle parental, elles permettent aux enfants de développer leur maîtrise intérieure, sans doute la voie la plus durable vers l'indépendance numérique.

Des études de cas concrets illustrent le fonctionnement pratique de ces outils. Une famille londonienne, par exemple, a utilisé *Google Family Link* et des points numériques hebdomadaires pour accompagner l'engagement croissant de sa fille de 13 ans sur les réseaux sociaux. Ensemble, ils ont examiné son rapport hebdomadaire d'utilisation des écrans, discutant non seulement du temps passé, mais aussi de ses réactions émotionnelles face aux différentes plateformes. Lorsqu'elle a signalé une anxiété après une utilisation prolongée d'Instagram, la famille a ajusté les autorisations de l'application et a commencé à intégrer des pauses de pleine conscience avec *Headspace* . Cette approche a non seulement permis de réduire le temps passé devant les écrans, mais aussi d'améliorer la communication, la compréhension émotionnelle et le sentiment d'autonomie de l'enfant.

Un autre exemple provient d'une collaboration école-parents à Bangalore, où les modules *« Soyez les prodiges d'Internet »* ont été introduits du CE2 à la 4e. Les parents ont été encouragés à participer à des ateliers en soirée et à utiliser le guide familial du programme pour engager des discussions à la maison. Les enseignants ont constaté une amélioration mesurable de la compréhension des risques et des droits en ligne par les élèves, tandis que les parents ont constaté une évolution de leur rôle, passant de simple exécuteur à mentor. L'initiative a fonctionné car il ne s'agissait pas de « contrôler l'utilisation des technologies par les enfants », mais de « favoriser leur engagement critique ».

Fondamentalement, la Boîte à outils numérique pour parents n'est pas un produit, mais un paradigme. Elle représente une rupture avec la pensée binaire – où la technologie est soit adoptée sans discernement, soit diabolisée – pour adopter une approche plus nuancée, réflexive et relationnelle. Elle reconnaît que la parentalité à l'ère numérique n'est pas une compétence figée, mais une pratique dynamique, appelée à évoluer avec chaque nouvelle plateforme, appareil ou changement culturel.

Les parents ont besoin de soutien dans cette évolution, non seulement par le biais d'applications et de programmes, mais aussi par des communautés d'apprentissage et de réflexion. Les cercles de bien-être numérique, les groupes de discussion pour parents et même les forums en ligne modérés peuvent enrichir cette boîte à outils en créant des espaces de réflexion partagée. Lorsque les parents échangent des anecdotes – sur les batailles liées au temps passé devant les écrans, les pièges algorithmiques ou les succès technologiques inattendus – ils commencent à cartographier le véritable terrain de l'enfance numérique. Cette sagesse collective est peut-être la ressource la plus précieuse de toutes.

La Boîte à outils numérique des parents n'est donc pas un bouclier contre la technologie, mais une boussole au sein de celle-ci. Elle guide les parents non pas vers le contrôle, mais vers la connexion ; non vers des règles rigides, mais vers un raisonnement fondé sur des principes. Elle permet aux familles de prendre des décisions fondées sur la curiosité, l'intégrité et l'empathie. Et surtout, elle transforme la parentalité numérique d'une tâche réactionnaire en un acte délibéré de gestion culturelle et émotionnelle.

Avec l'émergence de nouvelles technologies – de l'IA générative aux mondes virtuels immersifs –, le besoin de ressources parentales robustes, adaptatives et réflexives ne fera que croître. Les outils les plus efficaces ne seront pas ceux qui promettent des solutions instantanées, mais ceux qui encouragent un dialogue durable, un apprentissage continu et un engagement commun à former des citoyens numériques réfléchis, résilients et soucieux de l'éthique.

À propos de l'auteur

Sofia Albrecht est chercheuse en développement de l'enfant et consultante en éducation numérique. Elle se passionne pour aider les familles à concilier technologie et éducation saine. Forte de son expérience auprès d'écoles, de décideurs politiques et de communautés de parents en Europe et en Asie, Sofia est spécialisée dans la création de cadres favorisant la maîtrise du numérique, le bien-être émotionnel et l'équilibre familial. Son travail vise à accompagner les parents dans un paysage numérique en constante évolution, en leur fournissant des outils pour élever des enfants confiants, curieux et résilients face aux nouvelles technologies. « Tech-Savvy Parenting » reflète sa mission: transformer la confusion en clarté pour les parents du XXIe siècle.

www.ingramcontent.com/pod-product-compliance
Lightning Source LLC
LaVergne TN
LVHW101423051026
849519LV00005BC/1861

* 9 7 8 9 3 7 1 3 4 7 2 9 7 *